SEQUENCE TO UTOPIA

ユートピアへのシークエンス

鈴木了二

LIXIL出版

目的に到達したと思ってはいけない。
いつもどこかに向かう過程にあると思うべきだ。
そう思っている限り大丈夫だ。
歌を聞き手に合わせるつもりはない。
誰もが満足する歌などない。
ドアの内側に身を隠し、
それからは誰にも邪魔されずにいる。

——ボブ・ディラン

映画「ノー・ディレクション・ホーム」（監督マーティン・スコセッシ）より
監訳：菅野ヘッケル

近代建築・取扱い説明書

この本の主人公は二十世紀以後に生まれた十一の建築だ。

よくできた建物はいろいろあっても、面白いと思わせてくれる建築は少ない。にもかかわらず、無条件で面白く、どこを取っても心底興奮させてくれる建築がある。しかし、そんな建築の面白さを、鮮度を失わずにこちらまで運んでくれる本にはあまり出会ったことがない。よく見かけるような「近代建築史」を読んでも、ぼくが興味をもったところは、たいがいは省略されてきたような気がする。建築の歴史にとって些末なことにすぎず、取るに足らないとでも言うように。

人間と同様に、レベルの高い建築であればあるほど、自己主張がなく、総じて控えめであるから、建築自身が語っている言葉や声は聞き取りにくいものである。しかし、こちらが注意深く聞こうとすれば、建築は目を見張る面白い話を語っていることに気がつくだろう。以来、夢中になって、そんな建築の語る物語に耳を傾けてきたものの、あまりに面白いので自分で聞くだけでは物足りず、身近な親しい誰かに向かって無性に話したくなる。ぼくがときどき、柄にもなく人前で話すのは、建築の語る物語を、建築に成り代わって話すことであったのかもしれない。この本は十一の建築についての講義のかたちをとっている。

さて、こうして十一の建築が、序列なしでずらりと並ぶと、これはなかなか壮観な気がする。「近代建築・イレブン」。そう名づけると、にわかに建築のキャラが立ち、それまで表面的には無機的で無表情だった建築たちが生き生きと立ち現れ、おのおのの独自性をのびのびと発揮し始めるように思われる。「近代建築・イレブン」とはいえ、これら十一の建築はどれも二十世紀以後に生まれたということが同じである以外には、できた時期も、ある場所も、仕事に携わった建築家もみんなバラバラで、それぞれの建築同士は一見なんの関連もなく孤立するささやかな断片でしかないだろう。なにしろ世界じゅうの二十世紀以後に生まれた数え切れない多くの建築のなかにあって、十一などものの数ではないからだ。

しかし、逆に、こうも言えないか。たった十一にすぎない断片が、じつは、無数の建築が属する広大なジャンルである「建築」を、とてつもなく高い水準にまで、死にもの狂いで引っ張り上げているのだと。「近代建築・イレブン」は小さな断片であるけれど、建築に圧倒的なアドバンテージを与えてくれている巨人タイタンなのである。

「近代建築・イレブン」の作品に共通して、なにか似ているところがあるとしたら、それはときどきわれを忘れることではなかろうか。建築の忘我状態とでも言ったらいいのか。というのも、建築がわれを忘れるとき、その建築のできた時代の政治的、社会的、文化的な力学の諸条件が、建築を即物的に具体化している物質の力を借りて、ささやかではあるが、世界の雛形である模型＝モデルとなって、目の前に出現するように思われるからだ。しかも、それは「様式」が遂に建築から消え失せたことと連動しているように思われる。

長い時間、建築をそれぞれの時代に根拠づけてきた「様式」が喪失したとき、それと引き替えに、まるで「様式」のゴーストでもあるかのように「世界モデル」が浮かび上がった。

人類世界の崩壊を現実として見せたのが二十世紀であり、それを予感したのが十九世紀ヨーロッパではなかっただろうか。終末を意味する「世紀末」が十九世紀末という特定の時期を指したのは、したがって当然であり、しかも翻って見れば、ヨーロッパの「世紀末」は十八世紀の末からすでに始まっていたのだ。

十八世紀末に早くもピラネージやルドゥーやブレたちによって予感され、十九世紀末には誰にとっても逃げようもなく切迫し、二十世紀では前世紀に予言された殺戮と虐殺を愚直にも実現することになった人類世界のどん詰まり、それが「世紀末」ではなかろうか。その「世紀末」については、二十一世紀のいまになっても落とし前は未だについていないままだ。

ことごとくが行き詰まってしまい、かといって代案は簡単には思い浮かばない。そんな八方ふさがりの状況下で、苦し紛れに繰り出される突拍子もないアイデア、既存の価値の大暴落のなかで、自暴自棄のように徹底化される漂白と還元。破壊的な革命と、冷徹で狡猾な政治の真っ只中で、狂気の縁にまで追い込まれた結果、苦し紛れに生み出されたものが、ここに並んでいる十一の建築であったとも言えるだろう。楽天性の裏側にはしかめっ面が見え隠れしているのである。

「近代建築・イレブン」が見せてくれる十一の「世界モデル」。それは、かつての「ユートピア」のような、事前に希求されたものではまったくない。「世界モデル」とは、われを忘れて没頭する建築の快楽の結果として、事後的に見えてくるものだ。めいめいバラバラでじつに奇想天外な表情を見せてくれる「世界モデル」だが、それは人類が頼りにしてきた決定的ななにかが失われてしまった結果、むしろ、やむにやまれず、物質と人間とのあいだにいわば対等な応答関係が起こったその痕跡であり、実証結果ではなかっただろうか。

しかもこの十一の「世界モデル」は、多様ではあるが、しかし十一に限定されたモデルであり、だから現代世界を観察するのにも役に立つ、あのマルセル・デュシャンなら「原基」と言ったかもしれない、筋のない、文体だけの物語であるようにも思えてくる。世界が終わったあとに残された地図、それが「世界モデル」にほかならない。

そして、予想に反して、この十一の世界モデルは現代の世界を記述するためには、決して多くはないが、しかし少なくもない、必要にして十分な条件であるような気さえしてくる。この十一にさらに加えるべきモデルがあるとしたら、ぜひ教えてほしいものである。

建築の快楽、それはシークエンスのなかにしかありえない。ここで取り上げる十一の建築がそれを全力で伝えている。

目次

建築写真はすべて撮影　鈴木了二

ユートピアへのシークエンス

ガリシア現代美術センター

1

アルヴァロ・シザ

Centro
Galego de Arte
Contemporánea
1993

瓦礫と建築

一回目に話しておきたいのはアルヴァロ・シザ。一九三三年生まれで現在も活動中です。ところで最初に断っておくと、ここで取り上げる作家は、シザ以外はすでに亡くなっている建築家に限っています。その最大の理由は、作品というものは、作家がいなくなってはじめて物質化するから。作家が生きているかぎり、作品はまだ事物として自立していない。その作家の今後の進み方次第で、評価はまだまだ変動する可能性がある。作品の生成とはまったく関係のない名声とか商売といった余計なバイアスがかかっていて、作品の見え方が歪んでいることは往々にしてあるんじゃないかな。マスメディアが急激に膨張した二十一世紀の今日ではなおさらだね。

ぼくは以前に「ル・コルビュジエのメディア戦略」（『寝そべる建築』みすず書房、二〇一四）というタイトルでル・コルビュジエのメディア操作について書いたけれど、近代の黎明期であった二十世紀初頭の生まれたばかりのメディアと、いまのぼくたちが直面しているマスメディアとでは、環境が激変している。ル・コルビュジエにはメディアを要領よく利用して自分を実体以上に大きくアッピールする技術の萌芽は見られるけれど、しかし、あくまでもル・コルビュジエ自身による手作りの範囲に限られていた。それに較べて、この二十一世紀に急激に膨れ上がったマスメディアは、消費能力の桁が違うんですよ。いまではマスメディアの消費が自動運動化し、おまけに参入するメディアも単一に収まらず、もたれ合いながら複合化して、消費規模がハンパじゃなく天文学的に増大し、ほとんど株の投機みたいになっている。だから、バブルもあるけれど、大暴落も起こる。油断も隙もないんですよ。ですから今日では、できあがった当初は確かに内在していたに違いない作品のマジックがメディアのなかで摩耗してしまい、いつのまにかなくなっているケースさえ出てきた。その作品を生んだはずの作家によって作品が食いつぶされちゃうんだよ。そんな不安定な環境のなかで、生きている作家の作品と死んでいる作家の作品とを一緒に批評したくはないでしょ。

でもシザなら大丈夫です。なぜならシザの作品には、現代特有のそんな消費傾向に対する強い抵抗力があるから。しかもその抵抗力は、現在われわれが直面している問題の核心に、作品そのものが届くことによって生み出されている。シザの建築がもつ特性を一言で言うと、少し乱暴に聞こえるかもしれませんが、それは「瓦礫」への感受性じゃないかと思う。そして消費とまったく対極にあるものが「瓦礫」。では、ここで言う「瓦礫」性とはいったいなにか。これこそ現代の建築の核心なんですが、それは建築崩壊の新しいヴァージョンが現れたことです。

廃墟から瓦礫へ

建築が崩壊している状態を指す言葉はもちろん昔からあったけれど、それは二十世紀に至るまで、長いあいだずっと「廃墟」という一語に一本化されていた。宗教画の背景に描き込まれているのを見たこともあるでしょ。それらの廃墟が背景から絵画の前面に躍り出て、ついに主題となったのは十八世紀末です。たとえばローマの廃墟化した建築を描いたピラネージのイメージのようなな。ところが二十世紀に入ると、この「廃墟」という言葉では捉えきれない建築崩壊のイメージが新しく登場してきた。それが「瓦礫」ですね。廃墟と瓦礫は、両方とも建築崩壊の状態を指すことでは共通しているけれど、その破壊イメージはかなり違うよね。廃墟ならば、どこかが壊れたり脱落していているにしても、風化とか、無人化とか、とにかく静止したイメージが浮かぶのに対して、瓦礫には、崩壊のプロセスのなかに、一撃とか爆発というような、暴力的で動的なイメージが加わってくるでしょ。

廃墟のほうは、壁や柱などの建築の部位はなくなったり壊れたりしていても、残された部分には垂直や水平がまだ維持されているが、もう一方の瓦礫のほうは、爆撃や砲弾や津波などの不意の力で破壊されているから、その光景は落ち着いた垂直水平を失って、斜めになった壁や柱だったり、折り重なった破片であったりする。また、もし仮に倒壊はしていなくても、砲弾が建築の部位など関係なく根こそぎにえぐり取った開口や、弾丸が壁や床を見境なく撃ち抜いて開いた無数の穴があるような状態です。廃墟には、かつてそこにあった空間の気配や余韻のようなものが残っているけれど、瓦礫となると、そんな空間の気配や余韻など寄せつけない生々しさが支配しており、折り重なり合った破材同士の斜めの隙間や、ぶち抜かれて生まれた穴などが、ただひたすら即物的に見えるだけです。

いまではシリアやイラクの空爆跡や東日本大震災の津波の跡の映像をいやというほど目にしているわけですが、この「瓦礫」性にいち早く注目したのは、第二次世界大戦の瓦礫を撮った写真家や映画監督たちだった。ロバート・キャパなどのマグナムの写真家や、ロベルト・ロッセリーニやジャック・ターナーのような映画監督たちが思い浮かぶね。

では、建築家はどうだったか。ちょっとばかり言葉で指摘してみたり、ドローイングにコラージュしてイメージの雰囲気を利用するくらいのことはあったにせよ、「瓦礫」を真っ当に受け止めて、自分の作品を「瓦礫」性との関連のなかで考えようとした建築は、シザの作品に出会うまで、ぼくは見たことがなかったね。「瓦礫」と呼ばれてまず最初に進み出るべきは、映画や写真よりも建築であるはずでしょ。瓦礫とはなにより建築の最期的な状態のことなんだから。それほど現代の建築にとって直接的な問題になっているのに、そっちは見ないようにして、建築家たちは相変わらず新しいものばかり漁ってきた。恐怖のあまり目前の瓦礫から思わず目を逸らせちゃうんだろうか。いや、瓦礫の存在そのものが不吉なものとして創造の前面に立ち塞がって、われわれの職能を脅《おびや》かしているからなのかもしれないね。

それはそうと、とにかく建築家として「瓦礫」性に注目したのはシザが最初。そして、建築を考えようとするとき、頭のどこかで必ず「瓦礫」性に直面するなら、シザ以降の建築は根本的な変質を遂げることになるんじゃないかな。のちの講義でそのうちに話しますが、近代建築が発生当初の勢いを失い、なんとなく行き詰まってきたように思われた二十世紀後半になって、やっと作家活動を開始したのがルイス・カーンです。そのカーンは「廃墟」を自分の建築のデフォルトとすることによって、はじめて自分の作品を生み出すことができたとぼくは思っているんだけれど、とするなら、アルヴァロ・シザにとっては「瓦礫」がデフォルトなんじゃないか。「瓦礫」とは、いわば「崩壊2・0」だな。

建物がぶつかり合う

今日取り上げる作品は「ガリシア現代美術センター」です。シザの作品は最近になってだんだん増えてはきたけれど、結局、この作品が突出して、シザのやりたいことを表しているとぼくは思います。竣工したのは一九九三年だね。シザ六十歳のとき。できあがってまもなく見に出掛けた。そのころの日本では、シザはまださほど知られていなかったんですが、バルセロナでとても面白い仕事をしている知り合いのスペインの建築家エリアス・トーレスが、自分のことみたいに熱心に見に行くように勧めてくれたからね。

レンタカーを借りてリスボン近くの南の海岸カシュカイシュあたりから大西洋に沿って北上した。シザの作品は、ポルトガル北部の都市ポルト周辺にほとんど集まっているので、かなり効率よく見て回ることができたんですが、「ガリシア現代美術センター」だけがちょっと離れたところにある。ポルトからさらに北上して国境を越え、スペインの領内に入ってすぐのサンティアゴ・デ・コンポステーラという小さな町に建っています。この町は巡礼地として有名で、「ガリシア現代美術センター」は巡礼の最終目標である大聖堂のそびえる中心地区からはやや外れた位置にあるサント・ドミンゴ・デ・ボナバル修道院とそれに付属する聖堂のすぐそばにあるんですが、その配置はまるでそれらの古い建築群にくっついてしまうんじゃないかと思わせるような近さです［図1-1C］。

まず驚くのは、とにかくその配置の取り方が常識的じゃないんだよ。この美術館を建てるために用地として与えられた敷地はとても広大なもので、修道院と聖堂から、丘の上に広がる墓地へと、緩やかに上っていく斜面の大きな空地《くうち》だった。配置図を見ればすぐ分かるように、美術館の建築面積は敷地面積に較べたらはるかに小さいんです。だから、ごく普通に考えれば、新しい建物は空地の広がりの中央あたりに、周囲に余裕をとって配置しそうなものですよね。だってそのほうが建物の前にゆったりと広場が確保できるし、そこを公共の場とすれば町全体とも積極的に関係づけられるというように、上手に説明できる。そうすれば、行政の納得も得やすいような気がします。しかも、敷地は緩やかに上昇する傾斜面ですから、建物の前に空地をとればそれだけ建物が道路面よりも高い位置に建つことになり、町からのヴィスタとして目立つだろうし、また美術館からは町の全体を遠くまで見渡すことができるというメリットもあったでしょうね。ところが、シザは新しい建物をわざわざ、敷地の最も低いところにある既存の修道院と聖堂とに思い切り近づけたんだよ。ほとんど窮屈に感じられるくらいにまで間近に。

これはもう「近づける」というよりは、むしろ「食いつく」とでも言ったほうが感じが出

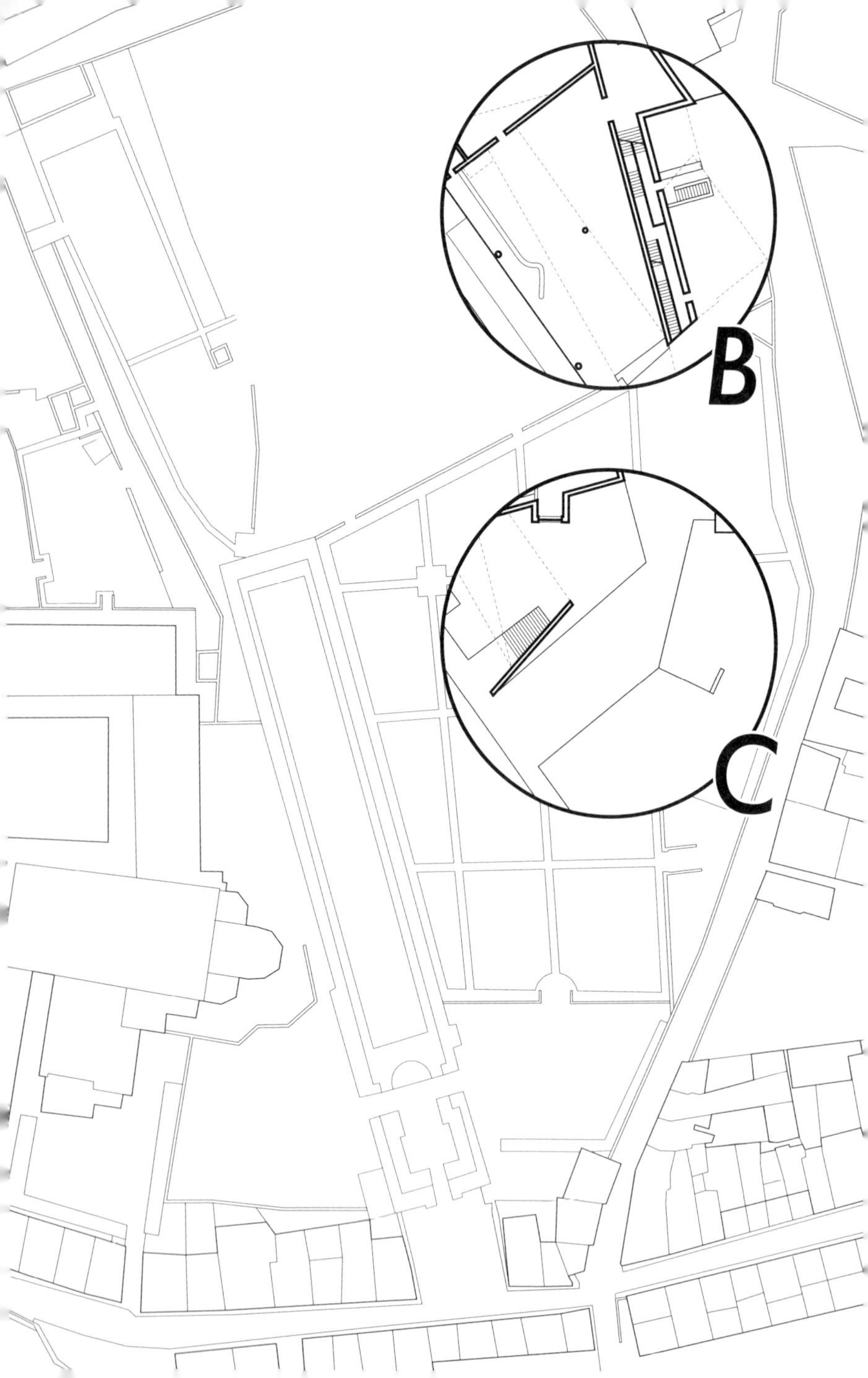
B
C

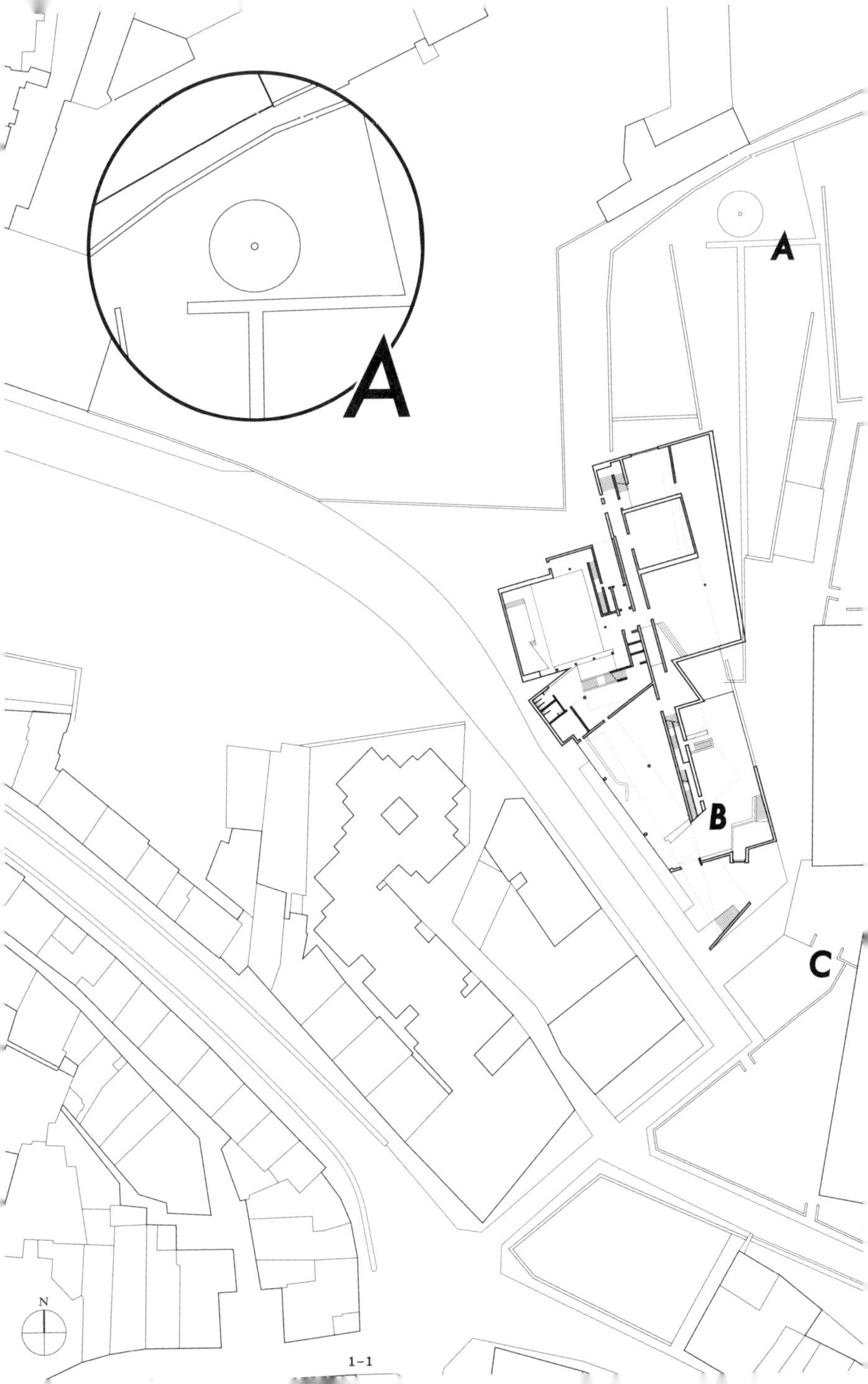

1-1

るな。シザもどこかで言っていましたが、初めは建物を道路側からかなり引いて、敷地の中央辺りに配置するように注文があったんだけれども、よくないのでやめたんだそうです。やっぱりね、プランニングとしてはそれが定石だよ。ところが、シザは最終的にこの建物を、道路のへりのぎりぎりにまで寄せてきた。オープンスペースを都市に向かって開くどころか、反対に、ほとんど閉じてしまったんですよ。しかし、閉じた代わりにそこには、都市から切り離された広い空地が目一杯に残されたんですが。この空地が、起伏の素晴らしい地形に馴染んだ庭園になっているために、なんの苦労もなく、ただの成り行きでごく自然にそうなったかのように見える。でもじつはこの配置計画には定石破りの大胆な跳躍があったわけです。

その証拠に、さっきも指摘したけれど建物の寄せ方もハンパじゃなくて、建物同士が擦れ合ってしまうほど。まるで軋みをたてているみたい。町全体から見るとこの部分は、修道院などのある旧市街と、比較的新しいがあまり特徴のない建物の建ち並ぶ新しい市街とが、エッジを形成するように接する地域にあたります。シザは新旧二つのブロックの違いを、スケールやプロポーションを合わせたりして調停するのではなく、反対に、強いコントラストとして強調しようとしている。この場所に立ってみるとよく分かるんですが、そこでは新旧が「出会っている」というよりも、むしろ「ぶつかっている」と言ったほうがぴったりする。これも、ゴシック様式の古い修道院に「ガリシア現代美術センター」をこれほど近づけることがなかったら、街区同士が「ぶつかっているんだ」というようなダイナミズムは生まれなかったと思います。新しい建築を一つ、都市の一角に付け加えることによって、都市の新旧二つの文脈がここで「ぶつかっている」ということを顕在化させる。それも、この計画の過激なところじゃないかな。そして、この「ぶつかっている感」を顕在化させてくれるところが、まさにシザの「瓦礫」的感性なんだと思います。

シザの評価はいままでこそとても高いんですが、でも日本での評価のされ方は「おおらかである」とか「寛容である」とか「のびのびとしている」というような、当たり障りのない優等生的なものばかりですね。そんな記事ばかり読んでいると、どこかのんきな建築のようにも思われかねない。しかしぼくには、むしろシザの尖ったところや、鋭角的なところが、強く印象的に感じられるんですよ。シザがサンティアゴ・デ・コンポステーラという市街地のへり、都市のエッジで顕在化させた「ぶつかっている感」も、建物と建物のブロック同士がぶつかり合ってできる、鋭角的な角度や、狭まった隙間によって生まれているんじゃないか。

硬質な空隙

美術館と修道院と聖堂という三つの建物が対面するところに、シザは小さな空隙を注意深くつくり出しています。この空隙をさらにはっきり顕在化させるように、修道院と聖堂とを結びつける数段の階段をもつ踊り場を、建物の外壁と同じ石で丁寧に整備し直している。ここにはデザインらしきものは施さず、たぶん、もとのままなんじゃないかと思うほど慎ましいスペースです。こういう修復のやり方もシザらしいね。修道院と聖堂のエントランスは、両方ともこの踊り場に面しています。そして、ゴシック建築に属するこの踊り場と、新しい「ガリシア現代美術センター」に属する基壇とのあいだに、クルマが一台やっと通り抜けられる程度の幅しかない空隙をつくり出した。この空隙を生み出すために、既存の修道院と「ガリシア現代美術センター」を思い切り近づけたとも言えるね。

「ぶつかっている感」と空隙は相乗効果をつくり出していて、ここでは「近づく」と言うのではまるで感じが伝わらないんです。そんなんじゃなくて、「ガリシア現代美術センター」がこの空隙めがけて、覆い被さるように噛みついているんですよ。基壇には大きなキャノピーがあるんですが、そのキャノピーが修道院に面する部分で分厚い下がり壁に切り替わり、基壇すれすれにまで下がってきている。でも、着地しない。基壇に着地させて固定すれば構造的にもずっと簡単なのに、無理矢理、コの字型の鉄の形鋼《かたこう》を抱き合わせにダブルで差し込んだディテールをつくり出し、基壇すれすれでディテールを変えて受け止めているんですよ［53頁］。そこに生まれた横長の細いスリットは、いままさに噛みつこうとしている半開きのワニの口みたいでしょ。空隙に建築が噛みついている。

シザにとっての空隙は、なにもないだけの単なる「空き」ではなくて、なにか硬質な塊のようなものなんじゃないのかな。だからこそ「噛みつく」という感じも出てくる。建物同士がただ頭を寄せ合っているだけでは、この動的な、もっと言えば、ほとんど獰猛ですらあるダイナミズムは出てこないんじゃないか。シザの建物は動物的なんだよ。それは空隙が硬質な塊だから。シザにとって空隙は、そこに食いついたり、ぶつかったり、突き破ったりできる相手なんだね。

建物を道路側ぎりぎりにまで寄せてきた第一の理由は、もちろん、与えられた緩斜面を大きくとって、墓地に向かって上っていく空地をヴォイドそのものとして捉え、このガリシアの美術館の主題にしようと考えたからですよ。広大な斜面の庭が間違いなくこの建築のメインテーマですから、建物のほうはあくまでも脇役として、むしろ空地を顕在化させる測定器のようなものとして扱われている。庭の傾斜が視覚的に分かるようにするには、基準となる水平を出す測定器が必要でしょ。この広い庭にはいくつもの水平が随所に点在し、その役割を担っているんです。建物の水平なパラペットや、上端が水平の擁壁などがそうだね。知らないうちに傾斜面から壁が現れて、それがいつのまにか建物のブロックの一部になるまで成長する。見方を変えれば、この建物はこの斜面から生まれている、とも言えますね。建物は、じつは古い昔からこの斜面のなかに潜んでいて、それがなにかの弾みに、少しばかり顔を覗かせたようにも見える。潜水艦が海中から浮上したようでもある。そう思うとこの庭の起伏は、まるで海のうねりみたいですね。

ところで、シザのこだわった修道院と美術館のあいだの空隙ですが、さっきの説明で終わったわけじゃないんです。じつはあの空隙は、この広々とした庭のなかにその痕跡を残しているんですよ。空隙を通り抜け、クルマの駐車スペースも過ぎて、緩やかな斜面を上っていくと、空隙から斜面に伸びていく方向に幅一メートルもないような歩道が、草で覆われた地面のなかに一筋、見えてくるんだよ。この、粗石を敷いただけの舗道を歩いていくとその先に、形のとてもキレイな木が一本、ささやかにぽつんと立っている［図1-1A］。この庭園では空隙が、最後には一本の樹木と化しているんだよ。言葉でこう説明してしまうと、なにかセンチメンタルで思わせぶりな、あるいは、どこか宗教じみた雰囲気を想像するかもしれないけれど、そんな押しつけがましい嫌みはみじんも感じられない。

新しく建てられた美術館の建物のなかで、その水平性を最も強く感じられる部分が、道路側から人間の背の高さほど上ったところに設定されている基壇レベルだね。その床のレベルは、ひとが立ったときの目線より少し高いので階段をある程度上るまで見えてこない。ところが基壇に上ると、今度は目線すれすれのその効果が逆に働いて、道路がすっかり見えなくなり、その代わり基壇レベルがまるで、都市に浮かんだ水平の甲板のような感じになるんだよ。でも、この基壇はあくまでも建物と一体化しているんだね。シザはこの建物に二つのファサードを与えています。一つは、町全体を意識して、この建物自体を町に対する門として捉えたファサード。もっと言えば、この門は外部としての町と、いちど閉じられることによって内部化された庭園とを、もういちど繋ぎ直しているのかもしれない。そしてもう一つのファサードは、この建物の近くを通りかかるひとのための、横長の窓としてのファサード。門として都市に対面すると同時に窓として近くを通るひとに対面している。だからファサードが、いわば二重化して重ねられているわけですね。しかも門と窓の面の角度が少しズレているためにその感じはより強調されているんだ。これらの二つのファサードのあいだには、ひとを基壇の上にさりげなく導くような緩やかな斜路があるんですが、このスロープを介することによって、外部のゲートに属する石の面と、その内側にある窓の開いた白い漆喰の面とが、一つの建物として結びつけられている。

ここでのスロープの斜めも「瓦礫」性の予兆でもあるかもしれないんだ。というのも、この建物の中心には、これ以上は変形できない硬質な鋭角三角形が、まるで楔でも呑み込んだように存在するんですよ［図1-1B］。そしてこの三角形をめぐるように断片的な建築のエレメントが磁石で引きつけられたみたいに集まっている。ですから一見複雑そうに見えるけれど、落ち着いてよく見ると、この建物はじつは極めて単純な構成で、それは硬質な直角三角形と、その長辺に沿って長く伸びる階段だけでできているとも言えるんだね。歩くひとが単純な構成の隙間を出たり入ったりすることでいろいろなシークエンスが現れる。そして、この建物の中心にある硬質な、もはやこれ以上手のつけようのない直角三角形こそが「瓦礫」性そのものではないか、とぼくは思います。

そもそも、直角三角形をプランの内部にもつ建築で、歴史上いいものがあったためしがない。面白くしようにも三角形は壊すに壊せない幾何学ですからね。おまけにコーナーがどこも尖っているので使える部分が限られちゃうんだ。それほどやっかいなこの三角形ヴォイドが、ではどうして生まれたか。それは配置図を見れば分かります。前面道路の向きと、修道院の中庭の向きが三十度くらいずれているでしょ。それが原因です。この建物は、誰でも分かるとおり、羊羹状の細長い二つのブロックと、正方形に近い一つのブロックとの、三つのブロックで構成されています［図1-2］。そして、事務室のあるほうの細長いブロックを道路

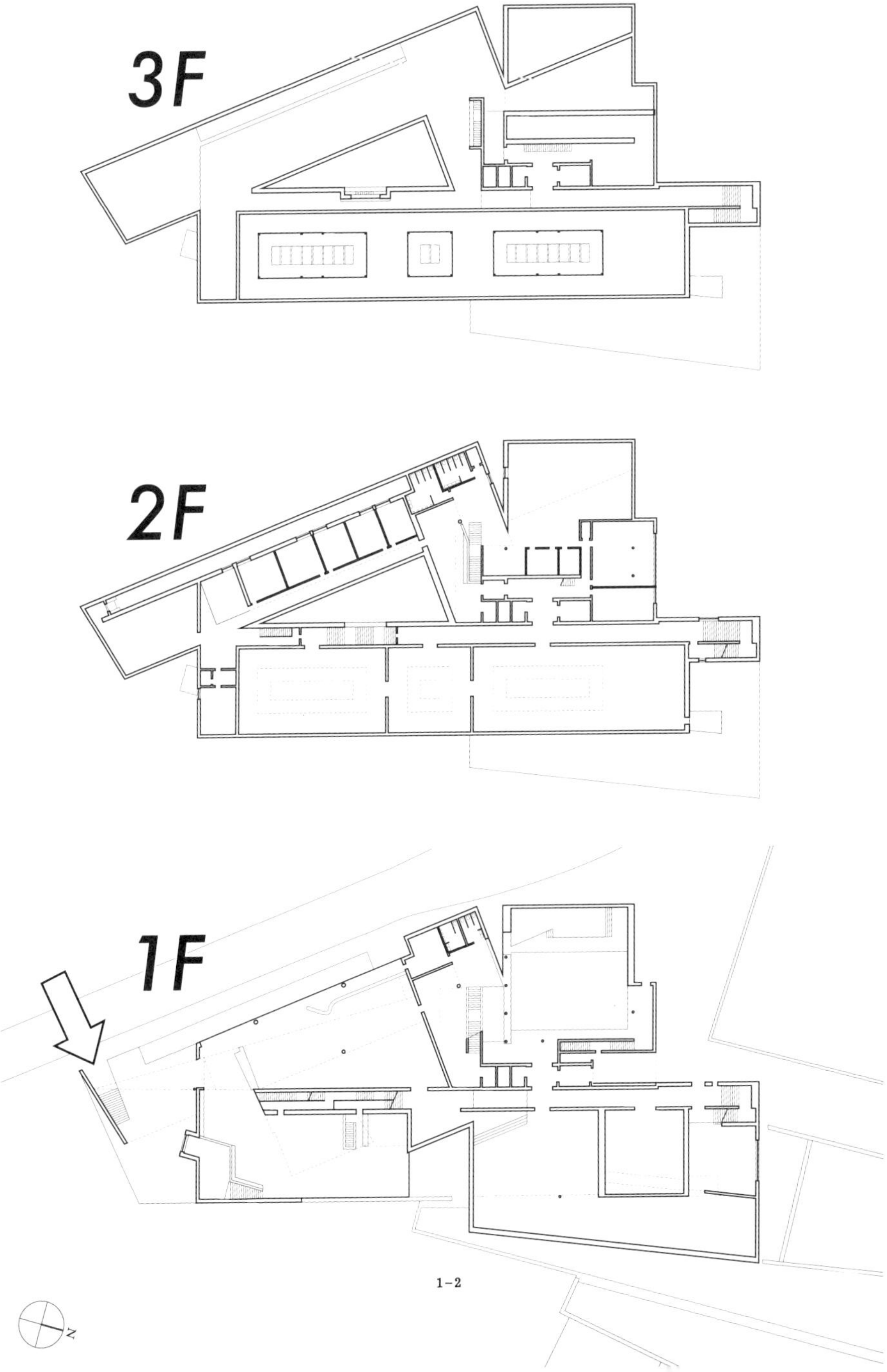
3F
2F
1F

の軸に合わせ、もう一方の、ギャラリーのあるほうの細長いブロックを庭園の軸に合わせている。その軸の角度の違いによって、否応なく三角形が出現するわけです。とはいっても、そのこと自体は驚くようなことではないよね。だって敷地が保有している二つの異なる軸性をそれぞれのブロックに与えて全体を構成していくという手法はよく見かけるやり方で、シザもそれについてはインタヴューでも軽く触れている程度。

しかし、実際そこに立ってみて驚いたのは、なによりこのヴォイドの三角柱が異常に硬いものとして感じられたことだね。いくら角度のズレがあったとはいえ、ここまでぎりぎりに締めつけなくってもいいんじゃないかと思ったくらい。とにかく角が異様に尖って感じる［図1－3］。それに加えて、そこは確かにヴォイドには違いないんだけれど、ひとさえ寄せつけないような硬質さが感じられたんですよ。ズレを、もう、これ以上は縮まらないと言えるまで凝縮した三角形だから、なのかな。

先ほど、瓦礫の空隙の硬質さについて話したけれど、まさにこの三角形のヴォイドも、そんな空隙の硬質さによって瓦礫の「瓦礫」性を体現しているのではないのか。この三角形だけはもうガチガチで、いくらどうやっても変形できないからね。だからこの美術館の中心には、「瓦礫」が刻印された硬質でガラスの破片のように鋭い空隙が存在していることになる。この作品に穏やかさや寛容さを感じることは間違ってはいないけれども、しかしそれだけし

1-3

か見ないとすれば一面的でただ表面的な印象でしかなく、むしろ反対に、シザほど政治的な建築家はいないんじゃないかと思います。そのためにはポルトガルの現代史も少しは知っておく必要があるんじゃないかな。

革命と平凡さ

現在生きている建築家のなかで、シザのように文字どおりの「革命」を経験している建築家はもうほとんどいないでしょう。シザがまだいたんです。言い換えると、それはポルトガルの民主化が極めて遅かったってことでもあるんですが。第二次世界大戦が終わった直後には、共産圏とギリシャを除いたヨーロッパのほとんどの国はもう民主化されていたのに、しかし、ポルトガルはスペインと並んで、戦後になってもずっとあとまで独裁体制が例外的に続いていたんです。アントニオ・サラザールの独裁体制は、ナチスと一心同体のような同盟を結んでいたフランシスコ・フランコのスペインとは一線を画していたとはいえ、知識人や芸術家への弾圧は有無を言わせない陰惨なものだったらしいです。国じゅうを密告のシステムが覆い尽くしていたという。当時はポルトガルの植民地であったアフリカのカーボベルテ島には、拷問で悪名高いタラファル収容所があったくらいですからね。きっと治安維持法下の戦前や戦中の日本みたいなものか、それ以上だったんでしょうね。しかしサラザールは、ヒトラーやムッソリーニみたいな派手なことは大嫌いだったらしいんですよ。その代わりに国民を卑小化させ、疲弊させることで、独自の独裁政権を維持し続けていたらしい。「卑小でいるんだ。そうすればおまえは偉大だ」というのがサラザールが国民に送り続けたメッセージだったそうですから、この独裁もそうとうにタチが悪いよな。

シザは一九三三年の生まれだから、そんな環境のなかで育ったことになる。ところが、その暗くてやりきれなかった独裁体制が一九七四年、シザの目の前でついに崩壊するわけです。その革命は軍部によるクーデターだった。でも、このクーデターが変わっているのは、左翼の若い将校が中心になっていたということだね。クーデターといえば、普通はたいがい右翼なんですけれどね。ポルトガルの植民地があったアフリカ経由で知識を得た軍の将校たちが蜂起したそうです。植民地の独立運動から影響を受け、自国の独裁政権を倒した。これは普通の逆だよね。そのときシザはすでに四十一歳です。

この衝撃がシザに与えた影響は計り知れないものがあるんじゃないかな。日本に置き換えれば、建築家になろうとする時期が「明治維新」だったようなものですからね。十九世紀の明治維新と二十世紀のポルトガルの革命を一概に比較はできないけれども、世界がいきなり

「ひらかれた」という明るさは間違いなく共通してあったんじゃないか。シザもそのときに感じた興奮や明るさについてよく口にしているよ。でもこの感じはいまのわれわれ日本人には実感として分かりにくい。政治の話はそんなに見かけないシザだけれど、革命以前の建築界がいかに酷かったかについては、はっきり言っているよ。独裁体制下では「国民様式」という、シザに言わせれば「愚にもつかないもの」がいつまでもあったらしいんですよ。そして、それを独占的に掲げて役人にくっついている御用建築家たちが中央のリスボンにいて、ポルトガル全土を牛耳っていた。シザの町、ポルトにも建築家らしい建築家はいなかったそうです。全部が中央集権だから、ポルトがいくら大きい都市でも地方だから建築家は育たないようになっている。暗いでしょ。それをポルトガルは体制ごとひっくり返したわけ。そんな革命の真っ只中をシザは潜り抜けてきた。そのことだけはしっかり頭に入れておきたいですね。

しかもそれはそんなに昔の話じゃない。そのころ三十代だったシザにとってはほんの少し前のこと。欧米や日本ではちょうど「近代建築」に飽きがき始めた一九七〇年代ごろ、シザは自国の革命に遭遇したことになる。運命的だね。というのも、シザにとっては「近代建築」に対して大きなタイムラグがあるからです。多かれ少なかれ歴史的に革命の機運を内包していたのが「近代建築」ですから、第二次世界大戦のあとも相変わらず「国民様式」という官製的な束縛のかかっているポルトガルでは「近代建築」は受け入れてもらえない。でも、いくら閉鎖的な独裁体制とはいえ、海外から入ってくる雑誌などでシザは「近代建築」を目にしてよく知っていた。現に、面白いことだけれど、日本からの当時の雑誌『国際建築』がとても勉強になったと言っていますよ。そんな日本の雑誌まで手に入れて憧れていたまさにその「近代建築」が、長いあいだの抑圧から脱却できる革命の到来によって、ついに自分たちのものになる機会が目の前にやって来た。ですから「近代建築に飽きてきちゃった」というようなシニカルさ、八〇年代に繋がる「ポストモダン」的な気分などまったく持ち合わせてはいないんですよ。とはいっても、しかしシザは「近代建築」が生成したのちの顛末がどのようなものであるかも、メディアを介してよく知っている。そんなタイムラグのなかでシザは「近代建築」を始めた。遅ればせにですが、でも、それはまっさらで始めるのとも違うよね。ひととおり知っていながら、にもかかわらずシニカルではない。知ってはいるが、まだ自分ではやってはいない。近代のやり直しには違いないが、初発であるという動機のエネルギーも同時にしっかり持ち合わせている。シザにとっては旧体制が革命でいちどひっくり返った経験が生々しくあるので、「近代建築」にとっては遅くても、「近代をやり直す」という意味では誰よりも早いとも言えるわけです。

しかもそれは、先ほど話した「瓦礫」がデフォルトである現代からすると、「崩壊2・0」

における「近代建築」ということになりますね。これこそシザの現代性であり、それこそぼくたちの問題です。さて、ではシザは「近代建築」の、いったいどの辺りからやり直そうとしているのか、そこに興味が湧くでしょ。シザ自らがはっきりとそう言っているわけではないけれど、多いとは言えない範囲でシザの言葉を読むかぎり、それはアドルフ・ロースから再出発しようとしているような気が、ぼくにはする。

単純化して言っちゃうと、ミース・ファン・デル・ローエ、ル・コルビュジエ、フランク・ロイド・ライトを起源とする、常識的だけれど、でも極めて通俗的な近代建築史に対して、じつはロースを起源とするもう一つの近代建築史があったんじゃないか。近代にとってそのくらいロースの存在は大きいはずなんだけれど、なかなかそのように扱われていないよね。そしてロースというとすぐばかの一つ覚えみたいに「装飾は犯罪である」というスキャンダルめいたあの一言だけが流通している。しかもぼくが気に入らないのは、まるで無装飾を強制するかのようなこのロースのスローガンを合図に、ル・コルビュジエやミースが出てきたという、かれらにとって都合のよいストーリーですよ。ロースの肝心な作品や建築の考え方には触れないで、言葉だけを露払いのように使う。これを歴史の捏造とまでは言わないにしても、二十世紀後半のアメリカ主導による資本主義的バイアスが思い切り建築史にかかっているところなんじゃないか。だってロースは装飾そのものを否定したわけじゃぜんぜんないし、近代建築を正当化してきた「合理主義」や「機能主義」を援護するための言葉でもないんですよ。だからこの言葉「装飾は犯罪である」の意味は、もとの文脈からそこだけセンセーショナルに切り離されることで、微妙に、しかし決定的に歪曲されている。ロースをいかに評価していても「装飾は犯罪である」の言葉だけにナイーヴに反応し、すぐに工業の無装飾性を持ち出すひとは信用できないね。

さてそこでシザなんですが、かれが注目したところはそこじゃないんです。ロースが最も尊重していたのは「平凡さ」であった。そこに注目している。ロースの書いたものを読むと、かれが家具の指物師や服飾のテイラーなどの職人性にどれほど敬意を払っていたかがいたるところに書かれていて驚かされるんですが、それは優れた職人のつくったものに備わっている「平凡さ」にあると言う。しかしそれは凡庸さを意味するんじゃないよ。平凡なものの美徳は、同じものを反復して継続的に再生産できること。繰り返すことのできる可能性にあるんです。ロースが徹底的に攻撃しているのは、職人の領域である「平凡さ」の領域に芸術家や工芸家や建築家が踏み込んで、そこにオリジナリティや違いを無理矢理付け加えることだった。ロースの装飾批判は、無装飾への願望というより、デザインと称して芸術性を押しつけようとする建築家に向けられていた。これはぜんぜん古びていない問題でしょ。シザの言葉によれば、ロースからいまこそ学ぶことができるのは「優れた自己抑制と平凡さ」のほう。

たとえば、一九八八年の大火災によって破壊されたリスボンのシアード地区での再開発でも、シザはとくに特徴のない普通のアパートの外壁を、もとのままのファサードとして再現しようとさえしたそうですよ。とくに誰がデザインしたというのではないようななんの変哲もない匿名のアパートの外壁を、都市にとって極めて貴重なものとして扱おうとしている。同じような矩形の窓が均等についているファサードを、近代的な退屈な光景と見てしまうのではなく、反対に、それを自己抑制によって守られた都市のランドスケープとして受け取って、あえて再現しようとした。それも、様式を昔のままもとどおりに復元するというわけでもなく、安普請でもいいから窓のリズムだけは残しておきたいと。

この一見頑固にも思える歴史への対し方が、自分のことを伝統主義者と言っていたロースの建築とも共通しているような気がします。しかし、ここにまで立ち返ると、これまでの近代建築の評価基準の大部分を占める造形性やデザイン性そのものが、根本的に批判の対象になってくるよね。ル・コルビュジエ、ミース、ライトから始まって、現在のいわゆるアイコン建築に至るまで、建築家の自己表出すべてが批判の対象になる。ロースに言わせれば「アイコニックこそ犯罪だ」ということになるよね。ぼくが先ほどロースから始まるもう一つの近代建築史があると言ったのはそういう意味です。とするとシザは、いまになってやっと現れた、初めてのロースの継承者であると言ってもいいんじゃないでしょうか。

もう一つ。革命を身近に体感しながら建築を修得しようとしているときに、シザにとって最も直接的に支えになったのはアルヴァ・アールトだった。シザは一九六〇年代にフィンランドでアールトに会うことができたんだけれど、そのときに自分たちはアールトを「発見した」と言っています。この「発見した」というニュアンスには、いわゆる近代建築史のなかに組み込まれているアールトとは少し違うのだ、という調子があるんじゃないでしょうか。それは若いころのアールトがフィンランドの独立と連動して作家活動をしていたことに共感したからだと思う。フィンランドがやっと実質的に自立を果たす第二次世界大戦後のポルトガルは、まだサラザールの独裁体制下で、その閉塞を打ち破ろうとしている最中だったからね。自分たちはいつも難破しそうな船の上でなんとかバランスをとっていままで乗りこなしてきた、とシザはどこかで言っていましたが、革命のいい部分も悪い部分も含めて培われたものが「革命」の感受性になっているのではないでしょうか。

その証拠に、シザ以後にも、かれより若い世代に刺激的な建築家が次々と出てきているでしょ。エドゥアルド・ソウト・デ・モウラやマヌエル・アイレス・マテウスやディエゴ・セイシャス・ロペスとか。建築ばかりではない。映画でも多くの才能が出てきている。マノエル・デ・オリヴェイラ、ジョアン・セザール・モンテイロ、ペドロ・コスタ、ミゲル・ゴメスとか。それも革命の経験が大きなエネルギーを与えているからなんじゃないのかな。そしてこの「革命」の感受性があるからこそ、今日のわれわれの問題である「瓦礫」性に向かって一所懸命に応答しようとしているように、ぼくには思えます。

バジリコが撮ったベイルート

現代の写真家のなかでぼくの最も関心を払っている一人がガブリエル・バジリコです。建築や都市を撮り続けたイタリア人の写真家で、まさに「建築写真」をそのまま実践しているようなひと。でも悲しいことに二〇一三年にもう亡くなっていたんだけれどね。写真集も何冊か持っていますが、ごく最近になって、シザがバジリコの写真集『Cityscapes』(Thames and Hudson, 2000)にエッセーを寄せていたことを知りました。残念ながらその写真集は持っていなかった。シザの文章を目にすることがほとんどなかったので、なにかないものかと探していたとき、編集者の高田さんが図書館で見つけてきて教えてくれたんですよ。それが、なんとバジリコについてのものだった。ぼくが大好きだった写真家をシザも好きだったことはちょっとした驚きでしたが、少し考えてみれば、イタリアとポルトガルとは日本よりずっと近いんだし、バジリコはイタリア屈指の写真家なんだからそんなことは当然ありうることだよね。

シザは写真家であるバジリコのことを「光の建築家」とまで言って絶賛しているんだけれど、そのバジリコの写真のすごいところは、町や風景がどこもかしこも、まるで廃墟のようにフィルムに焼きつけられていることだと言っている。シザによれば、バジリコの写真は、絶望で満たされているが、それらのことごとくを廃墟として読み取ることによって、そこに人類の構造を呼び出すことのできるものなんです。この文章を読むと、絶望を絶望のまま、しかしそれを、肯定的に受け入れようとする調子がとても強いんだよ。そこを読んでバジリコの撮ったある写真がぼくの頭にピンと来た。シザはその写真のことを言っているに違いないんだと思った。それは一九九一年にベイルートでバジリコが撮った廃墟の写真［図1-4］で、そこには凄まじい爆撃を受けて完全に瓦礫と化した、まったくヒト気のない廃墟の町がどこまでも広がっている。シザもおそらくこの写真は見ている。エッセーはこの写真そのものには言及していないんだけれど、まったくそのまま当てはめて読めるんですよ。そしてシザはこの瓦礫のなかに明らかに光を感じている。そしてシザの今日的なところは、この廃墟化した瓦礫を、むしろ建築が本来の状態に戻ったものだと極めて肯定的に見ていることだと思うんだ。瓦礫の行きつくところは、究極的には光にほかならないということ。「瓦礫のなかに住んでやろう」という気持ちすらあるんじゃないか。建物の用途は時代によって変わるものだというシザ独特の相対主義もそこにあるでしょうね。

シザにとっては、建物がどのように使われるのかといったことは、設計するにあたってそれほど大きな根拠ではなくなっている。リスボンの万博会場などの開催後の利用についても、実際にそういう目に遭っているんでしょうね。時間が経つのにつれて使い方や使うひとは変わる。そして、もし仮に使い方が変わったとしても、しかし光はそこにあり続けているという、諦念と期待とが背中合わせになったようなところがある。楽天的な諦念というか。ぼくは「楽天的な虚無主義」の建築家として立原道造について書いたことがあるけれど、そこは明らかにシザも共有しているんじゃないかと思っています。

そして瓦礫と瓦礫が積み重なったところに生まれる「空隙」も、そこはもはや単なる「空き」の「なにもなさ」ではなくて、それどころか、むしろ反対に、ガラスのように硬質な「塊」のようなものなんじゃないか。その「空隙」の硬質さは、ぼくの考えではそこは確かに「空き」ではあるにしても、その空間はわれわれの手ではもはや変更がまったく利かなくなっているという断念、あるいは絶望から、否応なく感じさせられるものなんじゃないか。建築を考えるうえで光を重要な要素と捉えている建築家は多いんですが、光を「瓦礫」のなかに、しかも、肯定的に見出した建築家はいなかった。爆撃の跡地に悲惨さや凄惨さを見る

1-4

BEIRUT, 1991©Gabriele Basilico/Studio Gabriele Basilico, Mila

のではなくて、光の生まれるものとして肯定的に見ている。廃墟の「瓦礫」性が光と一緒になって捉えられている。シザの建築のヴォイドが硬質さを感じさせるのもそのためなんじゃないか。

「ガリシア現代美術センター」に話を戻すと、先ほど話したように、平面が三角形の硬質なガラスの破片のようなヴォイドの上部には、そこが爆撃で吹っ飛んだような大きな開口部がありますす［61頁］。この美術館で特別に印象的なところが二つあるとすれば、その一つは先ほど述べた外部空間で、そして、もう一つがこの素晴らしい開口部です。この大きな穴の部分は階段でもあり、廊下でもあり、トップライトでもあるんですが、壁から天井に至るまで鋭利ななにかでえぐり取られたような開口部が、この三角柱の空間にさらに硬質なヴォイド感を与えている。そして、町に対してはゲートを形成しているファサードから、このヴォイドを潜り抜け、そのままいきなり空にまで繋がっていくような瓦礫のダイナミズムが感じられる。部位とは関係のない肉片や破片がぶっ飛んできて建物にくっついて同化してしまったり、天井も壁も窓も部屋も関係なく、なにかのほかの衝撃で吹っ飛んでしまったような抜けのよさが感じられるんです。たとえば展示室に間接光を取り入れるために、シザはテーブルをひっくり返して天井にくっつけたようなディテールを考えているんだけれど、それは比喩じゃなくて文字どおりテーブルがぶっ飛んできて天井にくっついたんだ。シザの頭のなかは

Drawing by Álvaro Si

おそらくそうなっている。自分ではそうは言っていないけれど。

「ガリシア現代美術センター」を訪ねたとき、美術館のすぐ向かいにある聖堂は美術館のアネックスのように使われていて、ちょうど、教会堂の内外部を全面的に使ったクリスチャン・ボルタンスキーのインスタレーションが展示されていました。エントランス周りには豆ランプを一つひとつつけられた遺影のようなモノクロ写真が展示され、その豆ランプに導かれて身廊《しんろう》に入ると、祭壇に向かって夥しい古着がまるで死体のように並べられ、祭壇には布のかけられた金属の箱が山のように積んであった。ユダヤ人強制収容所へのオマージュに思えるボルタンスキーの作品がこの聖堂の内部空間に見事にはまっていたけれど、それはこの展示の方法が「瓦礫」性の特徴である、透明で硬質な「空隙」と密かに共鳴し合っていたからかもしれないね。ボルタンスキーの最近の作品はセンチメンタルな雰囲気が少し過剰になっている気がするけれど、この作品ではその部分を教会のゴシック様式の空間がうまく抑制してくれていたよ。

JUAN MUÑOZ
ADVENTO
LA POSSIBLE LANDSCAPE
Arte mexicana, entre a vangarda e a actualidade

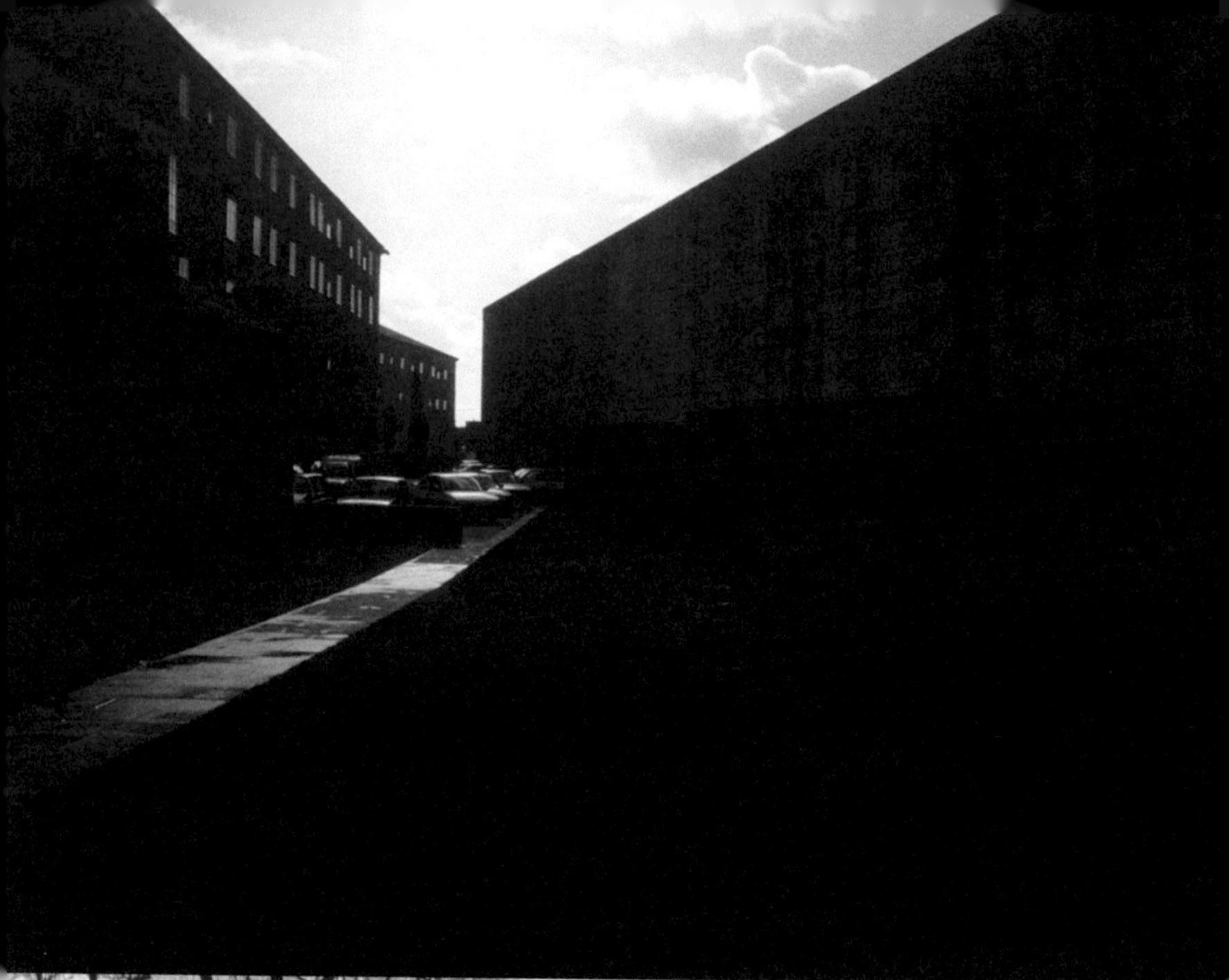

Signos

セイナッツァロのタウンホール

2

アルヴァ・アールト

2

Säynätsalon
Kunnantalo
1 9 5 2

野蛮と繊細がぶつかるとき

前回、アルヴァロ・シザが「アールトは発見だった」と言っていたことは話したよね。もちろんポルトガルでは陰気くさいアントニオ・サラザールの独裁政権下で近代建築を実践することもほとんど許されなかったから、外国の情報も得にくかったとはいえ、輸入されるわずかの本や雑誌などで、アールトのことは知識としては知ってはいたでしょう。しかし、自国ポルトガルの革命の真っ最中に建築を勉強したシザには、アルヴァ・アールトがフィンランドの自立と建国の大混乱のなかで建築を考えていったことは他人事ではなく、まさに自分の問題でもあったんです。それが「発見」という言葉になって現れたんだと思う。アールトはシザにとっては偉人や巨匠ではなくて、まさしく年上の同志というか先輩のようなものだった。では、「独立」と「革命」のどっちが難しいかといえば、それはやっぱり「独立」でしょうね。いままで地図になかった場所に新たな国をつくるから、ほとんどが内戦状態になっちゃうんだ。ひとも桁外れにたくさん死ぬことになる。フィンランドの場合も例外ではなかった。

ところが日本でアールトというと、北欧的、職人的、親しみやすさというようなイメージではありませんか。どちらかというと「癒し系」みたいな。あれは、いったいどうしてなんだろう。いまのメディアがアールトに関しては、あんまり政治的な話にもっていきたくないんだろうね。でもアールトの作品は、癒されるとか、温かいとか、エレガントというより、なんていうのかな、野蛮とでも言いたいような迫力があるんだよ。ディテールにしても、ものすごく居心地のよいところと、粗野に近いような荒々しさの両面がある。素材の物質性も強く感じられる。それは実物を見てはじめて分かったことですけれど。ディテールの周りに動員される素材の種類は、近代建築のなかではかなり多いほう。そのために異質な素材があちこちでぶつかり合うことになります。いたるところで木部やタイルや金属などの異質な素材が出会っているから、成り行きとして多種多様なディテールが必要になり、そこに多くのアイデアが生まれることになる。刺激的で、ときにはユーモラスですらあるディテールの集積が、襞のような繊細さを感じさせてくれるんだけれど、でも、それは現代のディテールがそうであるように、端部の矛盾をコントロールしたり、寸法を規格に合わせて調整しようとする工業的な、いわばカタログ的な収まりという感じではまったくなくて、異質な物質同士がぶつかって現れる物性や肌理を尊重するといった、寛容でのびのびとした感じなんですよ。そのくせ、ときにはバッサリと省略してしまったりする。粗野な荒々しさと野性的な繊細さ、そんな両面を併せ持ったひとだったんですね、アールトは。

でも、それは、かれの時代背景を少しでも知っているとかなり納得できるような気がするんだ。二度の世界大戦によって翻弄されたのが近代建築だったから、建築家も例外ではなく、多かれ少なかれ、政治的にたいへんな目に遭っているんだけれど、アールトの場合はとくにたいへんだった。だって下手すれば戦死。建築が自由にできるどころか、そもそも命がなかったかもしれない。だいたいアールトが生まれたときフィンランドという国はまだ世界地図にはありませんでしたからね。

近代以前、長いあいだにわたって、いまのフィンランドの辺りはスカンジナビアの強国スウェーデンの植民地だった。民族的にはヨーロッパでは異色で、フィンランドはハンガリーと同じフィン族がルーツなんだそうです。フィンランドのフィンも、ハンガリーのハンも語源は同じなんですって。スカンジナビアのなかでも辺境といった感じがしてくるでしょ。そのフィンランドが近代になると、今度は二つの巨大勢力によって翻弄されることになる。その巨大勢力の一つは向かい側のロシアです。港町ヘルシンキから対岸にサンクトペテルブルグが肉眼でうっすらと見える。それくらい近いんだよ。しかしそれはスカンジナビア半島にとってものすごく脅威なわけ。だって目と鼻の先だよ。ロシアはすぐにでも入ってくることができるからね。事実、何度も侵略された。十九世紀はロシアの勢力圏でほぼ植民地状態みたいなもの。アールトが生まれたのは一八九八年、フィンランドが独立したのは一九一八年で、アールトが二十歳のときです。ロシア革命のドサクサで独立してしまったようなもの。だからそのあとがたいへんなことにもなった。ロシア革命の最中はロシアの内戦がそのままフィンランドにもち込まれて、赤軍と白軍の代理戦争みたいになっちゃった。アールトも若いころ武器を持ってこの内戦に参加したらしいね。いちおう白軍だったらしいよ。どの程度の戦闘参加だったのかは分からないけれどね。フィンランドに行くと「人民の家」とか「プロレタリアート団結せよ」的な記念碑をあちこちに見かけるけれど、それは少しも不思議じゃないんだね。

さて、もう一つの巨大勢力はナチス・ドイツ。先進資本主義国に遅れをとったドイツが、その遅れをいっぺんに取り戻すかのように、急速な植民地政策をヨーロッパで展開したことはミース・ファン・デル・ローエの回でゆっくり話すけれども、スカンジナビア半島の大国ノルウェーがすっかりナチス化されてしまったから、フィンランドはロシアとナチスに挟まれたようなものでしたね。そのうえナチス・ドイツとソビエト・ロシアはものすごく仲が悪い。

その力の微妙なバランスをどこまで意図的に利用したかはともかく、フィンランドは潰されることなく、なんとか生き抜いたとも言える。第二次世界大戦中になると、長年酷い目に遭わされてきたロシアから距離をとる絶好のチャンス到来と考えて、そのために不本意ながらもナチスとさえ軍事協定を結んで一緒に闘っているんです。おかげで第二次大戦の終わりごろ、ナチスの弱体化を突いてロシア軍がどっと攻め込んできて、国内のかなり奥のほうにまで押し込まれた。だから戦争がやっと終わったとき、なんと敗戦国だったそうですよ。かわいそうなことに。ほかの国の都合で自国が戦場化し、その結果が敗戦国で、おまけに賠償金まで取られたっていうんだから、まるで踏んだり蹴ったりでしょ。でも、このときの過酷なロシア軍との戦いはフィンランドの誇りであるらしく、ぼくの行った一九九〇年代でも、大きな書店の中央に多くの戦記物や写真集が平積みにしてあったよ。いまはどうなっているかな。

というわけで、フィンランドの政治性がどのくらい高度であったかをまずは知っておいてくださいね。建築家志望の青年アールトの育った時代とは、ヨーロッパの辺境、スカンジナビアの一地方が、諸力のぶつかり合う二十世紀の革命と戦争の真っ只中で辛くも自立を果たす、そんなとんでもないプロセスだった。ミース・ファン・デル・ローエやル・コルビュジエやジュゼッペ・テラーニのように、とっくの昔に自分の国ができていた恵まれた連中とは、アールトの場合、たいへんさの度合いがぜんぜん違うんだよね。

フィンランドという辺境で

アールトはすごくタフなひとだったと思う。それに天性の楽天家だったんじゃないかな。ミースのようにわけの分からない暗さもなければ、ル・コルビュジエのように狂気じみてもいない。よく言えばジェントルマン。若いころは面白いことを言っては皆を笑わせるのが好きだったらしく、交友範囲も左翼から右翼まで多岐にわたった。見方を変えると、要領がいいといったら悪いかもしれないけれど、けっこう調子がいいところもあったみたいですよ。でもひとに嫌われない。ものごとを変に深刻には考えないんだね、たぶん。

伝統は浅いのに優秀な才能が伸びる。新しい国には、古くからあった国と違って、独立の勢いというものがきっとあるんだね。フィンランドは、人口がたった五百万人くらいなのに、その割に、世界的に傑出した人物をいろいろな分野で見かけるでしょ。だからデザイナーもアールトだけではないね。家具、陶器、ガラス器、染色や織物などの近代デザインがほとんど同時に出揃っていた。アールトもガラス器や家具のデザインをやっています。でも近代ヨーロッパからすれば、フィンランドはそうとうの辺境だったわけだよね。ヨーロッパの北の外れ。というかむしろヨーロッパの外。だからアールトのすごいところは、ル・コルビュジエやミースに匹敵するトップレベルの才能が、世界の辺境から出てきたってことかもしれない。するともう、極東のわれわれ日本人にとっても他人事じゃないね。

とはいっても晩年はアールトもいろいろと批判を食らった。建築家であると同時に少なからず建国に関与した国民的英雄とも見られているわけです。ユーロ導入までフィンランド・マルッカ紙幣に肖像が描かれちゃっているくらいだから。そんなわけで晩年は偉くなりすぎちゃって、自分がコンペの審査員なのに、その仕事をうまく誘導して自分のものにしてしまったこともあったらしい。それが一九六〇年代に学生運動が盛り上がった時期に叩かれた。いまでは思い出話程度のことになっちゃったけれど。

最初の大きな仕事は、かれがまだ若かったころに参加したコンペで、パイミオにあるサナトリウムだった。この病院はいまも使われていて、これはすごくいい作品。モダンデザイン的な白い建物なんだけれども、その白が、ル・コルビュジエやミースやテラーニの白と違うんです。近代の白はじつはそれぞれ違うんだね。テラーニも白いんだけれど、あれは大理石の白。ル・コルビュジエの白はギリシャと言われているけれど、ほんとうはトルコ経由のイスラムじゃないかとぼくは睨んでいる。ではアールトの白はなんの白か。いまは謎としておきますが、ただ、白についてもぼくは近代建築として一般化したくないね。「カレワラ」のようなフィンランドの民族叙事詩を読んでみる。あるいは、ジャン・シベリウスの音楽をもういちど聴いてみる。そういうふうにアールトを見直したほうがいいかもしれないね。冬の貴重な陽光をキラキラ反射させてくれるアールトの白タイルは、シベリウスのピアノ曲みたいだよ。

アールトが考えた都市の形

さて今日は、アールトの作品のなかでも飛び抜けた大傑作、「セイナッツァロのタウンホール」を図面ごと頭に叩き込んでください。これを丸暗記するだけで設計が飛躍的にうまくなる。保証します。まずはじめに設計当初の町全体のエスキース［図2-1］を見てください。図面の下のほうに駅が描いてあるでしょ。駅前の道が緩い斜面を上っていくのが分かります。町の施設をこんなに小さなブロックに分けてパラパラと配置するのはヨーロッパ的とは言え

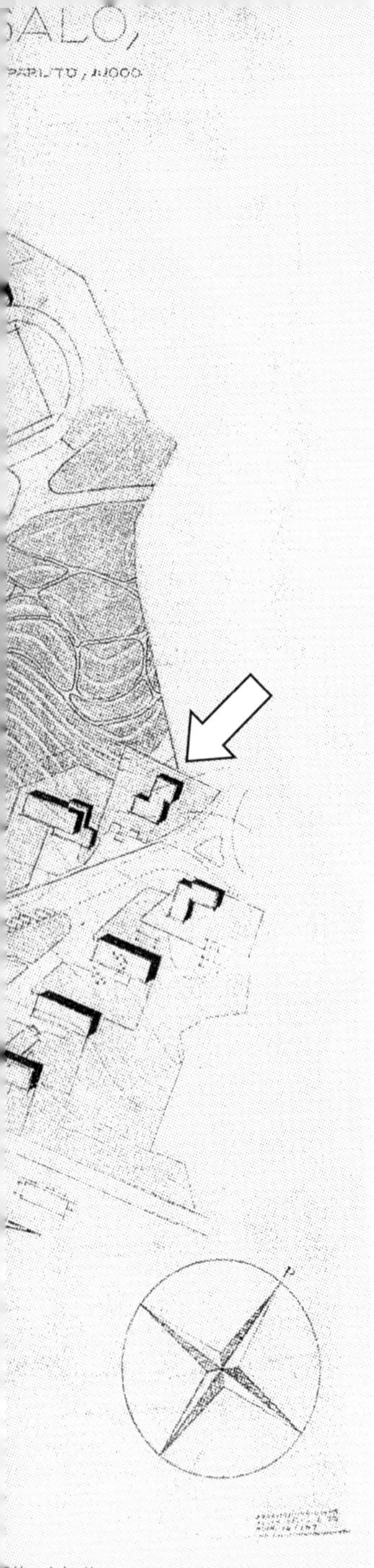

©Alvar Aalto Museum

SAYN
KESKUSTORI JA

ないね。少なくともフランス人やドイツ人では考えつかない都市のあり方ではないか。これはやっぱりアールトの考えた都市の形だと思う。住宅の集まりのような都市構造です。いまならフィンランド的って言っちゃってもいい。ケヴィン・リンチの言葉で言えば「ディストリクト（地域）」形成の都市計画というふうに言えるんじゃないか。普通は一ヵ所に機能を集めて、ばかでかい省庁みたいなのを一つ、バーンとつくりそうなところなんだけれども、そうじゃなくって、あえて分散させている。しかも一つの建物は、二階か三階ぐらいの低層で計画されている。シティというよりヴィレッジだね。ところが丘の上には大学が、かなり大きなブロックで配置される計画だった。そこがこの都市計画の面白いところだね。行政などの公共施設は丘の下のほうに小さい集落のように並んでいて、学問のスペースは丘の上にドーンと大きく、まるで神殿みたいにある。学問の場所がアクロポリスの丘、みたいな。そこまでアールトは若い野心を膨らませて計画していたんだけれど、建ったのは結局このタウンホールただ一つだけだったというわけ。

一階の平面図［図2-2］を見ただけでは、この建物はよく分からないね。建物の真ん中辺りにある四周をぐるりと壁で囲まれたほぼ正方形の部分には、どこにも出入り口が見当たらない。で、二階の平面図を見た途端、その謎が解ける。一階の壁に囲まれた中央部分は全部土だったわけだね。それを囲んでいる壁は基礎、土留めの擁壁です。そしてこの部分が、二階

3F

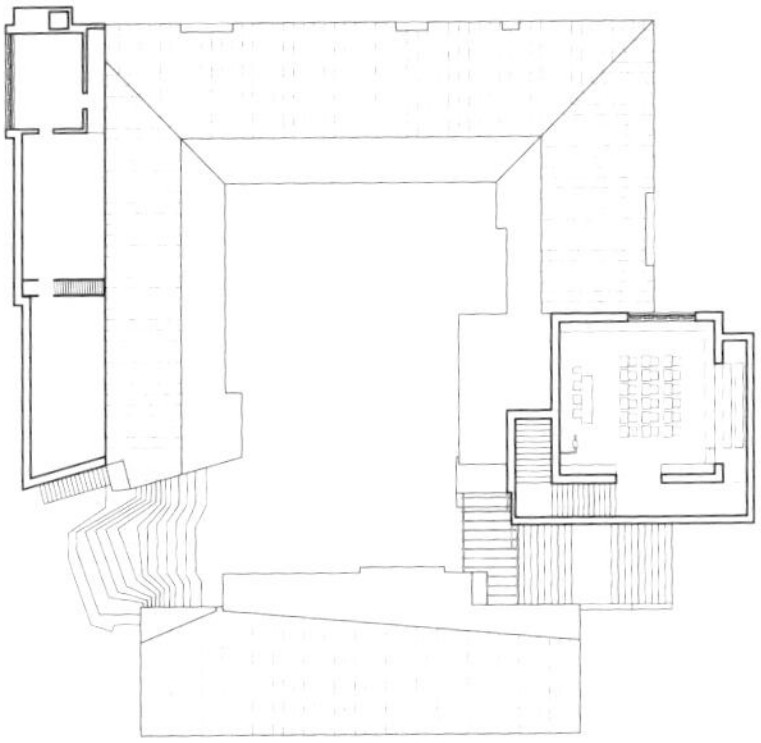

2F

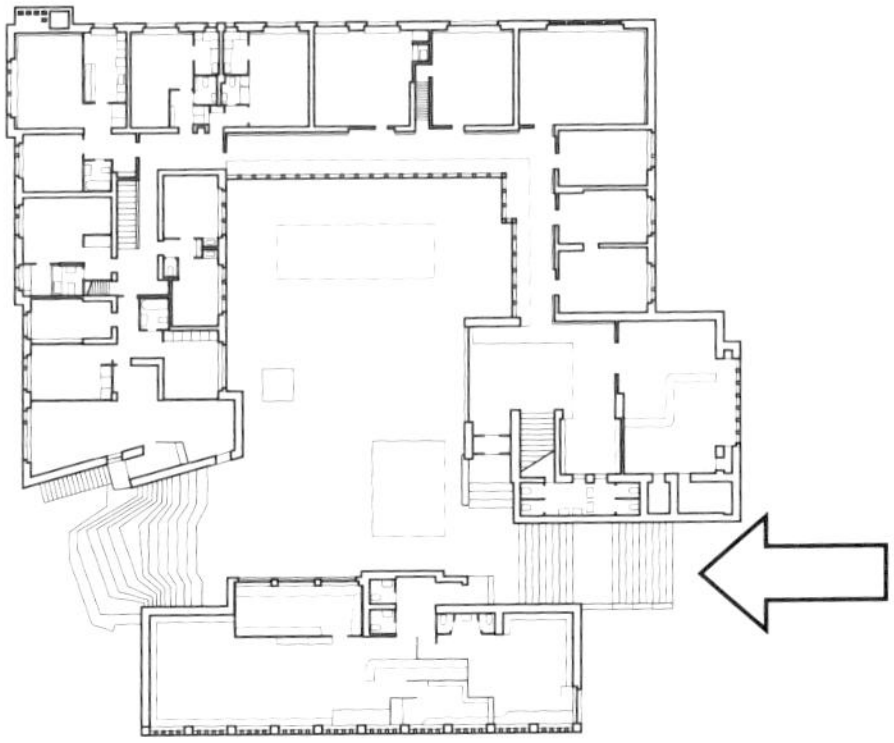

1F

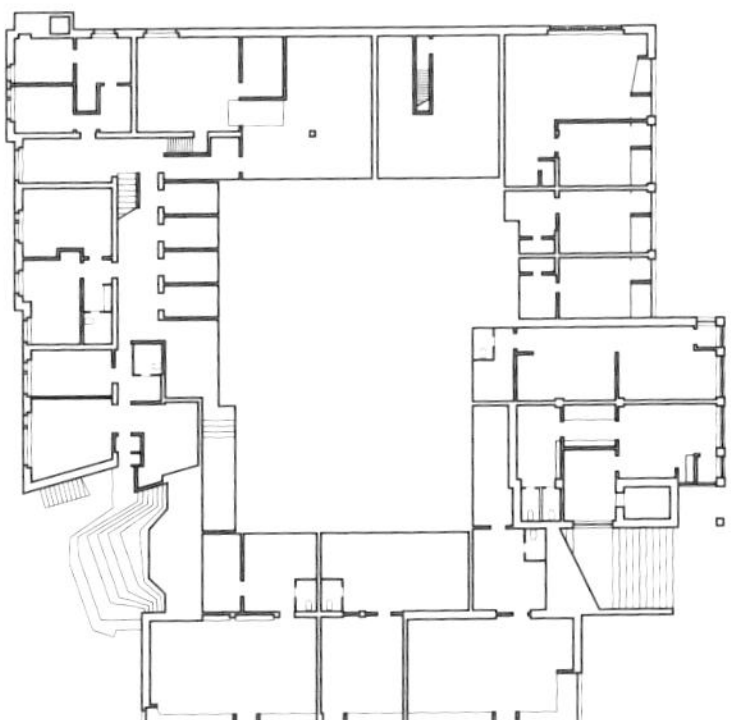

のプランでは広場になっている。違う言い方をすれば、ソリッドのど真ん中に大きなヴォイドを空けた。このアイデアが素晴らしい。

エントランスは二階の広場に面しているんだけれど、タウンホールの入り口にしてはずいぶん慎ましいでしょ。だいたい外からアクセスして来るときにぜんぜん見えないんだから。中庭に上る階段のところまで来てもまだ見えない。タウンホールは日本で言うなら市役所だから、ゲートやエントランスをまず目の前にドーンと見せるものです。エントランスによって、地域の力みたいなものをモニュメンタルに誇示したいところなわけ。ところが、このタウンホールは入り口の位置すらよく分からない。階段を上って中庭に入って、折り返して、やっと分かる。それも中庭の隅に人目を避けるような具合にあるんです。公共施設としては分かりにくいとクレームさえ出かねない。

大きくて、小さい

この建築のすごさは、この断面図［図2-3］を見ると分かります。中庭側に面する建物の軒先を見てください。軒高がものすごく低いでしょ。中庭から見れば、建物はほとんど平屋。

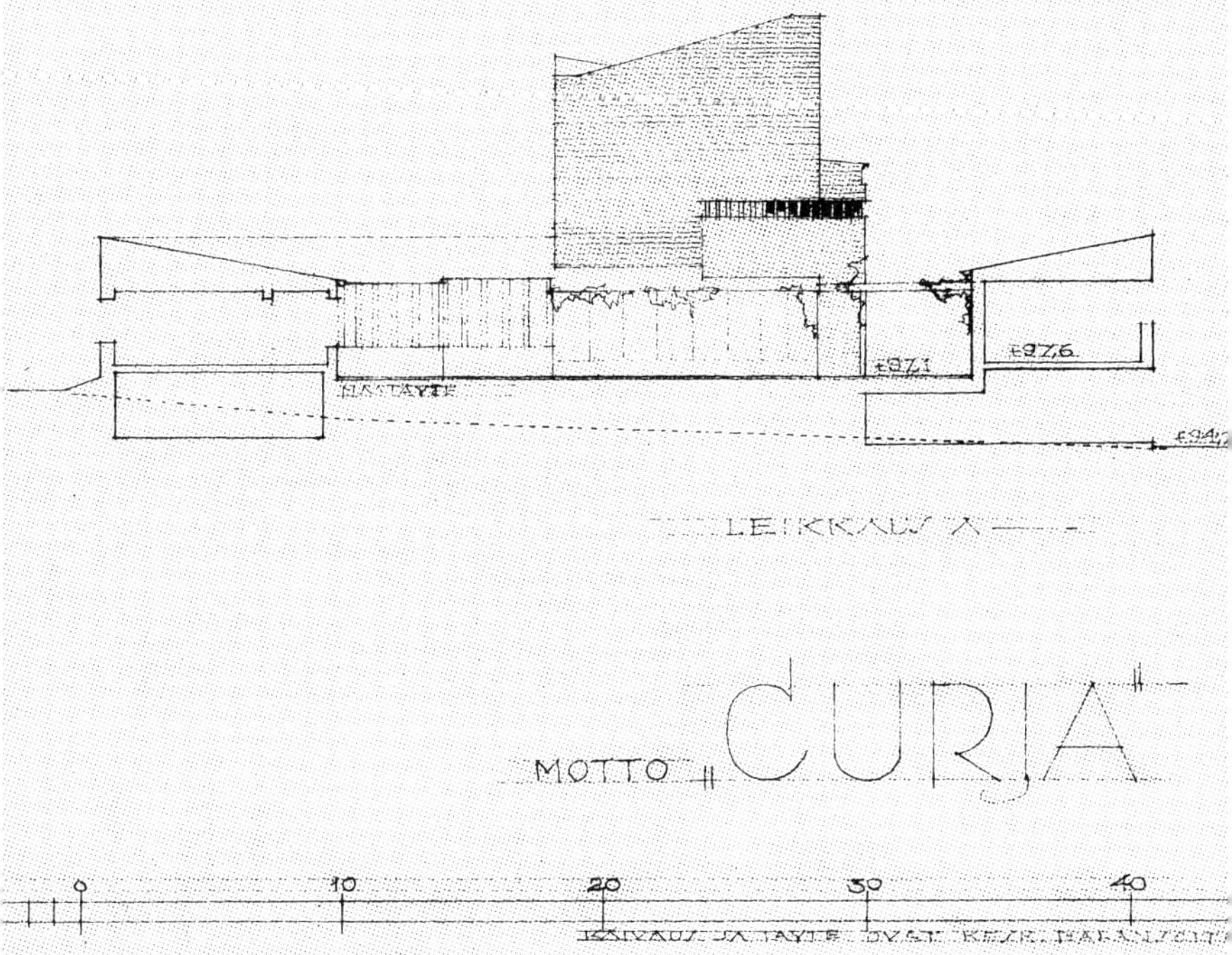

±97,6
±97,1
LEIKKAUS A
MOTTO „CURJA"
0
10
20
30
40

平屋であるだけでも低いのに、屋根の勾配を広場のほうに傾斜させているので、なおさら低くなる。ヴォイドの内側からは、規模がとても小さく見えるんですね。ところが反対に、都市というか、町のほうから見えてくる建物全体のマッスは、そうとうにでかいボリュームに見える。ヴォイドの外から見れば、屋根の勾配が内から外に向かって上っているわけで、都市側では高さがより増すわけです。この建築では、極大と極小とが背中合わせになっている。これほど大小の落差の激しい建物を、ぼくはほかに見たことがない。たいした規模じゃないのにね。都市のランドマークとしてマッシヴな力を生みながら、建築のなかに入ると、急に人間のスケールに同化して劇的にグッと低くなる。この極端な変化は、図面を見ているだけでは十分には分からない。図面でイメージしたものと、それを実際に見たものとのあいだには、程度の違いはあっても、いつも落差があるよね。思ったより大きかったとか、いや小さすぎたとか。しかしぼくはこの建物で、両方の極端な食い違いを同時に経験した。図面を見て思い描いていたものと較べて、まるっきりでかい、と同時に、ぜんぜん小さい、という。そんな驚きがこの一枚の断面図のなかに凝縮している。そう思って見るとすごい。

中庭にあてられたヴォイドを取り巻くように、会議室や資料室や事務室などの部屋が配置されているんだけれど、右回りに、旋回するように、ブロックがせり上がっていく。そしてこの螺旋運動は、最後に、この建物で最も高い垂直の壁で終わる。垂直性を際立たせている

2−4

樹木の重なりを、垂直に切断するかのような煉瓦の大壁面が圧倒的なランドマークとなって、訪れるひとを迎え入れる。運動のクライマックスでひとを迎える、とも言える。低い水平性から背の高い垂直性へと切れ上がっていく煉瓦壁の、ダイナミズムの終わりと始まりのあいだの空隙に、中庭に上る階段があるわけです。

上の写真［図2−4］が垂直の煉瓦の壁です。この手前に写っている杉の木立の垂直性と、この壁の垂直性が連動して、ますます高く感じませんか。では、この壁面がなぜ大きく見えるのか。よく見てください。この壁面の大部分を煉瓦が占めているんだけれど、その煉瓦の部分には普通の矩形の窓が一つもないんですよ。開口部は、煉瓦の大壁面から注意深く、ことごとく外してある。そのために、この煉瓦の壁面の大きさはつかみどころがない。だからでかく見える。これはなかなか大胆なことなんです。煉瓦を使う建築家は多いけれど、たいがい我慢できずにポツポツ小さな窓を開けてしまう。すると途端に、ごく平凡なスケールにしか見えなくなる。

建築が衣服を纏う

煉瓦やタイルのような、目地が出てくる素材を使って傑作を残した近代の建築家というなら、文句なくアールトが最高です。だいたい近代建築家は、煉瓦やタイルが苦手なのね。使いたがらない。近代建築特有の、構造と躯体がそのまま見えていないと気がすまないという思い込みが、躯体の上っ面に貼りつけるようなタイルや煉瓦の表面感覚とどうも馴染まない。近代建築には、余計なものは表面にあっちゃいけない、という信念のようなものがあるらしく、建物は裸が潔いということになっていた気がします。だからなるべく躯体のままで、せいぜいいまのホワイトキューブみたいに安易に全部白いペンキを塗ってしまうか、でなければコンクリート打ち放し、あるいは鉄、がんばって石、ということになる。建物にも衣服が必要だと考えていた建築家はアールトと、それから面白いことに、前回のシザのところで話題にしたアドルフ・ロースくらいで、ほかにはなかなか思い出せない。ロースが建築の表面にこだわっていたことは、機能性や工業性から言われる無装飾に対立するわけだけれども、それは長くなるのでまたいつか話すことにするよ。

煉瓦という材料を扱うのは、なかなか難しいんですよ。なにしろ焼き物ですから、焼く温度によって表情が変わる。いまの日本の煉瓦は焼く温度が高温で、しかも機械的に生産するので、みんな同じ厚さになり、真っ平らで、色むらもなく、均質になっちゃって味気ないの。ベラーッとなる。ワイヤーフレームのCADの画面にいきなりテクスチャーの画像を貼ったみたいな。才能ある建築家も煉瓦にはときどき手を出すけれど、やっぱりアールトのようには成功していない。アールトは徹底的にサンプルをつくりながら、ほんとうによく研究していますね。自分の別荘の「夏の家」の外壁など、そのサンプルのパッチワークになっていましたよ。まあ遊んでいるんだけれどね。だからアールトの煉瓦は、その厚さや、表面のテクスチャー、さらには積み方、目地の幅や深さが徹底的に考えられているんです。それも、日本の職人芸みたいな洗練とは違って、もっとザックリした原材料といった感じ。むしろ野性と言ったほうがいいくらい、物性が強いんだね。

タウンホールの垂直の煉瓦壁にはものすごく重厚感があるのに、驚いたことに、地面に着地していない。足もと一メートルあたりで、煉瓦貼りから急に黒っぽいグレーの石貼りにドライに切り変わっちゃう［102頁］。普通は、煉瓦はやはり地面から積み上げるべきだろうとか、理屈っぽく考えてしまうんです。メーソンリーなものだし、そうしないと表面的で嘘っぽくなるんじゃないかと。ところがアールトは「表面的、それがどうした」という感じなのね。「表面だって強ければいいんだろ」みたいな。あるいは、アールトにとって煉瓦はゆったりとした外套みたいなものかもしれない。重量感があっても、しかし裾はひらりと浮いている。タウンホールの煉瓦の大壁面は、じつは地面から離れて浮いているんですよ。モノリスみたいに。

この壁の上部に見える薄い庇と連窓のガラス面、ここが内部階段に欄間状に取られた唯一の光取りなんですが、この庇の屋根の薄さはハンパじゃないですよ。これが厚ぼったくなったら台なし。それをアールトはもちろん分かっている。だからディテールを徹底的に薄く細くしていく。この繊細さと重厚さの大胆なぶつけ方が、いい意味で野蛮、というか野性的。だからこれだけソリッドな壁なのに、重くならない。それどころか浮いた感じにさえ見える。

一階のこの黒い独立柱に注目してください。ルーティンで考えれば、煉瓦壁と同じ面だから柱の仕上げも同じ煉瓦でいくところだよね。ところが素材をわざわざ変えて金属板にしている。そのために柱は壁と切り離され、違うものに横滑りし、その結果煉瓦のマッスは、柱の上を乗り越えて載っている大きなキャンティレバーとして見えるでしょ。しかも二段で

2–5

［図2-5］。つまりダブル・キャンティレバーだね。キャンティレバーでいちど飛び出したところから、さらにもういちど、外に向かってキャンティレバーが飛び出す。さりげなくやっているけれど、道路に向かって畳みかけるようにせり出してくる迫力は圧倒的ですね。

これほど迫力のある煉瓦なんだけれど、中庭に入るともうほとんど見えない。スケールを低くした途端にやめてしまい、中庭に面する外壁はほとんど漆喰塗りに切り替わっている。夢から覚めた別世界みたいな感じだね。そして中庭の小さなスケールを強調するように、柱ともつかない細い直径五〇ミリくらいの棒のような、パイプみたいなものを立てて、そこに蔦を絡ませようとしているんだよ。この、どこかかわいらしいアイデアが対比的でいいね。

ぼくが気になっているのは、中庭に面する外壁に縦に一本入っているわずかの面ズレです［図2-6］。なんでここに面ズレが起きているのか。図面を見るかぎり、このズレがプラン的に出たものとは思えない。さらにもっと高いホールの外壁も面は揃っているし、この一階の低い玄関脇の階段部分をあえて厚くする理由もない。やっぱりこの煉瓦壁のなかに一本の線が欲しかったんじゃないか。このズレもまた巨大なスケールから小さいスケールへと切り替える切返し点じゃないのか。ズレはわずかですが、日が当たると光の帯が縦に浮き上がるし、太陽の角度によっては、壁面に長い影を落とすんです。まあ、これはちょっとぼくの読みすぎなのかもしれませんが、ほかにもし違う意見があったらぜひ教えてほしいね。

2–6

剛胆と繊細

中庭を経て二階部分を通り抜けたあと、最上階にある会議場にアクセスする階段室で再び煉瓦が現れます。外観で見ていた煉瓦が、もういちど帰還するんだね。しかも今度は過剰なくらいに。階段の床も壁も全部が煉瓦なの。言い換えると、煉瓦の塊をえぐり込んで穿ったみたいな階段なんだね。階段室のなかに入って、いよいよギッチリと煉瓦に囲まれる感じになる。でも、これがぜんぜんハードじゃなくて、柔らかいんだ。その上に載せられているのが、先ほど外壁のところで話した、例の連窓の欄間をもつ薄い庇です。外から見ても薄かったけれど、ここに来ると、いかにシビアなディテールであるかがよく分かるね。この庇屋根は、裏も表もこれ一枚というくらい、徹底的に贅肉がそぎ落とされている。構造材である金属のTバーによる細い梁は、庇から離れて空中を飛んでいる［図2-7］。櫛の先のような細い木のルーバーが、煉瓦と金属のジョイント部分のあいだを柔らかくぼかしている［図2-8］。この建物の特徴である繊細さと剛胆さとが、まさにガチで出会っていて、ここは凄まじい緊張感が感じられる場所です。施工が難しくて、職人が苦労しているのがよく分かる。予想どおり木部には、雨の漏ったシミがかなりあったよ。でも素晴らしい仕事。一歩も譲ろうとは

2－7

2－8

しない。それくらいぎりぎりまで攻め続けたすごいディテールだということです。

でもこの階段を上っていると、途中で急に体が軽くなったような気がするんだよね。欄間のようなハイサイド・ライトから煉瓦を切り裂くように入ってきた光が充満しており、煉瓦の量塊のなかから、その光のなかにバーッと抜けていくような浮力が感じられるんです。そして、この極端な二面性をもつ建築は、二十世紀の大きなうねりを、期せずしてその身に被りつつ設計するほか選択肢のなかったアールトだからこそ、実現できたものなのかもしれないね。

9

シンドラー・チェイス・ハウス

3

ルドルフ・シンドラー

3

Schindler Chase House

1922

ロサンゼルスの異邦人

前回のアルヴァ・アールトが、二十世紀にスカンジナビアの辺境に現れた真新しい国の成立とともにあったとすると、今回取り上げる作家はアールトとはまったく対照的。長いあいだヨーロッパ文化の中心であったハプスブルグ家ウィーンの終末期に現れ、建築の教育をひととおり受けるとすぐ、その場を思い切りよく捨てアメリカ西海岸に渡って、自分のキャリアをスタートさせたルドルフ・シンドラーです。知っているひとは手を挙げてください。けっこう知っているんだ。じゃ、リチャード・ノイトラは？　こっちはほとんど知らない。もしこれが、ぼくがきみたちくらいの年齢のころだったら、まるで反対だったんですよ。ノイトラは全員が知っていたけれど、シンドラーはほとんど知られていなかった。時代が変われば、メディアの評価なんて大きく変わるんだよ。いま盛んにもてはやされている建築家も、二、三十年後の評価はどうなっているか、分かったもんじゃない。いまのきみたちにはそれを見抜く力をもってほしいね。だって、価値が大暴落するような作家にかかずり合っているのは、時間の無駄でしょ。メディアの賞味期限が切れて、いちど暴落したらもうおしまい。そこは金融と違うところ。もはや二度と浮上することはない。マスメディアの騒ぎに巻き込まれずに自分の目で注意深く作品を見れば、その建築家がダメか、ダメじゃないか、は誰でもほぼ見抜けます。作品はいわば残された証拠物件だから、怖いんだよ。

確かに最近はシンドラーを知っているひとは多くなってきたけれど、それでもル・コルビュジエやフランク・ロイド・ライトなんかに較べたら、まだまだはるかにマイナーだよね。でもぼくの予想では、シンドラーという建築家は、今後もっと重要な作家として見なされるようになりこそすれ、価値が下落することはないと思う。どうしてか。それはシンドラーの受け止めようとした建築の背景が、とてつもなく壮大だったからです。二十世紀の建築家のなかでも突出している。ミース・ファン・デル・ローエは亡命経験があるので関わった世界は大きいほうだけれど、でも、ドイツとアメリカだけでしょ。ウィーンからすればどっちも田舎。ル・コルビュジエにしたところで、身体で知っているのはスイスとフランスくらいで、自分の作品に強い影響を与えたように見えるイスタンブールは視察旅行にすぎない。自分の作品集には写真を見て描いたスケッチをいろいろ載せて、世界じゅうの建築を網羅したことにしているだけで。それに較べると、シンドラーは体当たりですからね。その文化としての経験は規模が壮大で、しかも奥が深い。

シンドラー建築の背景を大胆に要約しちゃうと、大きく見て四つある。一つ目は、世紀末から二十世紀初頭にかけての、まさに滅びつつあった中央ヨーロッパのウィーン文化。二つ目は、一九二〇年代に急成長に入った明るいイメージのアメリカ西海岸。三つ目は、明るいフロンティアという偽のイメージの背後で抹殺されたネイティヴ・アメリカン、いわゆる「インディアン」の文化。四つ目は、シンドラーが自分なりに深い関心をもって吸収していた日本の和室文化。どうです、この四つの取合せ。それぞれは、まったく関係がないと言っていいほど異質。それを四つとも自分の建築に取り込もうとした。普通に考えたらムチャです。でもシンドラーは、常識と適当に折合いをつけメディアを操作して成り上がるような如才のない人物じゃなかった。だから、まあ苦労するわけですが。

世紀末ウィーン文化という背景

かれの建築のなかに、この壮大な文化の複数性が最もシンプルに現れているのが、今回紹介する「シンドラー自邸（シンドラー・チェイス・ハウス）」です。ロサンゼルスの埃っぽい住宅地に建っていたこの住宅に、一歩踏み込んだ瞬間に感じた最初の印象は、「暗さ」でした。家のどこかに闇が潜んでいるような。といっても、いやな暗さじゃないよ。居心地のよい、落ち着いた、しっとりとした暗さ。それが強い陽光の降り注ぐ、隅から隅まで明るいロサンゼルスの空気のなかにあったから、より強く際立って感じられたんでしょうね。外の庭はまぶしいほどの光が満ちているのに、外壁から張り出した大きな庇がそれを遮って、建物の内部には洞窟のようなひっそりとした空間が、途切れなく広がっている。そこには別世界が静かに生息しているような。けっして場違いではないんだけれど、とても異邦的。でもそのとき、この暗さは以前にどこかで感じたことがある、とぼくは思ったんですよ。そこですぐ思い当たったのがウィーンです。以前にウィーンでけっこう多くの建築を立て続けに見たことがあったんだけれど、その多くに共通する、ある種の暗さのようなものを感じた。オットー・ワーグナー、アドルフ・ロース、ハンス・ホライン、ワルター・ピッヒラーといった建築家の作品には共通する暗さが流れているように思った。シンドラーの暗さは、それらと明らかに同質。うまく言葉にできないんだけれど、ある地域や場所に偶然が重なって、民族や時代や歴史が化合して培われるものなんじゃないか。

ウィーンでは、建築以外にも、これとよく似た暗さを感じることがあるんだよ。たとえば音楽。クラシック音楽の好きなひとにはきっと共感してもらえると思うんだけれど、ウィーンの音楽には共通する特有の音がある。弦楽器を中軸にした、重厚でありながら、低音部から高音部へと上昇する旋律で、どこか強烈に胸を締めつけられるような感じになる。ヨハネス・ブラームス、リヒャルト・ワーグナー、グスタフ・マーラー、リヒャルト・シュトラウス、アルノルト・シェーンベルク、アルバン・ベルクといった作曲家たちの作品には、たいがいどこかにそんな旋律が出てくる。分かりやすいのはワーグナーの「トリスタンとイゾルデ」の序曲の最初に鳴る旋律ですね。そしてウィーン固有のこの音を、最もうまく引き出せるのがウィーン・フィルハーモニー管弦楽団だ、というわけ。どんな指揮者が振ってもそこは変わらない。できすぎた話だと思われるかもしれませんが、これはぼくだけの感想じゃなく、多くのひとがそう指摘しているんですよ。そしてぼくには、音楽に限らずどんなウィーンの文化からも、あの胸を締めつける美しい音が聞こえてくるような気がする。

ロンドンやニューヨークにも、固有の性質がきっとあるんでしょうが、都市の規模が大きすぎて、ウィーンほどはっきりと感じられないんじゃないかな。ウィーンはそんなに大きな都市じゃない。だから歴史のなかで磨き込まれた基調のあの音が、いまもなお聞こえる。もちろん、多くの作曲家を輩出したからではあるけれど。十八世紀につくられたリング・シュトラーセという環状道路が中世からあった旧市街を取り巻いていて、その旧市街の中央にはシュテファン・ドームという大聖堂があり、一時間もあれば徒歩で旧市街を横断できる。このコンパクトなスケールによって、ウィーンという都市は閉じた一つの世界を形成するのに最適な舞台だった。そして、閉じた都市のなかであったからこそ抽出することのできたウィーン文化全体のエッセンス、それがあの音の象徴するものなんじゃないかな。

ウィーンは一言で言うと「象嵌都市」だね。ほら、「象嵌細工」というのがあるでしょう。木や石などにいろいろな素材や形が埋め込まれていて、それを埋め込んだままの状態で削り、表面をピカピカに磨き上げる。その表面に現れている色や形の背後には、それぞれの形態や素材が隠されているんだね。ウィーンは地政学的に見て、多様な文化が出会う場所にあるんですよ。あの辺りを中央ヨーロッパと呼ぶように、ヴェネツィアは近いし、すぐ隣にはスラブ的なロシア、それにギリシャ正教のビザンチンも近い。だからウィーンには多種多様な文化の断片を取り入れて、うまい具合にどこかにカチッとはめておくような感性が働いているんじゃないでしょうか。日本の和様のように、いつのまにか取り込んで洗練する、というか、けじめなく同化してしまうのともかなり違う。痕跡の断片として多様性を残しながら組み込んでいく、いわばハイブリッドな文化的方法で、これは多文化を共存させることのできたシステムなんでしょうね。シンドラーの建築が多種の文化に拡がっていくことができたのも、そういうウィーン的な文化の下地があったからではないかな。経験を象嵌細工として蓄積する身体感覚があった。

ちょっと長くなるけれど、ここで簡単に当時のウィーンについて話しておかなくちゃいけない。というのも、シンドラーは生粋のウィーン生まれのウィーン育ち、そして建築の教育もウィーンで受けた。ルイス・カーンのように小さいころにアメリカに来たのではなく、成長の過程でウィーンをしっかりと受け止めてから、自分の意志でアメリカに渡ってきたんです。十九世紀末から二十世紀にかけてウィーンにはじつに多くの才能が集まっていた。しかもその才能はハンパなものじゃなくて、そののちの世界の哲学、美術、文学、絵画、音楽の方向を決めてしまうほどのレベルの高さなんですよ。さほど広くはない都市にこれだけたくさんの才能が同時にひしめいていたことは驚くべきことです。音楽についてはさっきざっと話したけれど、絵画ではグスタフ・クリムト、エゴン・シーレ、オスカー・ココシュカ、文学ではフーゴ・フォン・ホーフマンスタール、ロベルト・ムージル、アルトゥル・シュニッツラー、ペーター・アルテンベルク、ゲオルク・トラークル、シュテファン・ツヴァイク、カール・クラウス、ヘルマン・ブロッホ、哲学ではルートヴィヒ・ウィトゲンシュタインなど、挙げれば切りがない。そして建築も例外ではなく、ヨーゼフ・マリア・オルブリッヒ、オットー・ワーグナー、アドルフ・ロース、ヨーゼフ・ホフマンといった具合です。

誰かの家やカフェなどにいくつものサロンがあり、この連中がジャンルを越えて出会い、刺激を与え合っていた。しかもそのときかれらの目の前には、長いあいだヨーロッパに君臨してきたハプスブルク家支配によるオーストリア＝ハンガリー帝国が急速に滅亡していくという、歴史的な大事態があった。遅れに遅れて第一次世界大戦でやっと滅んだ二大帝国があって、その一つがロマノフ王朝のロシア帝国で、もう一つがハプスブルク家のオーストリア。当時のウィーン社会を辛辣に批判するカール・クラウスが『人類最期の日々』というタイトルの変わった戯曲を書いたくらいです。かれらの滅亡に対する意識と切迫感は切実。経験的に見ると、文化が素晴らしい成果を残すのはその発生時か、でなければ滅亡時なんじゃないかな。とくに滅亡する最後の瞬間というのは、異様なエネルギーが出てくるようだね。終わることの意味が単なる終わりではなくて、まさに世界が消滅してしまうんだという気の遠くなるような絶望に裏打ちされていたからです。

オットー・ワーグナーは『近代建築』という、まさにそのものずばりの本を残しましたが、でも、かれはミースやル・コルビュジエより前の世代で、作品は二十世紀の近代建築とはだいぶ違う。古いもの、伝統的な様式をまだズバッと割り切って捨てられない。むしろ建築の伝統を残しつつ、そこに新しい技術や素材を注入しようとしている。ここにもウィーン的な残し方の伝統的身振りが感じられるね。

さて、そこでシンドラーですが、かれはワーグナーのいたウィーン美術アカデミーの出身です。ワーグナーの教室には、いずれヨーロッパで中心的な役割を果たすことになる学生が多く集まっていた。そこで教育を受けたことがシンドラーにとって決定的だね。シンドラー特有の、あのウィーン的な暗さはワーグナーの作品にもある。しかも、美術アカデミーには同世代で画家のエゴン・シーレがいた。一時は同じ教室のすぐ近くで制作していたこともあったらしい。シーレは人物や裸体を個性的な強い線で描いた天才的な画家。早死にしちゃったけれど。シンドラーはかれにものすごく影響を受けている。かれのスケッチのラインドローイングは、明らかにシーレからのもの。ほら、この自邸のスケッチもシーレ・タッチでしょ［図3-1］。

だから、シンドラーはウィーンでキャリアをスタートさせることも十分にありえた。ところが面白いことに、かれはアメリカに渡って行くんだね。それを勧めてくれたのがアドルフ・ロースだったそうです。ここでまたロースについて話しだすと長くなっちゃうので簡単にすませるけれど、ロースはウィーンに徹底的に絶望していたわけ。恐れを知らぬ辛辣な批評を独自のメディアから発信し続けた先ほどのカール・クラウスとも仲がよくて、かれらは当時の気取ったウィーンを俗物の集まりとしか見ていなかった。ロース自身がしばらくシカゴで、建築家というより記者としてコラムを書いたりしていた。これはその当時としてはものすごく垢抜けていることだよ。ロースは新天地に身軽に遊びに出掛けていったんだね。そのときの経験がロースに与えた影響は大きかったし、またこの経験が強い確信となって、ロースのハードボイルドな批判のスタイルを決定づけたと言えますね。しかしアメリカ仕込みの論客の批判的な姿勢には、つねにスキャンダルがついて回った。でも、そんなロースの著作をいま読むと、かれはミースより十六歳ほど年上で一世代前の建築家だけれど、そこで指摘されていることはもういちど近代建築を見直すきっかけを与えてくれるものばかり。今後ますますロースは重要な建築家になると思いますが、シンドラーもまたそんなロースに勧められるままにアメリカを旅行し、それがきっかけでフランク・ロイド・ライトのシカゴ事務所で働くことになります。

3–1

生活の冒険

今回紹介する「シンドラー自邸」、正確には「シンドラー・チェイス・ハウス」は、名前から分かるように、シンドラー夫妻と友人のチェイス夫妻との二世帯住宅。平面図を見てください［図3-2］。壁が何枚か立っているのが分かるよね。中央部分から下のほうは左に曲がるL字型、中央部分の上のほうに右に曲がるL字型が見えるでしょ。仕事場とダイニングが中庭（パティオ）を取り囲むように配置されてL字型を形成しているんです。そのL字型の折れ曲がる角には隙間が空いていて、図面にはホールと書いてあるけれど、そこがそれぞれのエントランスになっている。下のL字型がシンドラー・サイド、上のL字型がチェイス・サイドです。二つのL字型が回転する風車みたいに見えませんか。

でも二世帯にしては、それぞれの領域がそうとう曖昧なんですよ。チェイス・サイドの左側にキッチンがあり、それを挟むようにゲスト・ルームがある。キッチンはここだけにしかないので、両家族、客とも共用です。プランは折れ曲がっているので視線は遮られているものの、途中に区切るドアのようなものはなく、どちらにも入ってしまえる。プライヴァシーはあまり考えていない、というか、むしろ自覚的にプライヴァシーをなくしてしまいたい、

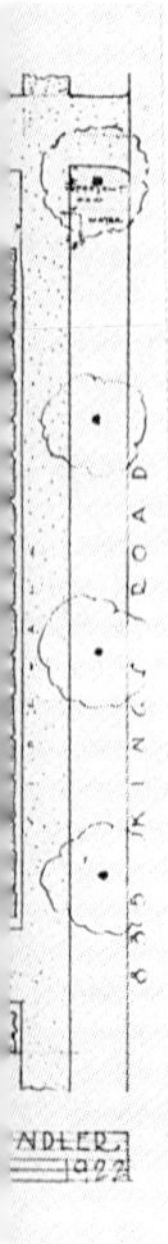

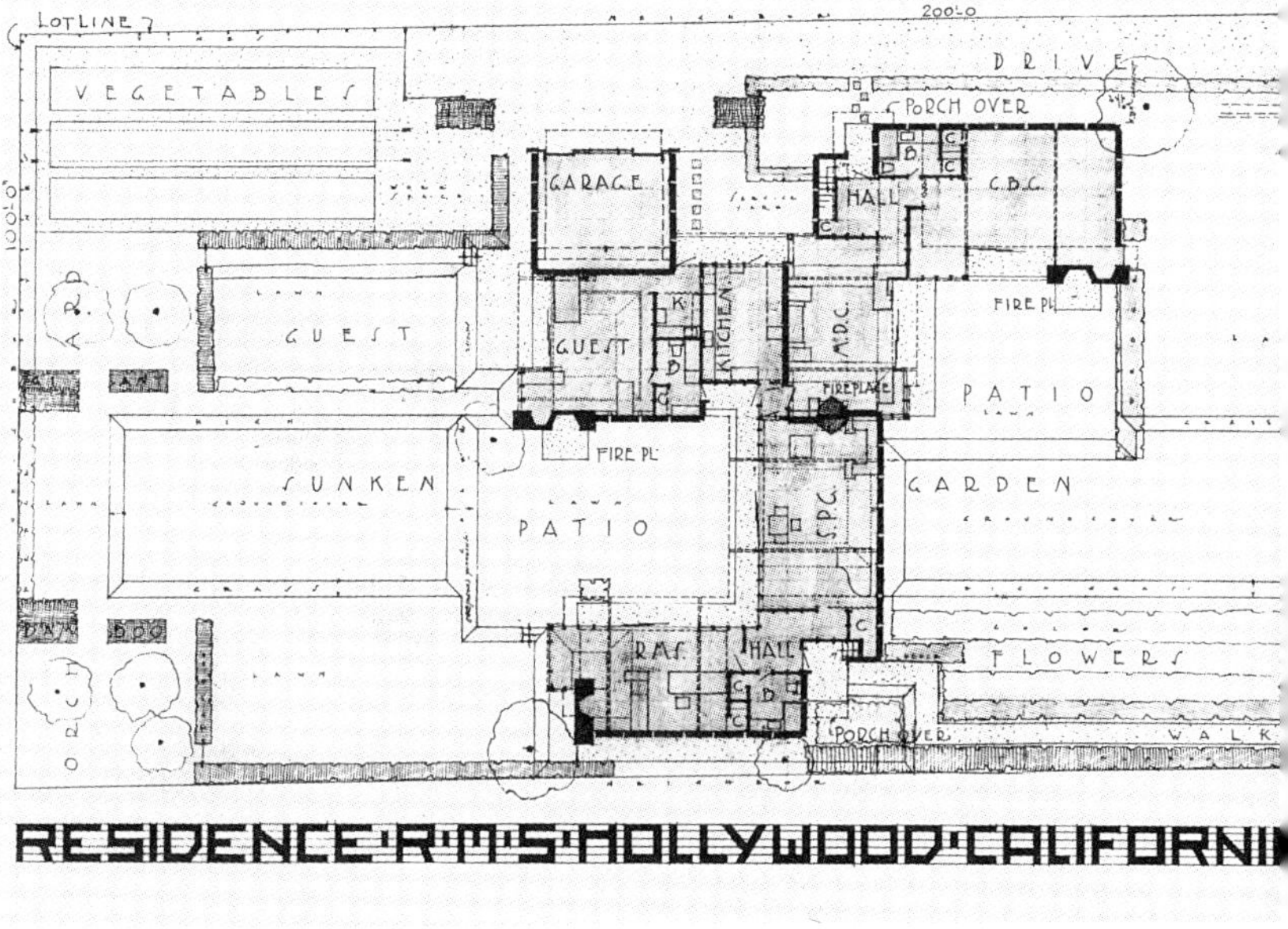

3–2

R. M. Schindler papers. Art Design & Architecture Museum, University of California, Santa Barbara. ©UC Re

という強い願望があったようです。だからこのオープンさは、単なる雰囲気ではなくて、カリフォルニアの当時のインテリ層に新しく芽生えてきた運動とリンクしていたんだ。それはプライヴェートをパブリックに溶かし込み、家族のあり方すら見直そうとする生活スタイルの変革で、いわばフリースタイル・ライフとでもいうような運動だった。それから小説家のアプトン・シンクレアのような人物が出てきて自然志向の運動が流行したこともある。いまで言えばロハスってとこかな。いや違うか。家族のプライヴァシーまで開放しちゃうんだからそれどころじゃないね。神智学、自然療法、ヌーディズム、菜食主義、貧困阻止の社会主義などといった志向です。理想主義もあるが、かなりいかがわしいものもあったみたい。世界大戦の舞台になるヨーロッパもたいへんだったけれど、そのころのフロンティア、アメリカもそれなりにたいへんだったんだね。

この住宅は平屋なんだけれど、寝室だけ中二階にあって、とはいえ窓はおろか壁もなくフレームだけでほとんど外部。まるで物干しのデッキみたいなものです。だからリビングから丸見え。外部に対しても、白い布がフレームからカーテンみたいに下がっているだけ。気候のいいカリフォルニアだからできるとはいえ、これで二組の夫婦が生活しようとしたんだから、大冒険だったと思う。二家族がいくら仲がいいとはいっても、これじゃなかなかうまくいかないんじゃないかな。その辺も理想主義的な寛容さでクリアできる、と思ったのかもしれない。でもやっぱり二年後にはチェイス夫妻が出ていってしまう。二年でもよくやったと言ってあげたいけれどね。そのあとにはノイトラが一緒に住んだこともあるらしい。もっとも、このように家族のあり方から社会を変えようとする動きは、カリフォルニアに限ったことじゃなく、アメリカやヨーロッパ全体の機運としてもあったんです。第一次世界大戦以後の古いレジームをひっくり返そうとする「コミュニズム」などの理想を掲げた革命運動のなかにも、明らかにあった。それにしてもこの平面計画のあけすけなところは、いかにも西海岸だね。

アメリカ文化といっても、ロサンゼルスやサンフランシスコのある西海岸と、ニューヨークやシカゴのある東海岸とではそうとう違うんだよ。京都と江戸が違うみたいに。たとえばジャズでも、ウエストコースト・ジャズとイーストコースト・ジャズでは感じがかなり違う。音楽理論や演奏のフレームは同じだし、ミュージシャンだって東西を行き来して同じクラブで一緒に演奏しているので、違う必然性はそんなにないはずなのに、でも、まとまって聞こえるジャズの音はかなり違う。ウエストコースト・ジャズは、イーストコースト・ジャズと較べると、どこか明るくて、軽くて、インテリっぽくて、クールで、要するになんとなく白い。ミュージシャンに黒人が多かった東海岸に較べれば確かに白人が多かったとはいえ、まったく黒人がいなかったわけじゃないのにね。コメディの笑いの質も違うらしい。ニューヨークのひねりの利いた意地の悪いユーモアは、分かりやすくて爆発的な笑いが好きなカリフォルニアではあまりウケないと聞いたことがある。

ライトの事務所としては珍しい、西海岸の仕事であった「ホリーホック邸」の担当になったのを機に、シンドラーは東海岸からロサンゼルスへの移住を決めます。ウィーンとはまったく対照的な西海岸を選んだわけ。マーラーの交響曲のような暗く胸を引き裂く世紀末的世界から、いきなり陽光の降り注ぐハリウッドも間近の、フロンティアの始まりといった雰囲気の脳天気な世界のなかに飛び出した。これはすごい跳躍ですよ。きっと異質なものへの憧れが強くあったのかもしれないね。とにかくこの住宅の「あけすけさ」と、先ほど話したウィーン仕込みの「暗さ」との共存が、この住宅を深みのあるものにしているんだと思います。

大地と繋がる床

自邸のあるキングス・ロードは、いまでこそれっきとした住宅街だけれど、当時はまだ畑地でした。この住宅の敷地はそうとうに広く、建物よりも外の庭の面積が圧倒的に広い。でもこの空地《くうち》は単なる庭ではないんですね。先ほども言ったようにこの住宅は平屋なんだけれど、じつは微妙なレベル差があり、そのレベルが切り替わるたびに、プランも性質も変わるみたいだね。配置図を見れば分かるように、全体のスペースはレベルによってはっきりと区分けされている。

そこで、まず注目したいのは、内部と連動するように、外部空間もまた明らかに一つの部屋であるように考えられていることです。たとえばシンドラー・サイドのL字型の部屋に囲まれている中庭は、内部の部屋のレベルとまったくの同じレベルで、軒先に組み込まれたキャンバス地による襖のような引き戸を開け放つと、外部と内部がひとつながりとなった部屋として使えるようになっている［図3-3］。そのために内部にあたる室内の床レベルもほとんどGL（グランドライン）と同じレベルに抑えられていて、コンクリートの土間なんです。しかも中庭には、外部なのに暖炉がちゃんとついている。外部であっても使い方はリビング・ルームなんだね。その暖炉コーナーは、チェイス・サイドのほうにも同じようにちゃんと用意されている。そしてさらにその外部には、まるで大地を大きく鋤き取ったかのように、GLよりもさらに低くレベルを下げた、フラットな矩形の大きなスペースがある。図面にはガーデンと記載されているけれど、ただの芝が張ってあるフラットな窪地で、いわゆる庭園というようなものじゃない。

どういう意図があってシンドラーが外部を長方形に区切ってレベルを下げたのかは、よく分からないけれど、ただ一つ言えることは、住宅の床と大地との関係を切断せずに繋ぎたいということだね。そのために、庭の一部をさらにGLから下げているんだね。床が大地と切り離されて宙に浮いているのではない。これは近代建築が一般的にもっていた大地からの離脱衝動とは正反対。ここはとても重要な違いです。ミースの「ファンズワース邸」のキャンティレバーの床や、ル・コルビュジエの「サヴォア邸」のピロティの上の床とはまったく違う。アンチ・モダニズム。しかもまた、それは古典的なウィーンの建築とも違う。土間である点では日本の家屋に似ているが、しかし全部が土間というのは日本の木造の家屋にはないでしょ。ところが「シンドラー自邸」では、床は大地の表面にすぎず、それが少しずつレベルを変えて大地の奥深くに繋がっていく、という意識があったことは確かだと思う。ここにはシンドラーのもう一つの発見が反映しているのではないか。それがアメリカン・インディアンの文化ではないか。これはまだ仮説ですけれどね。

シンドラーがまだアメリカへ来たばかりのころ、ニューメキシコ、アリゾナ、カリフォルニアなどを鉄道で旅行している。そのときにプエブロ族の建築にとても感銘を受けたらしい。ヨーロッパからすると、アメリカのルーツはいまだなにもない荒野のようなイメージで、そこに移住して来ても、その、さらにバックグランドまではなかなか想像力が届かない。だか

3–3

らアメリカは新しい国だと言ってしまう。確かに新しい国なんだけれど、それはあくまでもインディアン文化の抹殺のうえに移植された薄っぺらいヨーロッパ文化にしかすぎないんだよ。シンドラーがアメリカに渡ったころにはインディアンはもうほとんど抑圧されていたのに、まだ辛くも残されていたわずかばかりの居住区にかれは非常に強い興味を示したんだね。

西海岸のサンディエゴにラ・ホヤという高級リゾート地があるんだけれど、そこにシンドラーは「プエブロ・リベラ・コート」［図3-4］という集合住宅をつくっている。ルイス・カーンの「ソーク生物学研究所」の近くなので、そのついでに見に行ったのですが、そのころはぼろぼろでほとんど廃墟だったよ。最近になって、ぼくの研究室の学生がシンドラーのことを調べるついでに見に行ったので聞いてみたら、そのあといろいろ修復をして家族がいくつか住んでいるらしい。この名前からして、すでにプエブロ族への強い関心が窺えるよね。

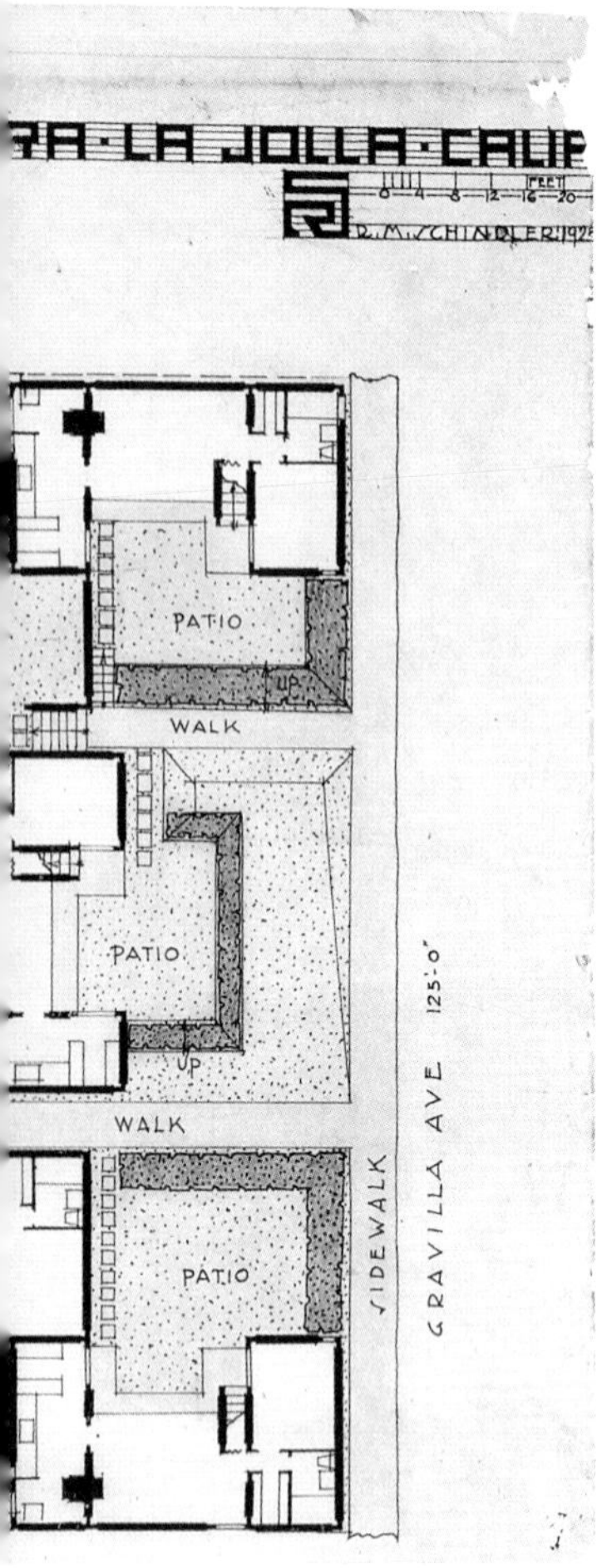

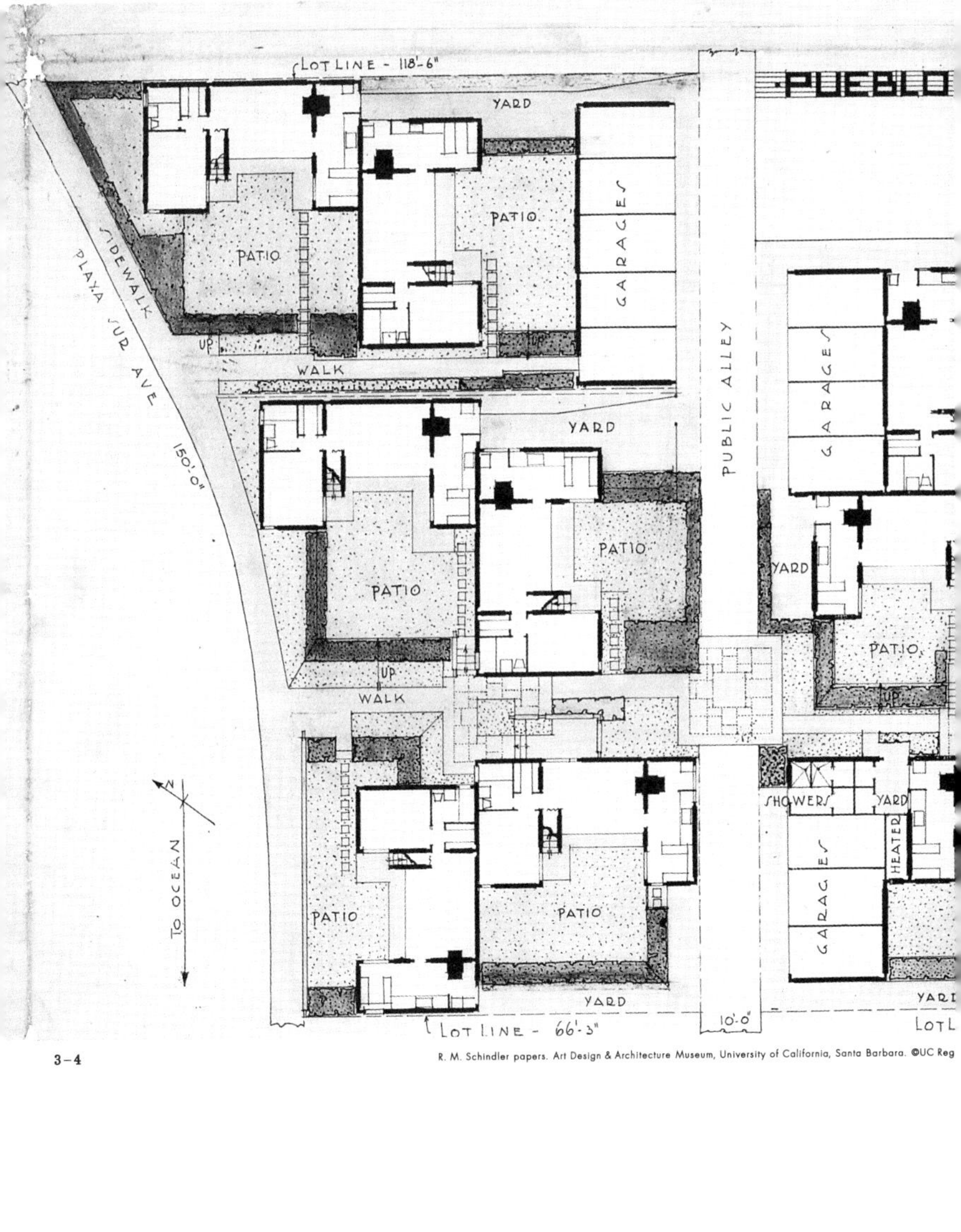

LOT LINE - 118'-6"
PUEBLO
YARD
PATIO
PATIO
GARAGES
SIDEWALK
PLAYA SUR AVE
UP
UP
WALK
PUBLIC ALLEY
GARAGES
YARD
150'-0"
PATIO
PATIO
YARD
PATIO
UP
WALK
UP
SHOWERS
YARD
HEATER
N
TO OCEAN
PATIO
PATIO
GARAGES
YARD
YARD
10'-0"
LOT LINE - 66'-3"

しかもこの集合住宅のプランの構成や中庭の取り方は、明らかにプエブロ族が暮らしていた住居をベースにしているように思えます。またそういう研究もある。

アメリカ先住民の歴史は一万年以上も遡ることができるんだそうです。いろいろな部族がアメリカ大陸じゅうに展開していた。そしてアメリカの南西部にはその一つであるプエブロ族がいて、そのなかにもいろいろな部族があるんだそうです。かれらは狩猟だけじゃなく、農耕を行なって定住していた。それが、十六世紀にスペイン人が侵略を開始してからのちは、もう酷い歴史だね。時間をかけた種族の絶滅というか。ヨーロッパから入って来た細菌によっても人口が激減したという。

ところで、そのインディアンには、大地の下には霊的なものがあるという信仰があったらしいんですよ。その信仰の場として、大地を深く掘り下げて周りを日干し煉瓦で固めた井戸のようなスペースが多く残されている。かれらの言葉で「キヴァ」と呼ばれているんだ。シンドラーはほかの住宅でも斜面の一部をえぐり取ってスペースをつくって住宅の一部としていることもあり、明らかに大地と人間の居住スペースとを連続的に繋げたいという考えがあったね。そしてもし、このようなインディアンの感覚に反応していたとすれば、このシンドラーの感性は素晴らしいよ。だって、自分の育ったわけじゃない国にやってきて、そこにかつては住んでいたが、そのころはもうほとんど抹殺されてしまっているインディアンの文

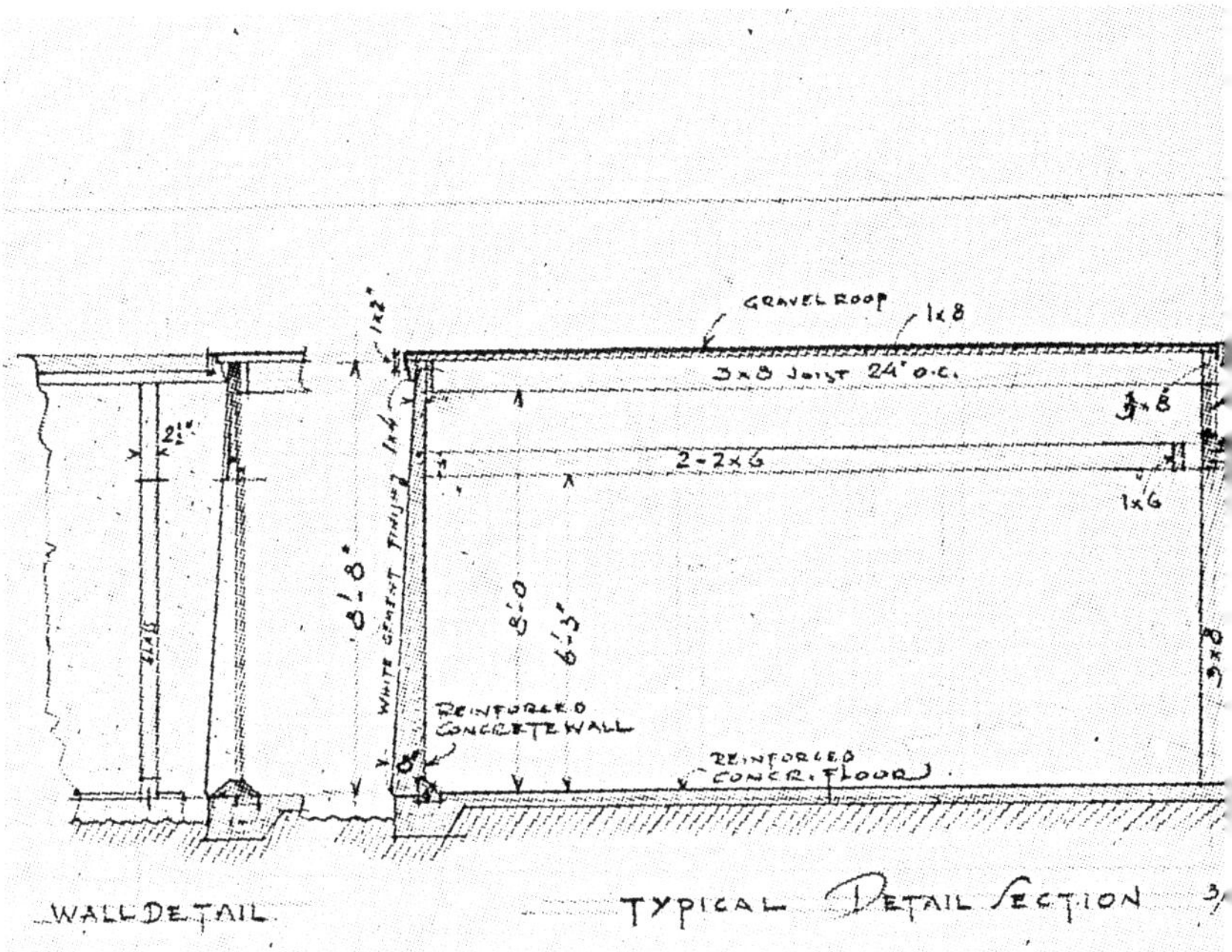
GRAVEL ROOF
1x8
1x2"
3x8 JOIST 24" O.C.
1x4
2-2x6
1x6
2½"
8'-8"
8'-0
6'-3"
WHITE CEMENT FINISH
REINFORCED CONCRETE WALL
8"
REINFORCED CONCR. FLOOR
WALL DETAIL
TYPICAL DETAIL SECTION

化に本気で注目するっていうんだから。アメリカ人からも呆れられたんじゃないかと思う。たとえて言えば、そうだな、北海道にやってきた白人の建築家が、自分の建築のキャリアとして日本建築を吸収しようとするばかりじゃなく、アイヌの住宅に強くこだわるようなものだね。ついでに余談だけれど、この「キヴァ」は、ぼくが最近関心をもってときどき通っているイタリアのサルデーニャ島にある「ヌラーゲ」という遺跡によく似ているような気がするんだよ。「ヌラーゲ」は、やはり大地との強い関係を想像させてくれる。しかし「キヴァ」みたいな地下とはちょっと違うけれどね。

テントと洞窟

さて、「シンドラー自邸」の特徴が最も端的に現れているのはこの矩計断面図［図3-5］です。見ればすぐ分かるように、コンクリートと木軸との混構造です。図面の左側にコンクリートの壁。この壁は足元から上部に行くにつれ、少しずつ薄くなっていて、外から見るとコンクリートの外壁面は微妙に傾いて見える。高さが二七〇〇ミリで、下の厚いほうが一〇〇ミリ、上の薄いほうが六〇ミリくらい。先ほど話したプエブロ族の住居も、規模は圧倒的に大きい集合体であるものの、全部とは言えないけれど、窓の極端に少ない外壁はやはり微妙に内側に向けて傾いているような感じがする。この傾斜が、住居に洞窟的な雰囲気を与えているんじゃないのかな。でも、「シンドラー自邸」のコンクリートはプレキャスト。ただし工場ではなく現場にベッドをつくってそこにコンクリートを流し込み、固まった状態で簡単なジャッキを使って起こしていく。パネル同士のあいだには六〇ミリくらいの幅のガラスのスリットが入っているんですが、このスリットからひっそりと入ってくる静かな光が、室内のストイックな暗さをよけいに強調しているように見える。単純そうに見えるけれど、長細いガラスを介したパネルの組立てには、かなりの精度が要求されたに違いないね。

平面図では壁のコンクリート部分がくっきりと黒のベタ塗りで描かれていて、中庭をL字型に取り囲んでいるのがよく分かります。そして、中庭に面するほうは構造のオーダーがいきなり小さくなっているよね。コンクリートの断面に較べて、柱や方立ての断面はまるで点線みたいに細かいでしょ。一つの建物で、こんなに極端な構造部材の対比はめったに見たことがないね。矩計断面図をもういちど見てください。それを見ると分かるように、屋根と中庭側の構造が木造だからこんなに繊細に見えるんですよ。中庭側には角柱をところどころに立て、GLから一九〇〇ミリのレベルに桁を通し、外部に向けて一二〇〇ミリ飛び出す庇をつけ、そして天井が高さ二七〇〇ミリほどの屋根は、ほぼフラットなあらわしの垂木構造です。

明らかにそこには和室からのレファレンスがある、とぼくは思います。シンドラーはライトの事務所で働いているときから、天井を極めて低く設定することがあった。ライトの設計でもとくに低いなと思うとシンドラーが担当。それが、ここでは桁の低さとなって現れている。だからそれと同じ高さに設定されている庇もじつに低い。この低さは、アメリカやヨーロッパではまず体験したことのないものです。日本間の桁は一八〇〇ミリ程度なんだけれど、日常われわれが感じている桁よりももっと低く感じられるのは、周りの寸法が日本の環境よりも高いからかもしれないけれど、でもそのせいだけじゃないね。頭が当たりそうで思わず桁をくぐる感じになるからね。そして、この桁と天井とのあいだに生まれる隙間（欄間）［図3-6］がじつに変化に富んでいる。欄間のガラスの部分は外壁に揃うばかりではなく、ときに逸脱し、内部に食い込んだり、外部に出ていったりしているんです。シンドラーは日本に来たことはなかったようなので、写真や図面で日本の家屋を研究し、自分なりにこの方法を考えついたんでしょうね。この欄間の奔放とも言える自由な折れ曲がりは、日本家屋では見たことがないよ。

プレキャストによるコンクリートの壁面側が、洞窟のようなストイックな雰囲気を生み出しているとすれば、庭に面している木軸側は、軽快で仮設的なテントのような雰囲気を生ん

3－6

でいる。一つの部屋のなかでの向かい合う二枚の壁で、このように光の強烈な対比はシンドラー以外には見たことがないね。たぶんそこがシンドラーの深さであり、多文化的な結合なんでしょう。床とそれに連なる庭がインディアンの大地との強い関係性、コンクリートの壁がウィーン的なストイックな暗さ、木造の軸組が日本的な仮設性、そしてプランのオープンさがフロンティアとしてのカリフォルニアの開放性ということになるのでしょう。

シンドラーとノイトラ

シンドラーは、一九三二年にニューヨーク近代美術館で開かれたフィリップ・ジョンソンとヘンリー＝ラッセル・ヒッチコック・ジュニアがキュレーションした「モダン・アーキテクチュア」展のリストから外された。それに引き替え、ウィーン時代の同僚でシンドラーのあとからカリフォルニアに渡ってきたノイトラは選ばれていた。この違いは大きかったね。以後ノイトラは世界的なメジャー建築家として扱われ、シンドラーはローカルでマイナーな建築家ということになってしまった。シンドラーにとっては大きなショックだったようです。最初にも言ったように、そのあとのノイトラはミースと同じくらい、みんなに知られていた。

仕事もたくさんあって、講演や展覧会で世界を飛び回り、経済的にもうらやましいくらい恵まれていたに違いない。でも、いまは反対にほとんど取り上げられない。まあ、これも極端ですが。もっとも、いまの目で見てみるとノイトラは少しも面白くないね。一時のバブリーなアメリカの中産階級的、プチブルジョア的な世界観が分かるだけで、どの建物も薄っぺらでしかないんだよ。この薄っぺらいところが現代風ということで、見直そうとする気運もあるみたいですけれどね。書いたものもつまらないと思うな。如才ないだけで。よくこれだけもてはやされていたもんだと思うよ。それに較べて、シンドラーはなかなかの頑固な性格だったらしいよ。好き嫌いが激しく素直にものを言うひとだけれど、どこか人懐っこそうなところもあって、ボヘミアンな感じがするね。でもかれは、作品ごとになにかの発見を求めていたように思うんだ。だから自邸以外にも面白い住宅がハリウッドの周辺に点在しているよ。ロサンゼルスにフランク・ゲーリーやモーフォシスの世代が出てきたあたりから評価が逆転した。だからノイトラがどうというより、メディアの言っていることはまったくあてにできないということが教訓ですね。

　この二人、ウィーン時代からの仲よしで、カリフォルニアに来てからも一緒に住んだりしてずっと仲がよかったのに、例の展覧会辺りから絶交状態になったそうです。シンドラーが亡くなる少し前に同じ病院でベッドを並べたことがあったらしいが、ロサンゼルスで聞いた話によると、二人は口を聞くどころか、顔も合わせなかったらしい。メディアのおかげで友情をムチャクチャに破壊された悲劇的な例の一つなんじゃないかな。

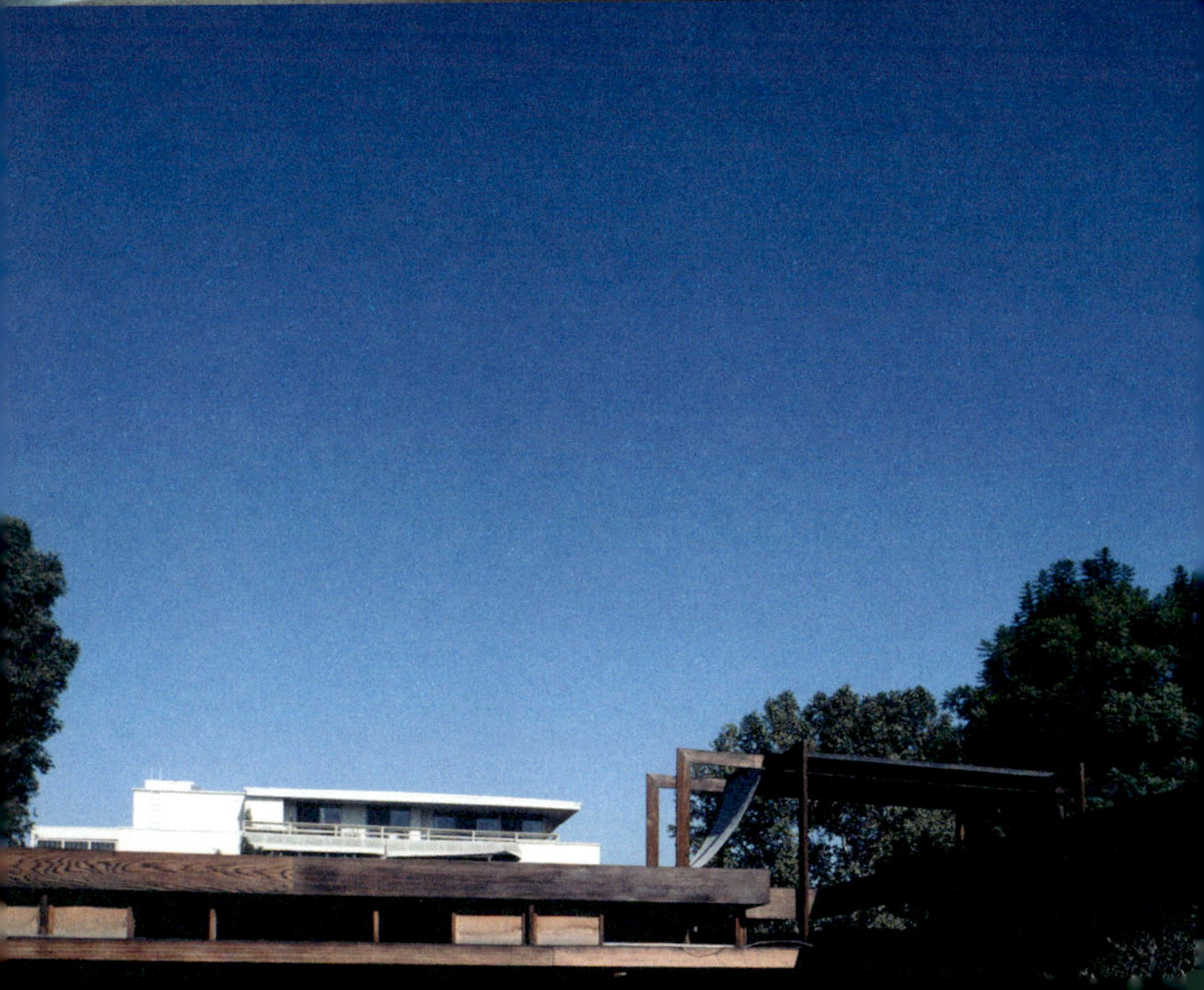

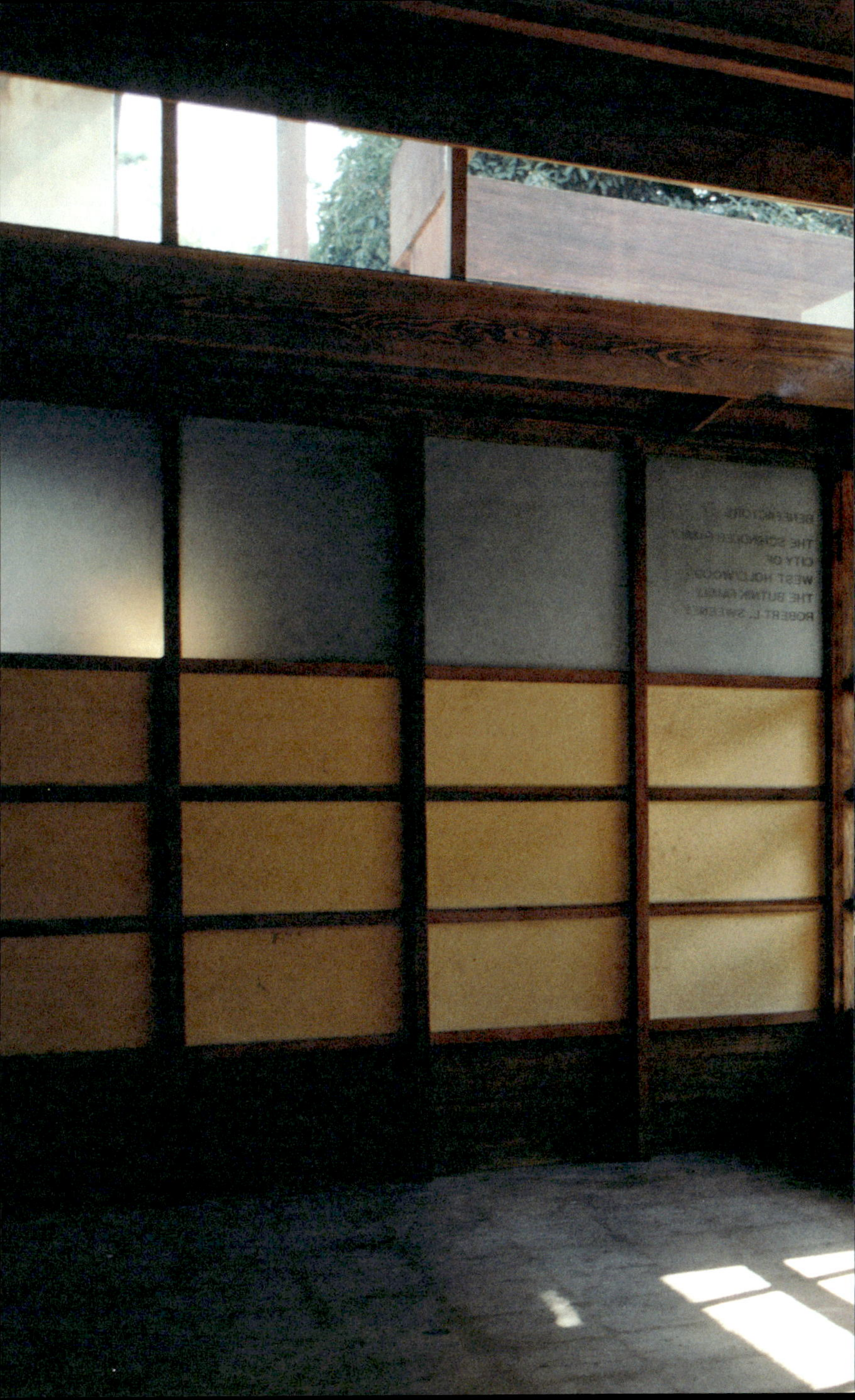

ブリオン・ヴェガ墓地

4

カルロ・スカルパ

4

Tomba Brion

1978

天国の手触り

前回のルドルフ・シンドラーの建築が、地域的にも、歴史的にもダイナミックな跳躍のなかで考えられていたとしたら、それとは対極に位置するのが、伝統あるヴェネツィアに生まれ、そこからほとんど外の世界に出ることのなかった建築家、カルロ・スカルパです。めったに外国に出ることのなかったかれが、珍しく気に入っていた日本に二度目に訪れたときに事故死してしまった。不幸な偶然とはいえ、ぼくはこれに不思議な運命のようなものさえ感じてしまいます。というのも、スカルパの作品ほど、予備知識のようなものを必要としない建築もなかなかないような気がするからです。スカルパがイタリアからはるか離れた日本のどこに興味をもったのかは分からないけれど、おそらくキリスト教的なヨーロッパ文化には希薄な、ある種の感覚的な直観主義があったからではないかと思うんです。それは全体を把握して理解しようとするマクロ的な見方ではなくて、身体の間近なところで作動しているミクロな感じ方。触覚的建築と言うなら、スカルパに敵う近代の建築家はほかにいない。それはもうぶっちぎりです。

しかしあらためて考えてみると、芸術のジャンルのなかで、建築ほど触覚的なものはないんじゃないか。文学や映画でも、触覚的な雰囲気を感じさせるものはもちろんあるけれど、でも即物的に触れるというわけではないでしょ。印刷された文字やスクリーンに映っている映像に直に触ってもぜんぜん意味がないからね。また絵画や彫刻にしても、あくまでも離れたところから眺めて感じるものです。現代の作家には作品に触ってくれという人もいないではないが、でも例外的。それに較べて建築は、文字どおり触ることができる。寄りかかることもできれば、寝そべることとも。建築で体験することの、なにからなにまで触覚的とは言わないけれど、触覚が重要な位置を占めていることは確かです。自分の部屋のドアノブだって一日に何度も触っているんだし、しかもそのドアノブを回して扉を開ければ、建築のそのなかに入ることだってできるんだ。建築以外には、音楽だけが空気を振動させ、体感させてくれるという点でかなり触覚に近いんじゃないか。ぼくにはスカルパの建築がときどきとても音楽的に感じられるんだけれど、きっとそのせいかもしれないね。

装飾か、謎か

　スカルパの作品数はけっして多くない。しかも、その多くがリノベーション。ところが「ブリオン・ヴェガ墓地」は珍しくゼロから設計した。だからこの作品には、スカルパ建築の重要な側面が現れていると思うんですよ。しかも遺作。死ぬ直前に、これほど謎の多い作品を残した建築家はそう多くはない。だいたい歳を取ると巨匠も老成するというか、力が抜けて、作品に、ぎりぎりまで考え抜いたようなインパクトは感じられなくなってしまうものでしょ。ところが、「ブリオン・ヴェガ墓地」の強度はハンパじゃない。「よくできた作品」という程度のものではないね。そうだな、言ってみれば「ブリオン・ヴェガ墓地」は「事件」なんですよ。ただし、その事件の顛末はいまだ謎なんだけれど。

　スカルパというとすぐに職人的というイメージが浮かぶでしょ。もちろんそれも間違っちゃいない。ヴェネツィアの伝統的で熱心な職人集団がかれの作品を支えていたという意味ではね。でも「近代建築」というバイアスのなかで作品が「職人」的と言われると、それとはちょっと違う意味をもってしまう。というのも、スカルパが職人的であると言われるとき、そのことは暗に、かれの建築が装飾的だ、ということも密かに意味しているんですよ。建築の本筋ではなくて脇道、一風変わった手の込んだ装飾的工芸品のようなものだというわけ。どう、きみたちも頭のどこかでそう思っていませんでしたか。職人性と装飾性はまったく違うものなのにね。

もっとも、そう思ってしまう理由もある。というのもそこには近代建築特有の強い偏見が働いているから。そもそも近代建築には、いかに装飾をなくすかという強いイデオロギーがあったし、それはいまになっても相変わらず根強いよね。近代建築が見直され、反省され始めている現代でもそれだけは変わらないでしょ。「装飾的だ」と言われても褒められたとは到底思えない。作品を装飾性によって正当化するのはいまでは無理。シザのところでも少し話したけれど、アドルフ・ロースの「装飾は犯罪である」という超有名なフレーズが力をもったのもそのせいだね。でもじつは、ロース自身はそういう意味で使ったわけではなかった。その証拠に、ロース自身の作品を見てみると装飾は否定されていないどころか、むしろ積極的に使われているんですよ。にもかかわらず、ロースの言葉はもとのエッセーの文脈から外されて、近代建築のプロパガンダになっちゃった。ロースの場合には建築に応用芸術と自称するハンパな芸術性が混入して、建築のもっている原理的な合理的側面が台なしにされることを嫌ったからなんです。ターゲットは当時の浮かれた「分離派」という流行現象のほうなのであって、職人性そのものは徹底的に擁護されていたんです。装飾性は職人性に対してではなく、建築家の浅はかで表面的な偽の芸術性に向けられていた。現代の自称「合理主義者」や「エコノミスト」の言う装飾批判とはまったく異なります。

言葉が勝手に独り歩きするのはよくあるケースなんですが、とにかくそういうネガティヴな磁場のなかでは「装飾」が差別用語として働いてしまう。「スカルパの仕事は装飾的で、職人の手業みたいなものにすぎない」というニュアンスですね。そしてその先では「理論や概念が意味をもつ近代建築の王道からはほど遠い」と暗に言いたいわけ。弁が立つ建築家たちが言説の中心を押さえてしまっているから、単純なスローガンなどでは簡単に説明できないスカルパの作品は、建築の中心から外れた周縁的なものとして位置づけられてしまう。それでも、スカルパの作品の密度はさすがに誰も否定できないものだから、そういう連中が最後に苦し紛れに出してくるのが「スカルパは芸術家だ」というもの。でも、これこそ建築の本道からあえて外しているんじゃないかな。議論の棚上げ。「芸術家だけれども建築家じゃないよね」と暗に言っている。やっぱり差別的でしょ。だからぼくはスカルパを語る場合、口が裂けても「装飾」という言葉は使わない。その代わり「謎」と言うことにしているんです。

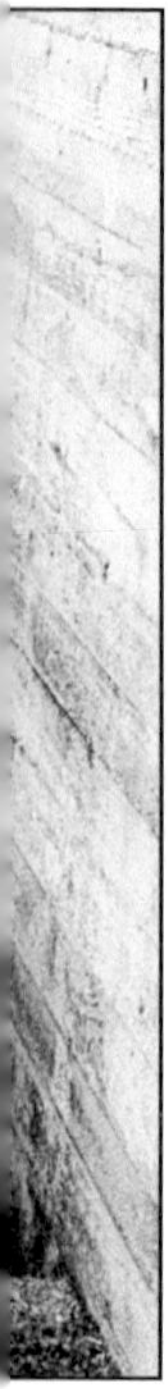

スカルパ幾何学

確かにスカルパには謎が多い。とはいってもその謎は、どう見ても職人芸的な手先の癖みたいなものには見えないね。様式のお約束でもなければ時代の流行り物でもない。むしろ幾何学と言ったほうがいいんじゃないかな。リーマン予想やポアンカレ予想がいくら難しくても、それを装飾的だとはさすがに言えないでしょ。謎が謎であるのは、われわれの理解力がそこまで到達できていないことの証明なんだよ。少なくとも近代建築の歴史観や、ミニマリズム原理主義みたいなボキャブラリーでは説明できない。まだ解明されていない謎は、たとえば地球外から届いた高度な文明の暗号のようなものだと思って、解読しようと努力しなくちゃ。われわれの頭が稚拙なのは仕方がないけれどね。

スカルパの装飾性としてよく挙げられるのが、歯形状の刳型《くりがた》とも言われるギザギザです[図4-1]。厚い壁の端部や、ファサードの頭部や、小さな金属のパーツなどによく出てくる、スカルパ印のあのギザギザモチーフ。このギザギザは階段ではないか、とぼくは睨んでいる。ただし、スケールが圧縮されている。だから階段としては使えないので、装飾と言われてしまうんだけれど、でもそれはスケールが変わってもやはり階段ではないかと思います。建築

4–1

にもスケールが消える部分があるんじゃないかな。そこを建築の夢の部分と言い換えてもいいと思うんだけれどね。そこでは建築はスケールを超えて伸びたり縮んだりしている。これをぼくは最近になって「DUBがかかっている」と定義しているんです。もう少し説明すると、DUBはダビングの略で、スケールを変えて引き伸ばしたり縮めたりしても、もとの性質が変わらない場合にのみ、これを「DUBがかかる」と言うことにしたんです。建築を比例やプロポーションで判断する美学が不自由に感じられるから。言い換えると、スケールから解放されても変わらずに建築に備わっている性質があると思っているからです。スカルパのギザギザみたいにね。

このギザギザの真の意味は、ぼくも正直なところまだよく分かりませんが、仮説を一つ立てていて、それをとりあえず「スカルパ幾何学」と名づけている。では、どんな幾何学か。それはユークリッド幾何学とも非ユークリッド幾何学とも異なった、いわば「波動の幾何学」です。あるいは「振動幾何」と言ってもいいのかもしれない。世界はミクロな次元で万物が振動し続けている。そしてその振動/波動が止まらないかぎり、この世とあの世、表と裏、内と外といった境界を跨いで、世界はひとつながりに連なっているという、それが「スカルパ幾何学」の時空なのではないか。そして、この世とあの世、表と裏、内と外、実数と虚数といった、一般的な幾何学では同時には共存しえない両極端の状態が、一方からもう一方へ切り替わる瞬間に、これらのギザギザが現れ出るのではないか、まるで波紋のように。

でも、波紋と違ってそれが同心円状にはならず、ピラミッドみたいに階段状になるのは、スカルパ座標の原点に位置する「建築」が、水面のように二次平面ではなくて、X軸とY軸とZ軸とでできているから。XYZ座標軸の波紋、あるいは、座標の衝撃波というか。だからそこは注意深く見る必要がありますね。スカルパのギザギザが出現しているのは、きっとそこが異次元の世界に切り替わる場所だからなんだ。額縁の装飾模様なんかでは絶対にない。

だから「ブリオン・ヴェガ墓地」では、建物と水が接する部分に、ギザギザが集中的に多発している。そう考えると、ギザギザ(階段)が水中の底のほうまで途切れずに続き、水深が深くなるにつれ視界から没していき、グラデーションとなって消えていることも納得がいきますね。見えなくなる水のなかにまでコストをかけ、少しも手を抜かずに階段をつくっている執念の意味が。でも、人間の使う階段として見れば確かに、踏面と蹴込みにあたる一辺があまりに小さい。だからみんなが口を合わせたように装飾と言ってしまうんだけれど、ぼくは半分冗談、半分本気で、夜中になると、水のなかから妖精たちが、この階段を上って地上にやってくるんじゃないかと思っています。この階段には、見えないものや存在の不確かなもののためにも役立つ用意があるんですよ、きっと。まあそれはともかくとして、スカルパの頭のなかでは、少なくともこの階段が異次元に繋がっていることだけは間違いないね。

ほかの作品でも、このギザギザが寸法を変えて、ファサードの周辺や、ぶ厚い壁の端部や、家具の縁に現れるのも、その辺りに異次元の世界へと切り替わる境界があるからではないかな。そこから時空が異次元へとめり込み、入り込んでいる。境界が曖昧になり、壁やファサードや扉の縁が、空中に霞んで、少しずつ消えていく状態。でもこの感じ、実感としてぼくにも分かるんですよ。自分が設計しているプロセスで建物の輪郭を曖昧にぼやかせて、グラデーションで消えるようにできないか、と考えることはよくあったからね。建物が途中からだんだん薄くなって、ついには空中に消えてしまうようなことが起きないか、と。

装飾として見なされやすいスカルパのディテールをもう一つ挙げると、これもよく登場するんだけれど、二重リングがあります。「ブリオン・ヴェガ墓地」では、公共墓地から階段を上ってエントランスを貫いている最も強い軸をこの二重リングが受け止めている。エントランス軸がコンクリート打放しの壁を庭に向けて通り抜けるちょうどその位置に、二つの絡まった円が切り抜かれている［図4-2］。ちょっと茶室の円窓みたいですね。日本の文化に深い関心があったからもちろんその影響はあるんだけれど、でも、まったく違うレベルまで昇華されているところが素晴らしいね。

円周の軌道にはスチールのリング状のフラットバーが並行して二枚打ち込まれ、そのあいだに一枚分だけタイルが貼ってあります。タイルを広く面的に貼るのではなく一枚分の幅だ

4-2

け貼るというのが面白いね。タイルが表面的ではなくて奥行きをもっているようにさえ感じられるよね。そしてリングが重なっている部分は、フラットバーごと空中に飛び出している。壁面のなかでは表面の縁であったタイルは空中で両側面をフラットバーで挟まれ、タイルそのものが飛び出しているかのように見える。壁面においては記号的であったものが、空中で物質化する。スカルパにとってタイルという素材は広く面的に使うものではないんですよ。あくまでも、埋まっているなにかが一瞬だけ表面に現れて、輝いているものです。ほかの作品でも壁の全面にべったり貼りまくるようなタイルの使い方は一度もやっていないと思う。だからスカルパのタイルには、表面材とは違う物質性が感じられ、カラフルな宝石の破片や、シルクのリボンのように見えるんだね。

この二重リングはほかの作品にも登場します。これはスカルパにとって、軸というものが常に振動しているからなんじゃないかとぼくは思う。「いっときも静止していない軸」という考え方ですね。そう思ったのは、「ブリオン・ヴェガ墓地」の水上にあるパヴィリオンの部分と庭との領域を示すように四本のワイヤーの束が使われていたから［図4-3］。庭の端から端までたぶん十数メートルは飛んでいてそのあいだに一つも支点がない。かなり太いワイヤーですが、でもピーンと張られていて、少しの弛みもない。チェロやベースの弦みたい。ワイヤー自体は一見、静止しているみたいなんだけれど、触ってみたら明らかに振動を感じ

4－3

た。まあ気のせいかもしれないんですけれどね。でも、気のせいって建築には大切なことですよ。それが空気感であり、つまりは触覚的ということなんだから。

バルセロナ・パヴィリオンを折り曲げる

はじめに「ブリオン・ヴェガ墓地は事件だ」と言ったけれど、その事件性はこの講義の九回目に話す予定のミース・ファン・デル・ローエの「バルセロナ・パヴィリオン」に匹敵していると思います。そしてもし、近代建築をスタートさせた引き金が「バルセロナ・パヴィリオン」であったとすれば、近代建築を撃ち殺す引き金が「ブリオン・ヴェガ墓地」ではないのか。いままで誰もそんなことは言っていないから、まるで突飛に聞こえるかもしれないけれど、ここは誤解を恐れずに言うと、「ブリオン・ヴェガ墓地」は明らかに「バルセロナ・パヴィリオン」に対するスカルパの応答だね。言説によるのではなく、建築や庭園そのものによってスカルパはミースに応えている。

まず共通点は、両方とも人間に奉仕するためにだけある建築とは思えないことです。どちらもとくに用途がない。「バルセロナ・パヴィリオン」の無人感についてはミースのところで話すけれど、「ブリオン・ヴェガ墓地」もそう。こちらはそもそも墓地だしね。生産的な用途がない。ということは、そこが建築の可能性を試す実験場のようなものでありうるんじゃないか。また、そうであるからこそ、これほどの強度が生まれるのではないのかな。この両方に感じる強度は、もう、サスペンスと言ったほうがはるかに適切かもしれないですね。形が面白いとか、プロポーションが格好いいとか、空間に迫力があるというようなスタティックな見方ではなく、目線が動いたり、歩いたりするような、ダイナミックなプロセスで感じられるものが建築のサスペンスです。ぼくはサスペンスという視点で建築をゼロから見直してみたいと思っているんだけれど、そんなサスペンスが濃密に横溢しているところがこの二つに共通している点だね。でもサスペンスの質は両者そうとう異なっていて、「バルセロナ・パヴィリオン」のサスペンスはほとんどホラーで、それに対して「ブリオン・ヴェガ墓地」はもっと穏やかで、快楽的というか、触覚的というか、そういうサスペンスなんだけれど。

そしてこの二つを、逃れようもなく決定的に関連づけているのが明らかに水です。「バルセロナ・パヴィリオン」にも「ブリオン・ヴェガ墓地」にも池が二つあって、どちらも同じように敷地の両端に置かれている。「バルセロナ・パヴィリオン」の、明と暗とに異なる二つの池は、「ブリオン・ヴェガ墓地」のそれとよく似ています。「ブリオン・ヴェガ墓地」の、一方の池は取り囲んだ糸杉林の足もとで暗め、もう一方の池は空に思い切り開かれていて明るい。「バルセロナ・パヴィリオン」ができた一九二九年にはもう二十三歳になっていたスカルパが、「バルセロナ・パヴィリオン」の平面と、そこに置かれた明暗二つの水を知らなかったはずはない、とぼくは思うけれどね。ただスカルパ本人が言わなかっただけで。

では、「バルセロナ・パヴィリオン」と「ブリオン・ヴェガ墓地」のいったいどこが違うのか。それは、見ればすぐ分かるように、後者のプランがL型ということです［図4-4］。どうしてL型かと言えば、「ブリオン・ヴェガ墓地」の敷地が公共墓地を囲んでいるからなんだけれど、しかしその扱い方には大胆な冒険が隠されている。「バルセロナ・パヴィリオン」は、その前庭の、縦に長い広場のバロック軸にまず注目したいのですが、それに対して、今回の「ブリオン・ヴェガ墓地」の場合には、隣接する公共墓地の軸が強く作用していることが分かりますね。ただ「バルセロナ・パヴィリオン」と違って、「ブリオン・ヴェガ墓地」では軸が二本ある。しかも二本は直交している。スカルパの初期のスケッチを見ると、この二本の軸に対してそれぞれ対応する案を考えていたことが分かります。どちらを主軸にしたエスキースでも、軸を受け止める位置には、例の二重リングのモチーフがなんらかのかたちで出てきています［図4-5］。

ところで、直交する二つの軸に対応するということは、結果的に「ブリオン・ヴェガ墓

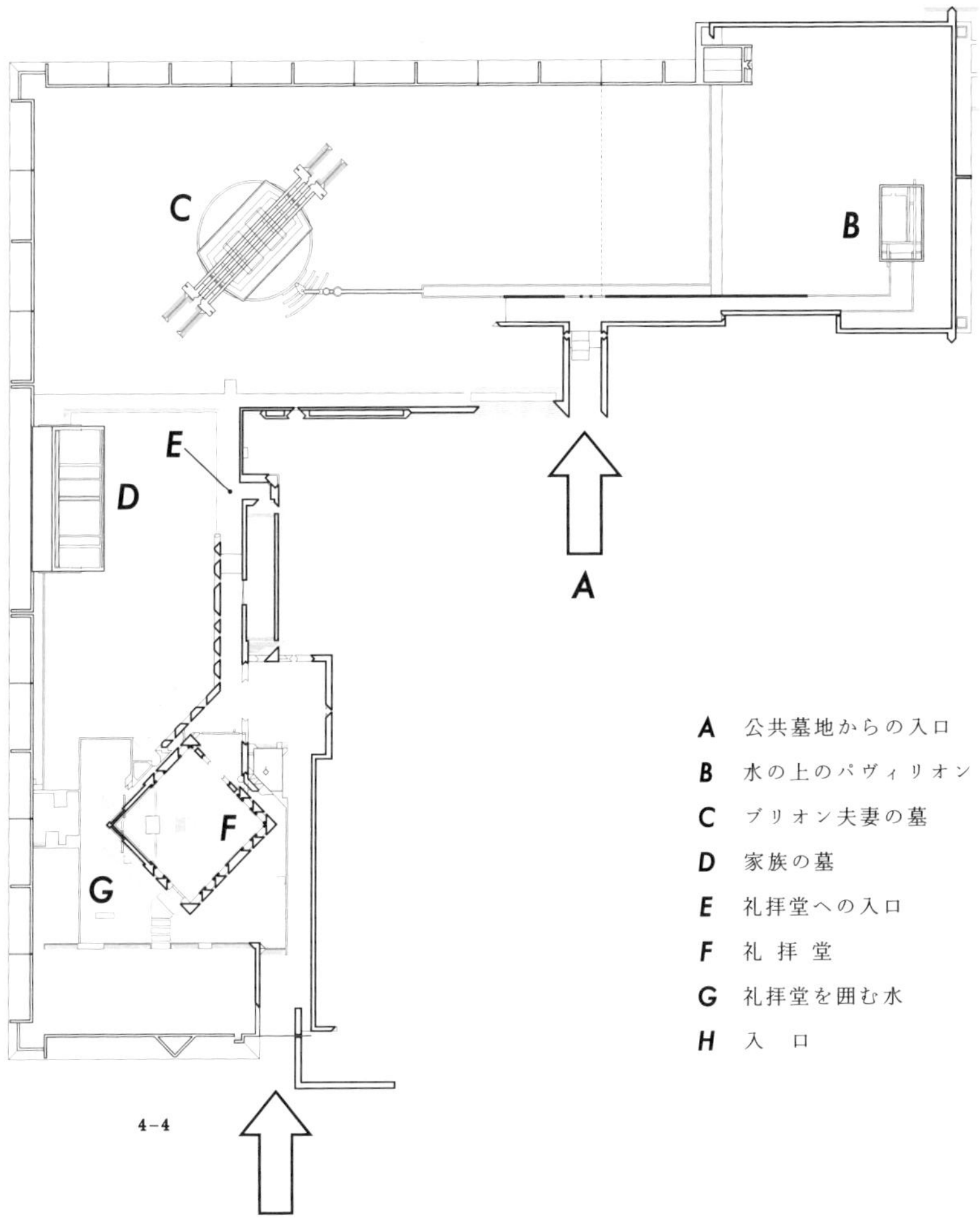

A　公共墓地からの入口
B　水の上のパヴィリオン
C　ブリオン夫妻の墓
D　家族の墓
E　礼拝堂への入口
F　礼　拝　堂
G　礼拝堂を囲む水
H　入　口

4-4

地」を途中で直角に折り曲げることになりますね。これは直感だけれど、「バルセロナ・パヴィリオン」にDUBをかけて三十パーセントくらい長手に引き延ばしてから、それをど真ん中で九十度、ボキッと折り曲げると、もうほとんど「ブリオン・ヴェガ墓地」になる。違うかな。少し乱暴な仮説かもしれない。突っ込みどころ満載で裏づけを取らなくちゃいけない余地があることは分かります。しかしそんな仮説を立ててでも、ぼくが早急に言いたいのは、スカルパが決して平和でのどかで安全な職人芸の建築家ではなかったということだね。真にラジカル、確信犯的に戦闘的な建築家。だって近代建築を根元からへし折ろうとした人なんだから。

「折り曲げる」と言葉では言ってみても、折る対象が「バルセロナ・パヴィリオン」のように強度の高いものであれば、そう簡単に折れてくれるものではないよね。ものすごいエネルギーが必要になるよな、と、ここまで考えたとき、それまで分からなかったスカルパの謎の一つが、にわかに分かったような気がした。その謎とは、「ブリオン・ヴェガ墓地」の中央に位置する円形の部分です。ここはブリオン夫妻の墓、つまり石棺安置所「アルコソリウム」にあたる［図4-6］。そしてここには緩い曲率の屋根が架かっているんですが、この部分に限って、ぼくは長いあいだ違和感があった。円のモチーフとか、曲面とか、四十五度振れているとか、それらの建築的な意味がピッタリとこない。まあ、はっきり言って、ここだけ

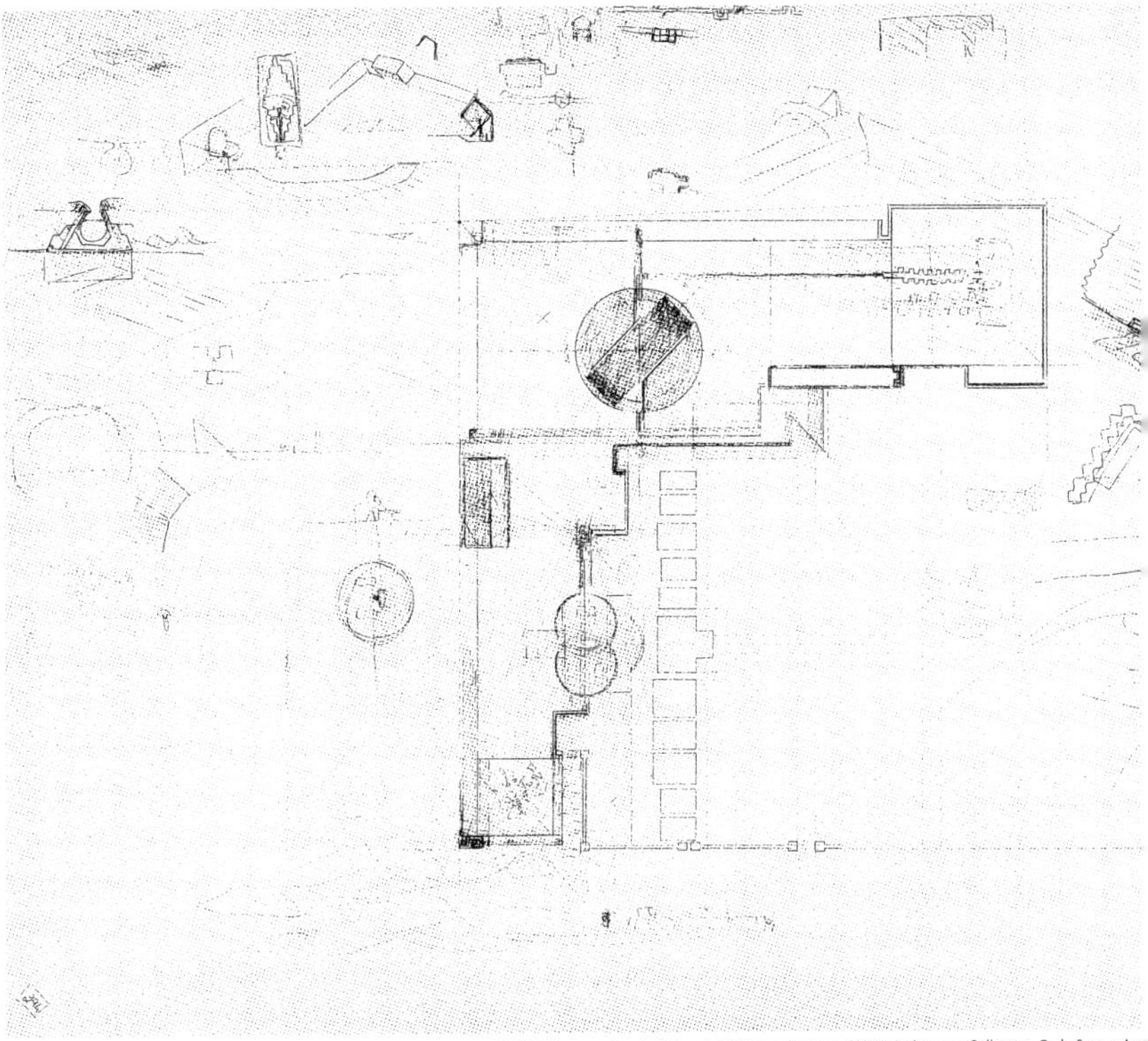

4–5

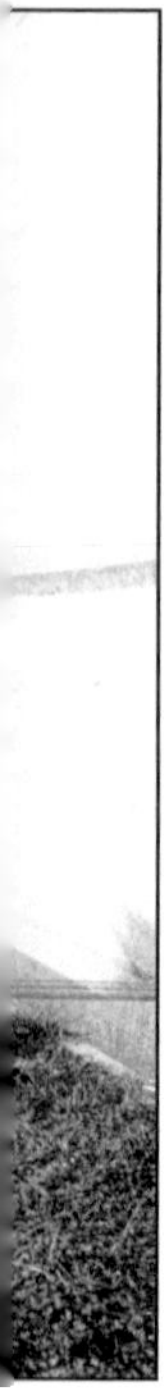

は納得できなかったわけです。でも、この「バルセロナ・パヴィリオン折り曲げ説」に辿り着いたとき、これは強い力で地盤を回転させることのできるシリンダーの取っ手じゃないか、と気がついた。そう思って配置図を見ると、この部分はまるで宇宙船のドアのハンドルみたいでしょ。しかも四十五度グイッと回転している。以来、ぼくはこれを「神のハンドル」と呼ぶことにした。ある晴れた日に、神はなにを思ったか、天空から手を差し伸べて、この「神のハンドル」をひっ掴み、敷地を九十度ばかり、ガチッと曲げた。

スカルパは派手な言葉やメッセージは残さなかったけれど、それは政治性がなかったからではないですよ。むしろ強く発言しないことで、近代建築に対して距離を取り、かえって強い批判性を体現していた。そういう意味で極めて政治性の高い建築家だったと思います。近代で最も戦闘的だった建築家、それがスカルパです。

4−6

ジョイントの連鎖という世界観

さっきも言ったとおり、スカルパの仕事には改修が多い。古い建物を使わざるを得ないイタリアの事情もあるけれどね。シチリア、パレルモの「パラッツォ・アバテリス」、ヴェロナの「カステルヴェッキオ美術館」、ヴェネツィアの「スタンパーリア財団」などの傑作はどれも改修工事。スカルパの建築のキャリアのスタートは遅く戦後からで、ジュゼッペ・テラーニがすでに死んだあとだったけれど、その最初期の「パラッツォ・アバテリス」再建の経験が大きかったんじゃないかな。パレルモは第二次世界大戦末期にイタリアのファシスト政権を倒そうとする連合軍の猛烈な空爆を受けましたが、そのときに破壊された瓦礫を拾い集めて、極力もとのとおりに組み立て直そうとする仕事だった。不足している部分や構造的に補強する部分は新たなアイデアを考えてつくり直している。また展示計画まで細部にわたってやっている。余談になるけれど、スカルパは生涯にわたって展覧会の展示計画の仕事は多く、三十以上はやったそうですよ。

瓦礫をきれいにもとに戻す。展示物のそれぞれをあるべき位置に置く。どちらも「まっさらなところに新しいデザインをするぞ」っていうのとは違う設計の入り方ですね。そこがほかの近代の建築家と根本的に異なるところ。先ほど話したように部分が大切だというスカルパの考え方も、きっとそこで培われたんだと思う。瓦礫になった断片を拾い集めてきれいにもとに戻すとか、ガタガタになった壁や床を平坦にして塗り直したりすると、それまでたいしたものに見えなかった手摺や窓までが、ものすごくいいものに見えたりする。新しいものを捏造するというのではなくて、すでにあったもの、またはあったはずのものに戻す。しかも、スカルパのすごいところは、以前あった状態以上にいいものにしてしまうところだね。すでにあったものを尊重して使うとはいえ、配置を大幅に変え、ある部分は捨て、またある部分はまったく新しいものに入れ替える。その結果、前よりはるかにいいものに変えちゃう。それがスカルパの真骨頂です。でも、これって、これからの建築家のモデルではないのかな。それも、震災を目の当たりにした日本の建築家にとっては、なおさら「スカルパ・モデル」が正統なんじゃないでしょうか。そういう意味でも、スカルパは時代の先を行っていた。

スカルパは自分でも言っているように、「全体」の人ではなくて「部分」の人です。「建築に全体はないんだ」とか「すべては部分でしかないんだ」と言っている。これは近代建築においては異質、というか、まさに正反対です。そもそも近代建築には、全体をどうつくり直すかが使命のようなところがあったからね。近代建築と革命とが相性がよかったのもそのためです。しかしその意味では、スカルパはアンチ・ユートピアの人。

スカルパの「部分」は、どこまで繋がっても「全体」にならない。言い換えると、どこもかしこも「断片」ということになる。そこで重要な意味をもつものがジョイントです。スカルパのジョイントは、ものとものとを繋げるためのディテールという役割にとどまらず、それが世界観なんですよ。近代建築の基本である「部分の集合体が全体である」というヒエラルキーを捨て、全体性には収斂しないジョイントの連鎖として世界を捉えていた。しかも、ジョイントはヒンジでもあって、そこには常にアクションや回転や振動が感じられる。スカルパからすれば、近代建築はいくら変化に富んでいたところで、静的であることに変わりはない。それに対してスカルパの建築が、実際には動かなくてもどこか動的に感じられるのはそれが「全身ジョイント」だからでしょうね。その点からすれば、さっき話した「ブリオン・ヴェガ墓地」の「神のハンドル」もまさにジョイントそのものだったわけです。それにしても遺作が神のためのジョイントだったというのはすごいことだよね。誰にもまねができない。

「カステルヴェッキオ美術館」も古い城を改修して、ひとつながりの動線をつくり出した[図4-7]。三層を結びつける長い経路のジョイントになっているのがカングランデという名前の騎馬像です[図4-8]。最初は外部の広場に置こうと考えてもいた騎馬像は、さんざん試行錯誤の末、最終的にやっと二棟の繋ぎの部分、しかも二階の、吹抜けの位置に置かれることになった。台座は古い形状のものをやめ、鋼材を思わせる断面形状の、コンクリートによる

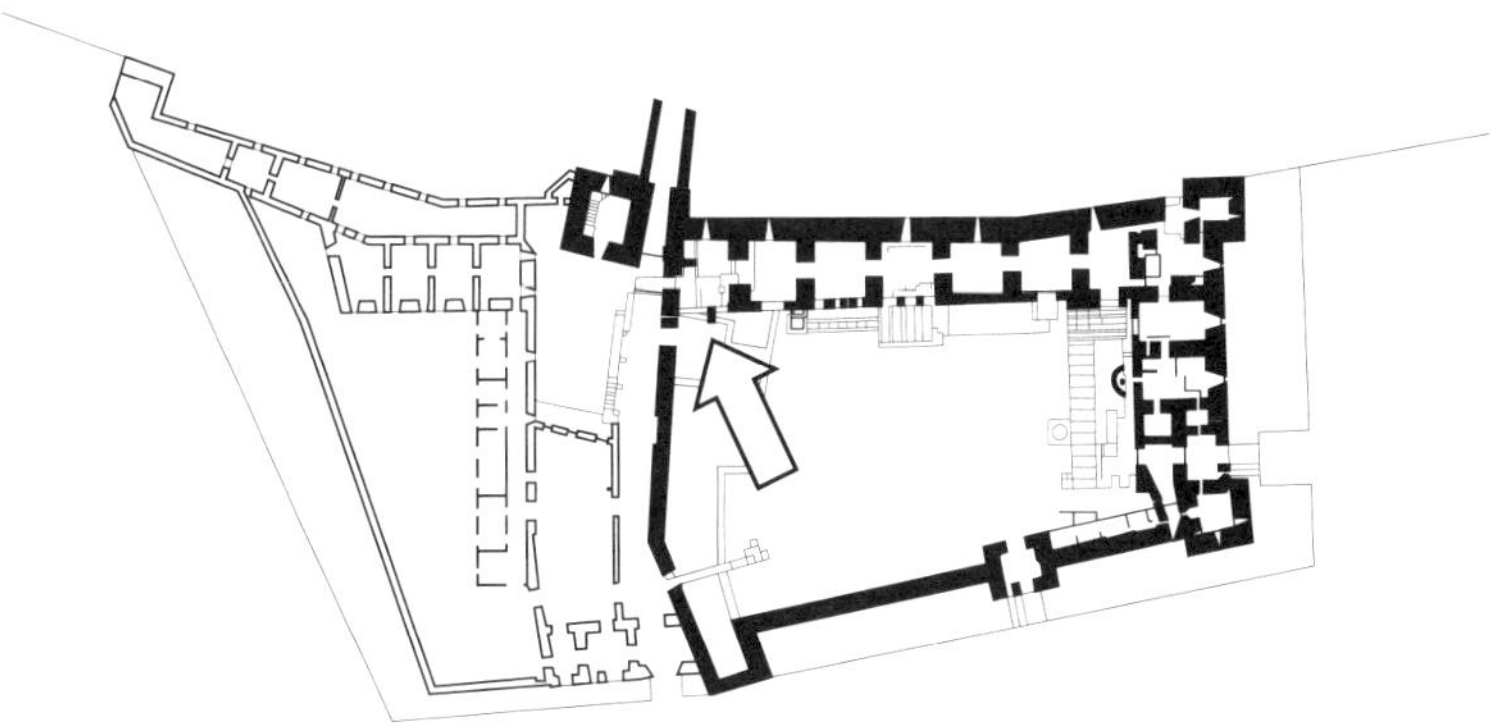

4-7

4-8

キャンティレバーによって広場に向かって差し出した。この彫刻台とその周辺部は、屋根も含めてまったく新しいデザインが加えられています。この騎馬像の役割こそまさにギャラリーと、部屋群と、建物群と、広場とを一気に掴んでしまうジョイントだね。

祝祭性漂う墓地

スカルパの場合、残されたドローイングは全部自分で描いたもので、描く時間もかかっているので情報量も多く、見ているだけですごく楽しい。スタッフが多い事務所の所長になってしまったり、偉そうな巨匠になったりすると、たいがい、自分で図面を描かなくなってしまうんだよ。のちに図面が残されてはいても、スタッフの描いたドローイングばかりで、ボスの絵は案外ないんだね。いまはCADだからなおさら残らないということもある。ところがスカルパのは晩年まで自分自身の手によるものです。左利きだった。ドローイングのタッチの方向ですぐ分かるね、ぼくも左利きだから。一枚の紙に、立面、平面、ディテール、ジョイント、落書きなど、スケールを超えて、次から次へと描かれていて、見飽きない。ほんとうに気持ちよく楽しそうに描いている。かれのドローイングには建築の思考の連想が見られるんだね［図4-9］。これはパヴィリオンがあるほうの池のエスキースですが、図面のなかで、なんと裸の女の人が、石の台にお尻を載せている［図4-10］。お墓の真っ只中で、ですよ。でも、かわいいよね。ぜんぜん暗くない。ちょっと能舞台みたい。でもどこまでも明るい能舞台です。祝祭的な雰囲気すら漂っている。

庭園のなかほどを注意して見てください。ひとが歩行するあたりの地表面の、見え方が不思議です。離れて遠くから眺めるとひとの脚の膝から下半分が断ち切られて見えない［200-201図］。足の動きが見えないから、人がスーッと空中を滑って移動するように見える。まるで幽霊みたいに。それは、草の繁茂する基準地盤面から、歩くレベルが六〇センチくらい下がっているからです。ここを歩いているのを見ていると、まるで空中に浮いているような感じがする。天国的、そう感じました。このレベル差の生み出す効果は、写真だけで理解するのは無理、実際にここに来て歩いてみるまでさっぱり分からなかった。

図面を見ていると、この墓地は縮小のDUBのかかった巨大な都市のようにも見えませんか。この都市の住人、そのひとたちの思想、理念、教育といったものについて、誰か真剣に考えてくれないかな。壮大なSFのようなものになるかもしれませんが、少なくともそこでは死者も含めて、というか、死が優しくそこにあるからこそ、快楽がすべての原則になっている。生と死の閾が低いんだね。それが触覚的。つまり、色っぽいわけです。

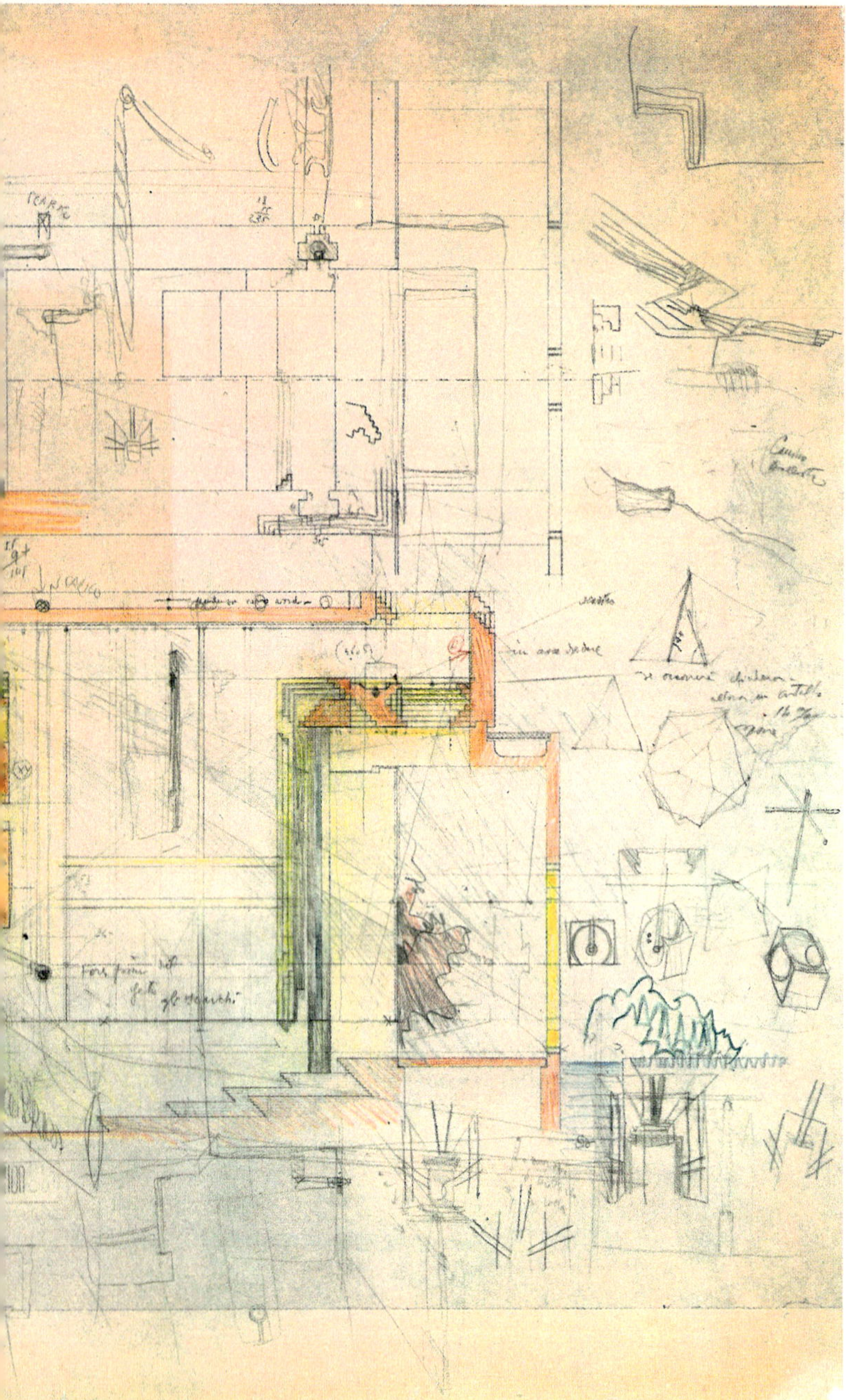

4–9

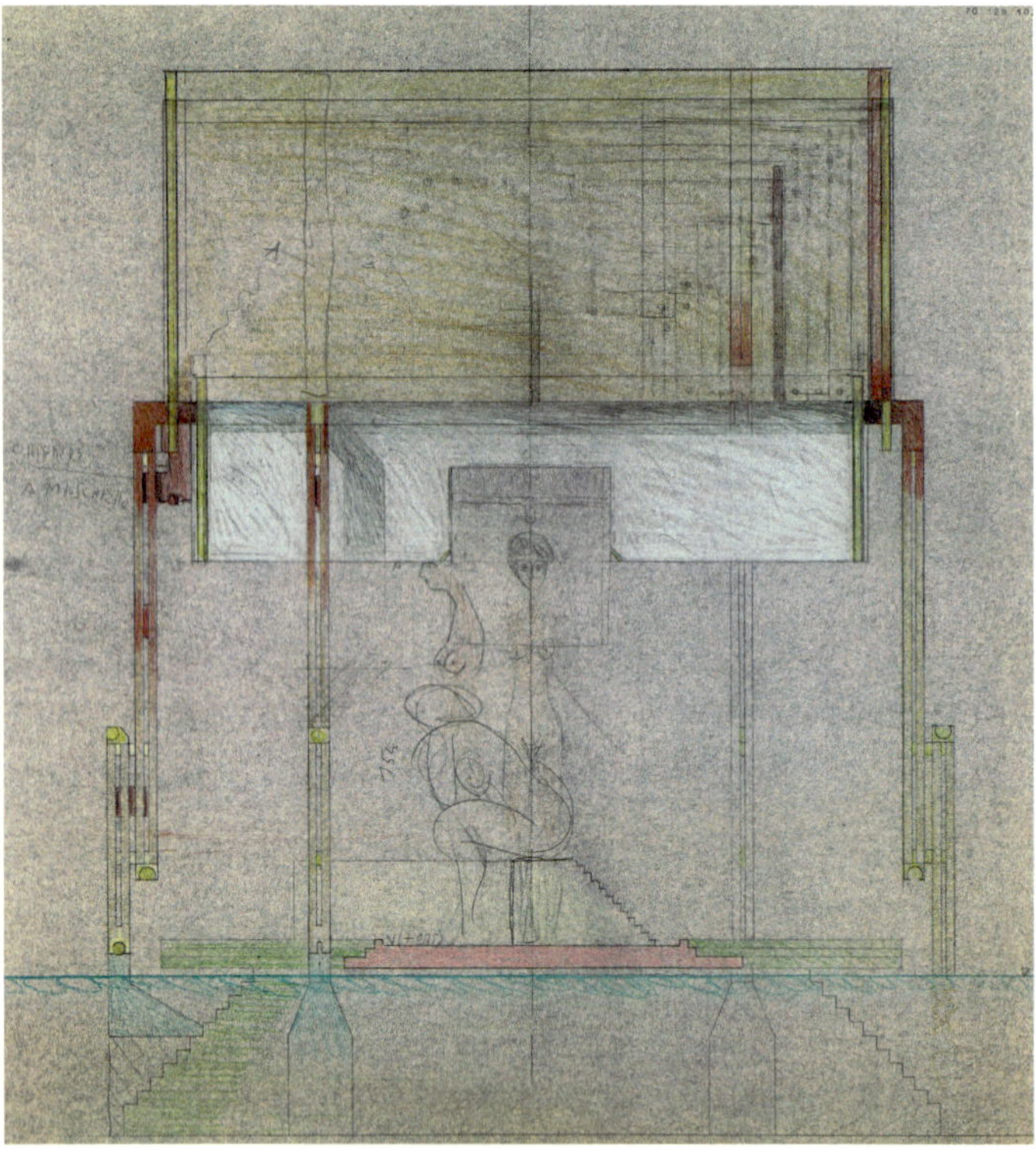

4－10

5

ソーク生物学研究所

ルイス・カーン

5

Salk Institute
for Biological
Studies

1965

孤独と沈黙のための広場

前回のスカルパは人間の現世を突き抜けて死後の世界に踏み込み、そこで妖精に出会ったりしていましたが、今回のルイス・カーンも現世を突き抜けていることは同じ。でも向かった先は百万光年の先だった。カーンは近代建築のなかのブラックホールみたいなひとです。建築が「哲学」や「神」といった、人間の最も精神的な領域に踏み込んだらどういう光景を見せてくれるのか、カーンの仕事はそのケース・スタディのように思えるんです。カーン自身の言葉も、またカーンについての批評も、誰が書いてもどこかストイックで神学的な感じになるのはそのためでしょうね。作品もミニマルで人間離れしたところがあるんです。ミニマルなので形だけならまねしやすいんですが、そういう雑なひとに限って、安易に「人間」

性あたりに繋げてしまうものだから、カーンのレベルには到底至らない。意味はそこから簡単には出てこない。そこがブラックホール。

ところが、カーン本人の生き方はストイックどころかその反対で、ほとんどエピキュリアン、というかボヘミアンですね。事務所でも現場でも寝泊まりする。家庭はほったらかしで。事務所のパートナーの女性とも仲よくなりすぎちゃう。まったく困ったひとだよね。そんななかで生まれたカーンの息子であるナサニエル・カーンが撮ったドキュメンタリー映画「マイ・アーキテクト」を観るとそんな感じがしてくるよ。作品のストイックさと、生き方のギャップがすごいんだけれどぼくは憎めない。フィルムに残っている生前のカーンは、ものすごく孤独そうなのに、人懐っこく、身軽な感じで、身の回りも簡素。レインコートかなにかをひっかけて、早足でスタスタ歩き回り、どこか楽しそうに見えましたよ。そこがまた寂しさなんですが。作品のミニマルな雰囲気からカーンをまるで禁欲的な求道者のように思ったらそれは違うね。

陰気な建築

カーンの登場は、まだ学生だった当時のぼくにとって、衝撃でしたよ。未知の建築が現れたという驚き。同時代として鮮烈な記憶がある。一九六〇年代だからミース・ファン・デル・ローエやル・コルビュジエやアルヴァ・アールトはすでに誰もが認める大家だったし、チャールズ・レニー・マッキントッシュはもちろんジュゼッペ・テラーニはだいぶ前に亡くなっていた。かれらはみんな、ぼくの同時代ではなくてすでに歴史だったわけ。ところがカーンは違った。まさに新人としてぼくの目の前に現れたんです。まだ二十歳そこそこでしかなかったぼくが、すごいヤツが出てきたと思った。ところがその新人建築家はすでに六十歳を過ぎていたという、このギャップにも驚いたね。

どこが衝撃的だったか。雑誌がカーンの特集をやっと組むようになって、プロジェクトの模型や図面をまとめて見ることができたんですが、どの印象もとにかく暗いわけ。たとえば当時の模型写真は、そのころ大流行していたポール・ルドルフに見られるように、太陽光を思わせる直接光を当ててめりはりをつけ、雰囲気を明るく見せるのが当たり前だったのに、カーンのはいまにも夕立が降りそうな曇天だった。写真の粒子も粗くザラザラした感じ。模型も背景も灰色で霞や霧のなかにいるような。

そもそも近代建築は明るいものだという先入観がなんの疑問もなくありましたね。アメリカではとくに。ミースの回でも話しますが、第二次世界大戦の結果、文化の舞台がヨーロッパからアメリカに移った。ヨーロッパはおおかた戦場だったから戦争直後は敵味方を問わずボロボロ。しかもイデオロギーの対立も激化していたから、すぐに復興という余裕はほとんどない。それに引き替えアメリカは戦場になっていないし、そのうえ、武器も含めて大量の物資をヨーロッパに輸出しているから経済は絶好調です。戦前の不景気が嘘みたい。だから一九四〇〜五〇年代のアメリカの生活水準はもう最高。当時のハリウッド映画を見れば分かります。ダグラス・サークやアルフレッド・ヒッチコックの映画に出てくるシーンがどれも贅沢で、食事のシーンも豪華で美味しそうに見えた。話の内容に関係なくね。まあ表面的なわけですが。そのあと、ベトナム戦争が象徴するように六〇年代になってそれが破綻し、たとえば禁酒法下のアメリカの暗さを描いた映画「俺たちに明日はない」が時代の新しい空気を感じさせ、不思議にもリアリティをもってきたように急速にすさみ始めるんですが、そうなる前のアメリカにはハッピーなイメージが強烈にあった。そんな明るかったはずのイメージのなかから、いままで見たこともない陰気な建築が出現した。ハッピーな連中の頭にいきなりバーッと水をぶっかけるみたいに。それがルイス・カーンです。「はしゃぐな。黙れ」みたいな。近代建築から、いきなりゴシックあたりまでトリップする感じだったね。

今回取り上げるのは「ソーク生物学研究所」です。自己プロモーションのうまいル・コルビュジエとは違って、カーンは自分のことをそれほど話しません。書いたものも一冊に全部がまとまる程度。しかしそこに書かれている言葉はどれも深く考え込ませるものばかりです。いくつかの命題に集約されていて、それらが変奏曲のように繰り返されるんですが、どの命題を取っても常識的じゃない。カーンの考えでは、建築は実体として存在しないものです。目に見える世界にはただ作品があるだけなんですよ。で、その作品とは、建築というスピリットへの捧げ物にすぎないというんです。ちょっと神学めいて聞こえるけれど、これをぼくなりに言い換えると、建築とは空中に漂っている気体みたいなもので普段は目に見えない。その気体がカーンの言う建築のスピリット（精神）です。そして作品とは空中のスピリットを保護し、それをわれわれの目の前に運んでくれるものです。あるいは、その作品を媒介にして気体（スピリット）が相転移でも起こしたかのように、やっとその姿を現すとも言えます。

カーンにとって設計という行為は人間に従うのではなく、建築というスピリットに従うことなんですよ。少なくとも人間中心の視点では建築を見ていない。人間の側からではなくて、建築そのものの側から、それも、目に見えない精神（スピリット）から見ているんだね。一種の建築汎神論と言えるのかもしれない。

偉大な建築にはひとに強く反響する力が備わっていて、それが力強い共同性を生みだすとカーンは考えている。それをカーンは「真性」と呼ぶのですが、この「真性」は計り知れないもので、それはあるときにただ露呈されるだけなんですけれど、しかしこの真性は、「人

が好もうと好むまいと生起するものだ」と断言している。人間に好まれるためにやっている
んじゃないというわけ。すごいことを言うと思いませんか。

ところが、これとよく似た意味のことをヴァルター・ベンヤミンも「翻訳者の使命」とい
うエッセーのなかで書いている。「どの詩も読者のために書かれたものではなく、どの絵も
鑑賞者のために描かれたものではなく、どの交響曲も聴衆のために作られたものではない」。
いやはや、ムチャクチャな話に聞こえるかもしれないけれど、でもこのフレーズが意味する
のは、それらは人間を超えたなにものかに向けられているということだね。建物はその利用
者のためにつくられるのではない、あるいは、住宅はその住人のためにつくられるのではな
い、というのと同じ。なんだか難しく聞こえるけれど、現代の建築の世界では人間があまり
にでかい顔をしすぎてはいないか、と言い換えると少しは分かるでしょう。これほど哲学の
間近で建築を考えていた建築家は、少なくとも近代にはいないし、歴代の建築家のなかにも、
ミケランジェロを除いて、ほかにちょっと思い当たりませんが。

点・線・面

今回取り上げる「ソーク生物学研究所（以下、ソーク研究所）」のプロジェクトは、なんといっても全体計画が格好いいんですよ。近代建築のなかでこれほど魅力的な配置計画は誰もやっていないと思う。近代にかぎらず、全建築史を見渡してもほとんど見当たらないんじゃないか。ローマ皇帝、ハドリアヌスの「ヴィラ・アドリアーナ」くらいかな。もちろんそれはカーンもリスペクトしているんだけれど、まあそれくらい素晴らしい。ですからきみたちはぜひこの配置図［図5-1］を覚えておくといいと思いますよ。困ったときに必ず役に立つ。

敷地は太平洋を目の前に見渡すサンディエゴ近郊のラ・ホヤという丘陵地帯です。このあたりは超高級住宅地だけれど、「ソーク研究所」が計画された場所は住宅地から隔絶された海を望むことのできる丘。海に面するV字形の岬が大きな谷を抱え込んでいる。海まで急勾配に下る傾斜地で、その一帯はハンググライダーの名所です。ぼくが行った日にも空中にいくつか飛んでいたよ。

最近になって、ぼくはこの配置計画が、じつは修道院ではないかと思うようになった。八回目の「ラ・トゥーレット修道院」についての講義のときに修道院のプロトタイプとしての

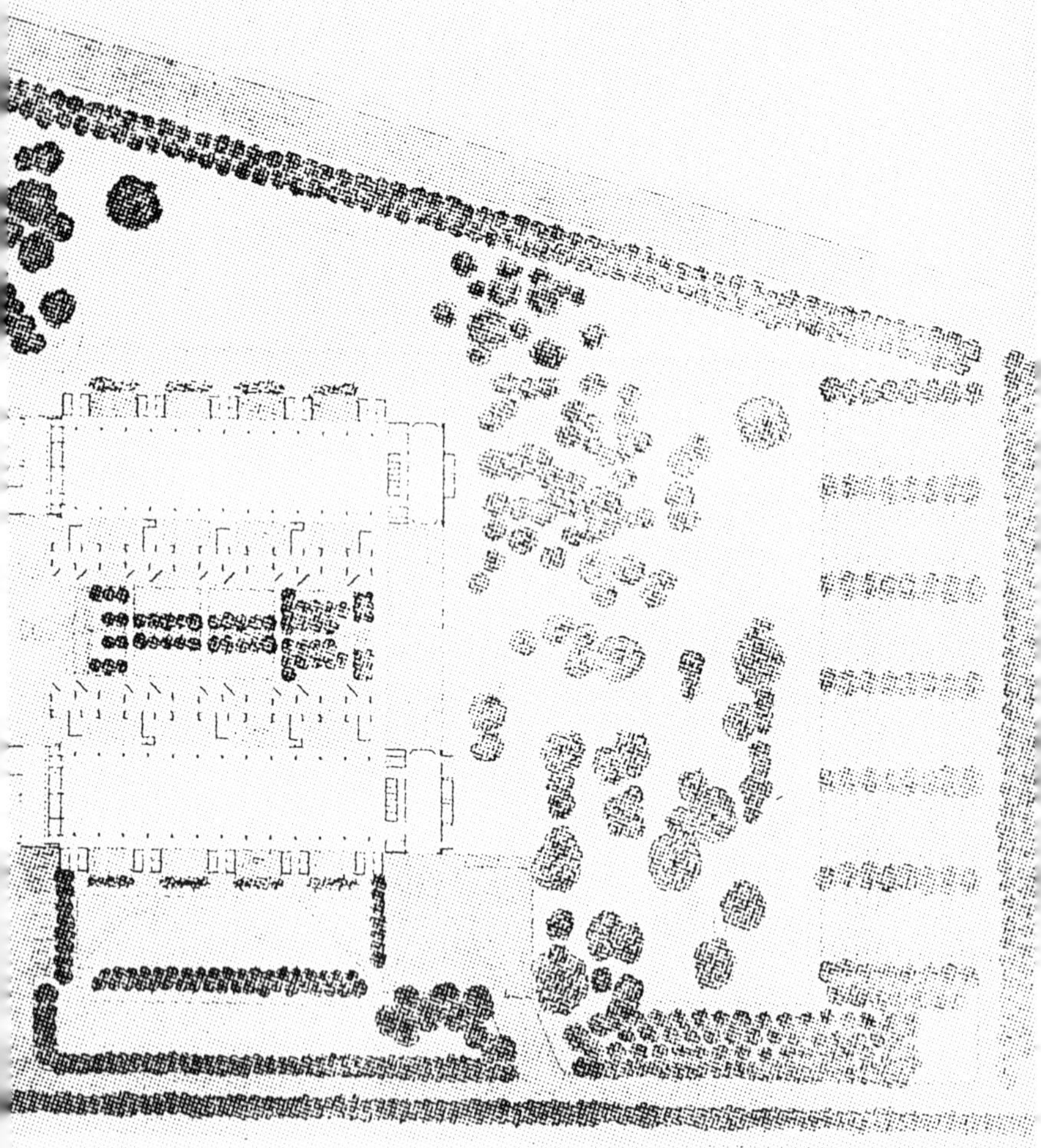

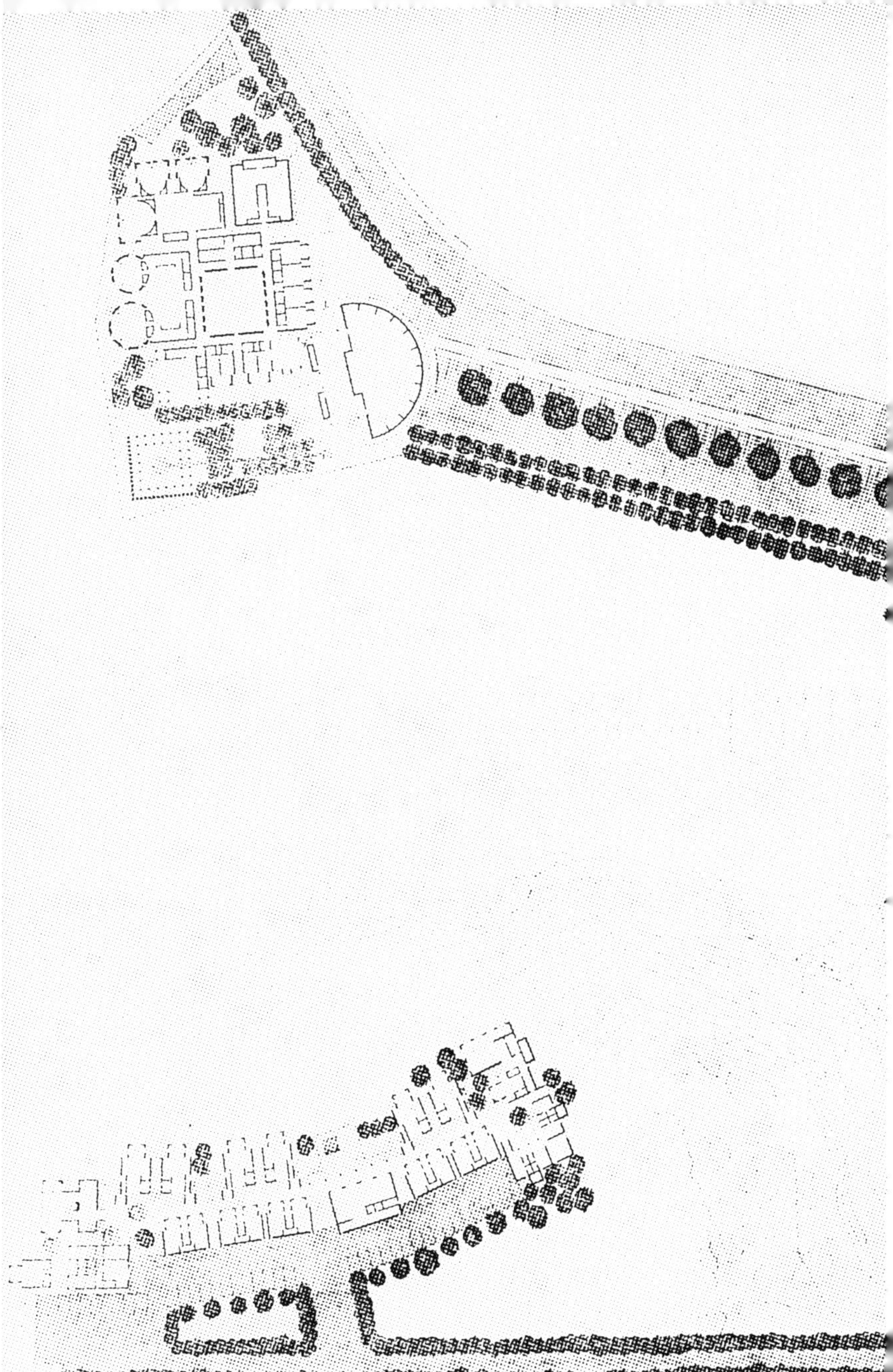

中庭と回廊について話しますが、「ソーク研究所」はあの構成を、自然の規模、いや、ほとんど地球的な規模で実現しようとしたんじゃなかったのかと。修道院の中庭に当たるヴォイドは、「ソーク研究所」の場合には急傾斜の谷で、ヴォイドを取り巻いている回廊の列柱は、幹の位置まできっちりと描き込まれている樹木の幹による列柱でしょう。しかしこのヴォイドは、四周を建物が取り囲むロマネスクの閉鎖的な中庭と違って、一方は海のほうに、つまり外部に向かって開かれているんです。

図面を見ればすぐ分かるとおり、配置は三つのブロックによって構成されていて、ブロックはそれぞれ、V字の谷に向かい突き当りに研究室棟、その谷を挟んで左翼に集会室棟、右翼に住居棟という配置です。両手を広げて谷を抱きとめるような配置だね。ロマネスクの修道院では、回廊を介して、中庭（ヴォイド）の周りに教会や食事室や寝室などが配置されているんですが、「ソーク研究所」の場合には谷（ヴォイド）の周りに、緑の回廊を介して、研究室棟と集会室棟と住居棟が配置されている。この配置計画が魅力的なのは、それぞれのブロックのデザインの考え方が、ブロックごとに極めてくっきりと違うこと。同じ単位を繰り返すとか、相似形で調子を整えるようなことはせず、三つとも形態も性質もまったく異なるものにしている。ひとつながりの仕事でここまで違うようにはなかなかできないものですよ。オムニバスみたいにバラバラになってしまうからね。でも、そうはならないすれすれの隔たり感だね。その意味でなら、ロマネスクをはるかに超えているんじゃないか。そのコントラストがまさに現代性なんだけれど。

これだけ違うそれぞれのブロックを見比べていると、建築としての秩序のあり方を、この三つで試したのではないかという気がします。直感ですが、「点」「線」「面」という性質。ワシリー・カンディンスキーの絵画論に『点と線から面へ』というタイトルがあったように幾何学の本質だね。建築の幾何学をこの三つでいっぺんにテストしようとする野望が、カーンの頭にあったのではないかな。というのも、のちのかれの作品はみな、ここでテストしようとしたアイデアのどれかがもとになっているような気がするんですよ。

三つのブロックはそれぞれ、「面」が集会室棟、「線」が研究室棟、「点」が住居棟として割り振られているんじゃないかと思うんだ。集会室棟は、「面」のなかにいくつものホールやルームの要素がばらまかれていて、それらを繋ぐ空隙に関心が向いている。形態と空隙の関係をいろいろと試行錯誤しているたくさんのエスキースが残されています。また住居棟は、住居単位である「点」をどう繋ぐかがテーマだったみたいだね。小道沿いにリニアに繋げたり、いくつかの群にしてみたり、こちらもエスキースを調べるといくつかアイデアがあったことが分かります。ところがこの集会室棟と住居棟は、残念ながら実現しなかった。結局、実現したのは研究室棟だけ。全部できたらきっとものすごいことになったんでしょうけれど。でもこういうことは建築ではよくあるんだよ。だからそれを嘆くより、全体の三分の一にすぎない研究室棟だけで、驚くべき建築になりえているということのほうを十分に分かってほしい。できていない部分が、研究室棟に見えない力を与えているということだね。あれだけ大きな構想で考えていたからこそ、研究室棟はまれに見る傑作になったんだよ。気合いが違うわけです。

さて、唯一実現して現在見ることのできる研究室棟だけれど、これも何度か劇的な変更を経て、現在の最終案に辿り着きます。研究室棟が「線」であるというのは、二棟の研究室棟が両側から挟んでいる中庭、というか広場が、方向性を持った「線」だからです。でも、ここでの「線」の射程は途方もなく長い。現場に立ってみてよく分かったんだけれど、「線」が向かっているのは広大なヴォイド。つまり「線」は谷から海へ、そして無限遠点にまで延びているんですね。先に結論を言ってしまうと、この研究室棟は間違いなくカテドラルなんですよ。身廊《しんろう》の軸の方向性が、まさにその「線」にほかならない。そして海に向かって開かれている広場が、カテドラルの身廊そのものではないのか。でも、教会と違って視線を受け止めてくれる聖壇がないから、ここでの「線」はどこまでも無限に延びていく。なんなら宇宙まで。だから、海そのもの、ヴォイドそのものが聖壇なのかもしれないね。そして宗教施設なら聖壇や祭壇が置かれるはずのスペースは、容赦なくバッサリと切り落とされている。海側に一階分ほど下がったレベルから広場を見上げると、石とコンクリートが重なった断面のディテールが、広場が途中で切断されていることを教えてくれる。頭部が切断された身体みたいに［240頁］。そこには広場中央の水路を流れてくる水が落下している池があります。広場＝身廊からは視界の下になるので見えないけれど、このプールは断層のずれによって海のレベルに近づいた聖壇ではないかな。聖域をヴォイドへと開放したようにも見える。こういうアイデアがどういう経緯で生まれたのかは分からないけれど、でも、カーンがユダヤ人であったこととと無関係だったとは思えないような気がします。

亡命建築家の場所と時間

カーンは一九〇一年生まれ。キャリアも国籍もアメリカだけれど、重要なのはエストニアでユダヤ人として生まれたこと。母親はラトビアのひとだったそうです。バルト海に面したエストニア、ラトビア、リトアニアをバルト三国って言うよね。いまは独立しているけれど、当時はツァーの支配するロシア領だった。ところがカーンが六歳のとき、家族はアメリカに亡命することになる。ロシアには根強く反ユダヤ主義があったんだね。近代になってはじめて一民族、一国家、一言語を国の単位とする枠組みができてくる。それが近代の国民国家ですけれども、これは極めて強引な意味づけです。

だって一つの国家といったって、普通はそこに複数の民族が共存しているものですからね。島国の日本ですらそうなんだから、国境を接しているヨーロッパならなおさらです。とくにユダヤ人は長いあいだ、国土を持たずにヨーロッパの広域に分散して居住してきた経緯がある。それを抹殺しようとしたのはヒトラーのナチスばかりではなかった。ロシアではポグロムという民族浄化を意味する言葉があったほど。要するに、村じゅうでユダヤ人をリンチするとか、争乱に乗じて殺すとか、とんでもなく野蛮なことがあったんですよ。ユダヤ人排斥はほかの国にも見られたけれど、ロシアはそうとうにしつこいほうだったから、ユダヤ人にとっては極めて居心地が悪いし、命も危なかった。それにカーン一家はユダヤ人でも、ロシアとはまた違うバルト三国のひとつだったから、二重に差別的な状態に置かれていたんじゃないかな。国民国家の台頭とともに、十九世紀末あたりから激化するポグロムから逃れようと大量のロシア系ユダヤ人がアメリカに亡命します。ドイツのナチスはまだ登場していない段階で、ミースのアメリカ亡命の三十年以上も前のこと。ロサンゼルスやニューヨーク、そしてフィラデルフィアにも多くの亡命者が渡ってきた。カーンもその一人というわけです。二十世紀も八〇年代になればユダヤ人建築家も珍しくなくなったけれど、このころはあまりいないんじゃないかな。

カーンの場合、同じ亡命とはいってもミースのように最初から巨匠として迎えられたような恵まれた亡命とはまったく違う。それに、誰かが迎えてくれたわけではない。現在のシリア難民とあまり変わらないよ。だからアメリカに渡ってからもそうとうに苦労した。カーン一家は貧困の只中で亡命したんだからね。それでバイトをして生活の足しにしていたんだそうです。カーン少年はオルガンが上手だったので、それでなんとか食いつなぎ、ちゃんとした建築教育を受け、少しずつ建築家になっていくっていう、それはもうたいへんな苦労話なんですね。亡命者が苦労するのはなかなか仕事にありつけないからです。言葉の問題も大きいが、そもそも基幹産業は昔から住んでいる民族に独占されているわけで、そもそもユダヤ人が働けるような余地がない。金融業や画商業や映画産業にユダヤ人が多いのも当時はそれらが隙間産業だったからなんですよ。そんななかで、カーンは基幹産業に属する建築に向かう決断をしたんだね。たいへんなハンディキャップがあったにもかかわらず、建築の道に進めたのは、きっとカーンが絵の才能に恵まれていたからだと思う。カーンの絵のうまさはル・コルビュジエやミースのレベルじゃないよ。れっきとした画集が出ています。それを見るとプロの画家として通用するくらいの腕前だったことが分かる。単に描写力があるということではなくて。

ユダヤ人で建築家になるということは、ほかの民族で建築家になるのとは意味合いが違うような気がします。というのも、先ほど触れたようにいろいろな歴史の経緯から、ユダヤ民族にとっては無条件に帰属できるような「場所＝故郷」がなかったから。場所の代わりに「言葉」が自分たちの故郷であるとさえ言われるくらい。日本列島を風土としてイメージしてしまう日本人の帰属意識とは違って、はるかに抽象的で無場所的な。ところがその一方で、建築にとっては、原理的に「場所」がすべての始まりとも言えますね。建築の場所性とユダヤ人の無場所性。ユダヤ人が建築家になるということは、ぼくの想像だけれど、どこかでこの根本的なジレンマに向き合うことになるんじゃないのかな。しかもカーンの場合には、ユダヤ人であっただけではなくて、家族が何代にもわたって生活してきたエストニアから遠く離れたアメリカを活動の拠点とすることになったのだから、なおさら場所をめぐるジレンマを引き受けざるを得なかったのではないでしょうか。場所性を喪失したなかで建築は可能か、という重たい問いが常にある。

そう思ったのも、カーンがとりわけ廃墟に深い関心を寄せていたから。カーンが言うには廃墟こそが建築なのであって、建物が使用されているあいだは人間に抑圧されているために建築になれない状態なんですって。これはかなりヤバい発言だよね。だって建築は人間が使うためにあると

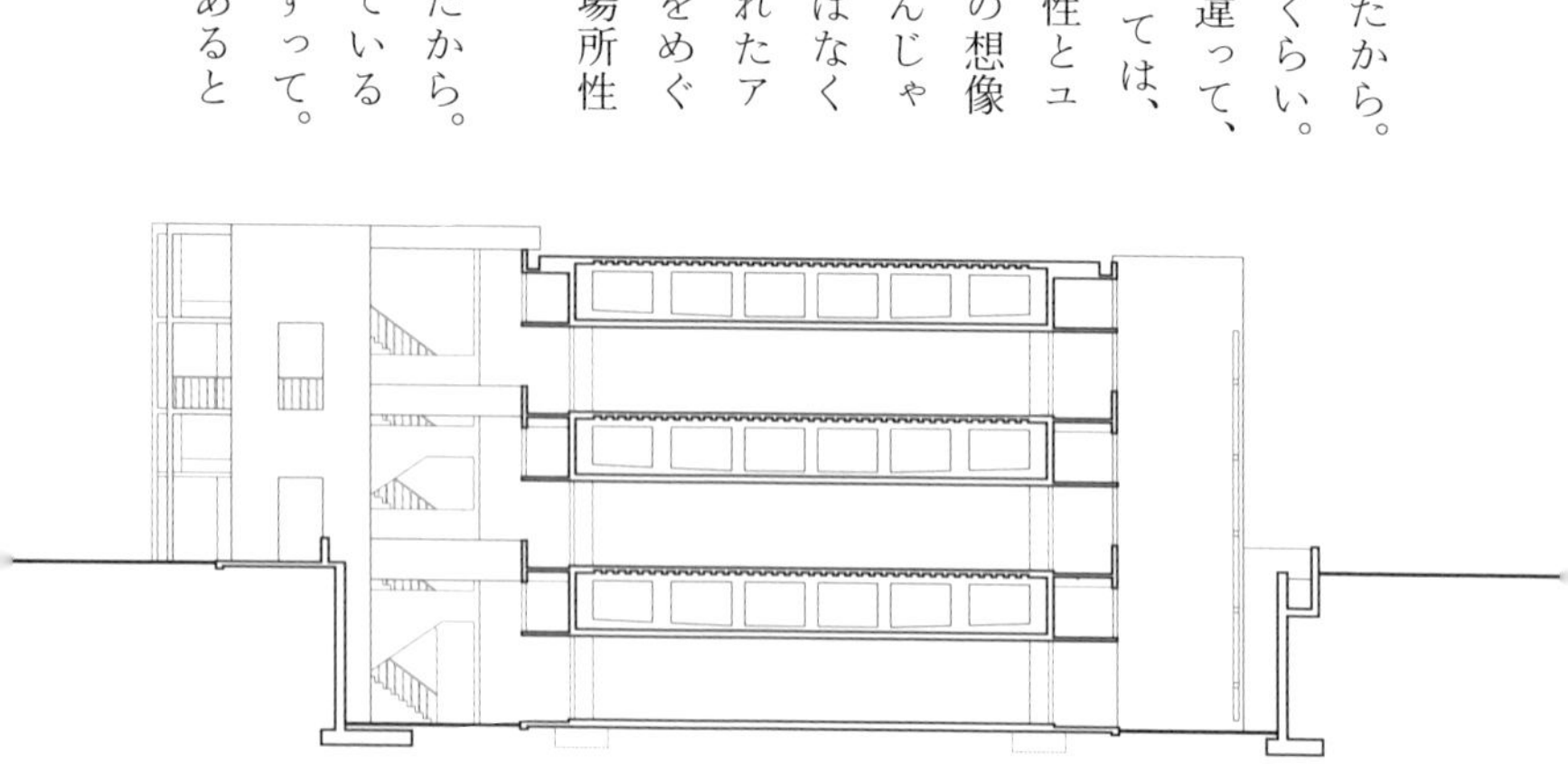

思うのが普通でしょ。ところがカーンは、建物が建築になるのは人間が出ていってしまったあとに残された廃墟においてだ、と平気で言ってしまうんですよ。カーンの作品のどれにも、近代建築とは異質な廃墟的な雰囲気が強く感じられるのも、カーンの建築が「場所」を基盤とするのではなく、むしろ「歴史」という時間を基盤としていたからではないか。「ソーク研究所」のコンクリートは硬くて密度も高く、まるで石。それも建築資材として使われた石よりも、もっと山のなかの原石みたいなんですよ。だって石は現代ではどうしても貼りものでしかないでしょ。コンクリートは無垢だからね。ただしそのためには石と同等、またはそれ以上の肌理をコンクリートで実現する必要があった。そして型枠の継ぎ目は、現場ではとんでもない手間だったと思うんだけれど、驚くことになんと出目地。その出目地は時間の経過とともにところどころ欠けている。ギリシャの柱のフルーティング（縦じま）が長い年月を経て欠けているように。カーンはそこまで考えている。そんなディテールもこの建物に早々と廃墟に至る時間をあらかじめ加えているんじゃないかな。

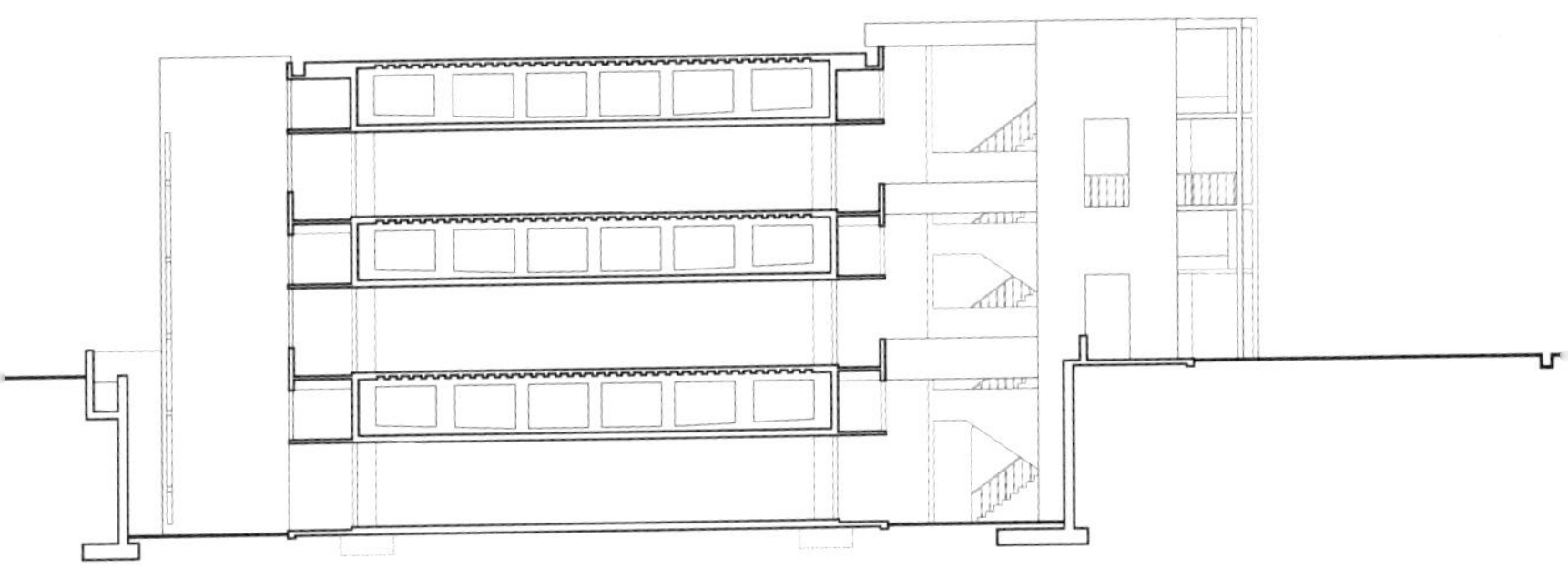

5-2

海へ向かう身廊

研究室棟で最も重要なのはこの断面図です［図5-2］。一見すると六層に見えるけれど一層おきに設備フロアがあるので二層一組を一階分とする三階建て。設備フロアには生物学の研究に必要な多種類のガスなどを送る夥しいパイプ群が収められているんだけれど、同時にこの階は構造階でもあって、設備フロアの階高全部が、ポストテンションを使って短辺方向に架けたフィーレンデールの大梁になっている。だから、その下に展開する研究フロアには床を支持するための柱も壁もない。

この断面図のもう一つの特徴は、先ほど指摘したカテドラルの身廊に相当する中庭＝広場。ドライエリアを大きく取ることによって地下レベルをグランドラインとしているから、この広場はちょうど建物の二階のレベルに当たるわけだね。以前にアールトの「セイナッツァロのタウンホール」の中庭が二階のレベルにあることがどんなに効果的だったか話したよね。あのレベル設定によって、外部から見た大きなスケール感と中庭で感じる小さなスケール感を劇的に変えていたでしょ。それが「ソーク研究所」の広場でも同じ効果がさらにスケールアップして生まれているわけ。カテドラルの身廊に当たる中庭＝広場を挟んで平行に研究棟が二棟、シンメトリーに向かい合って建っているんだけれど、建物全体の巨大なスケール感と、中庭＝広場に足を踏み入れたときのスケール感が大きく異なってまるでもう別次元に踏み込んだみたいだった。

カテドラルと思わせる理由は、身廊と聖壇の関係だけではないんです。この図面を見てください。アッシジのサン・フランチェスコ聖堂の平面図です［図5-3］。ここにはジョットの壁画をはじめ、シモーネ・マルティーニなどの素晴らしいルネサンス絵画がある。クライアントのジョナス・ソーク氏も大好きだったようだし、カーンも若いころのスケッチブックに写生しているくらいだから［図5-4］、これが研究所をつくるうえでのクライアントと建築家の共通イメージであったらしい。修道院全体は大きい建

5−4　出典＝"*The Paintings and Sketches of LOUIS I. KAHN*", RIZZOLI, 1991

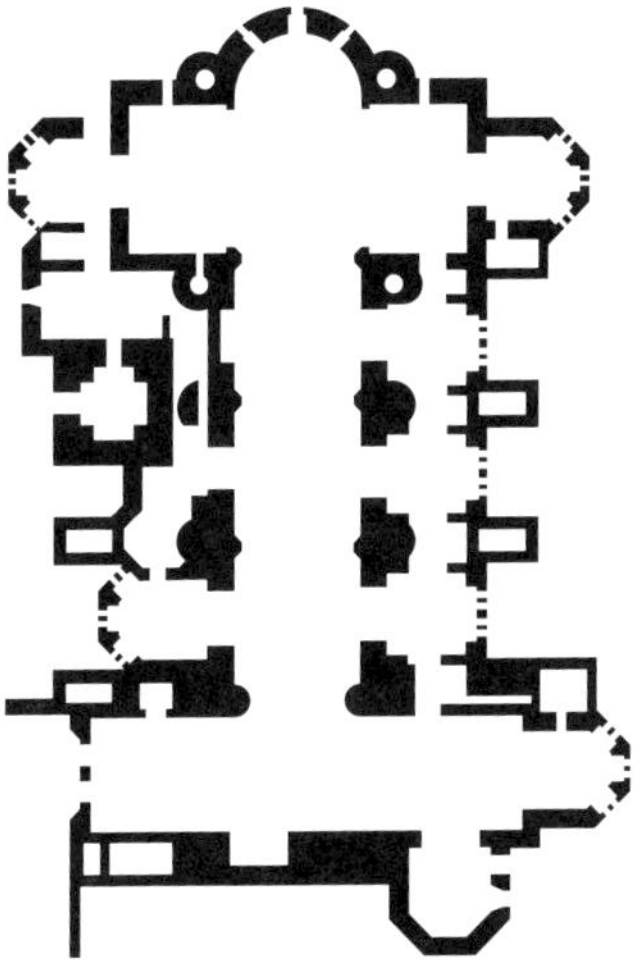

5−3

物だけれど、この平面図の聖堂は、その修道院の一角に組み込まれるように建っているんですが、ところでこの聖堂の平面図と「ソーク研究所」の広場の平面図を見較べて気づいたことは、じつは、「ソーク研究所」の広場はまさにこの聖堂の平面図をもとにして考えていたんじゃないかということだね。聖堂の図面には身廊を挟んで太い四本の柱が二列、合計八本見えるよね。交差ヴォールトを支える石の柱が、多角形というか不整形でそこは真っ黒に塗りつぶしてある。カーンはこの柱を「ソーク研究所」の広場でもつくろうとしたんですよ。広場を身廊にするためにはなんとしてもこの柱が必要だった。「ソーク研究所」では、五本の柱が二列になっていますが［図5-5］。

この広場の写真は多いんだけれど、どんな写真家が撮ったものでもほとんどが晴れた日の写真ばかり。ぼくはこれに違和感があったのね。そこでぼくは曇るのをかなり長いあいだ粘って待っていた。そしてやっと日の陰ったときに撮ったのがこの曇天の写真です［244-245頁］。この写真を見ると、この柱が天蓋を支えている感じがよく分かるでしょ。その柱に該当するマッスの部分を、研究者が瞑想するスペースにしているのも興味深い。柱の断面のなかを部屋に使うというアイデア。マッスをヴォイドに反転させているんです。いまの常識で考えると広場は社会的なものだから、そこに出てくればより集団的になると思っちゃうのに、ここでは反対。この広場はひとがわいわい集う場所ではないんです。人間が一人になる場所。確

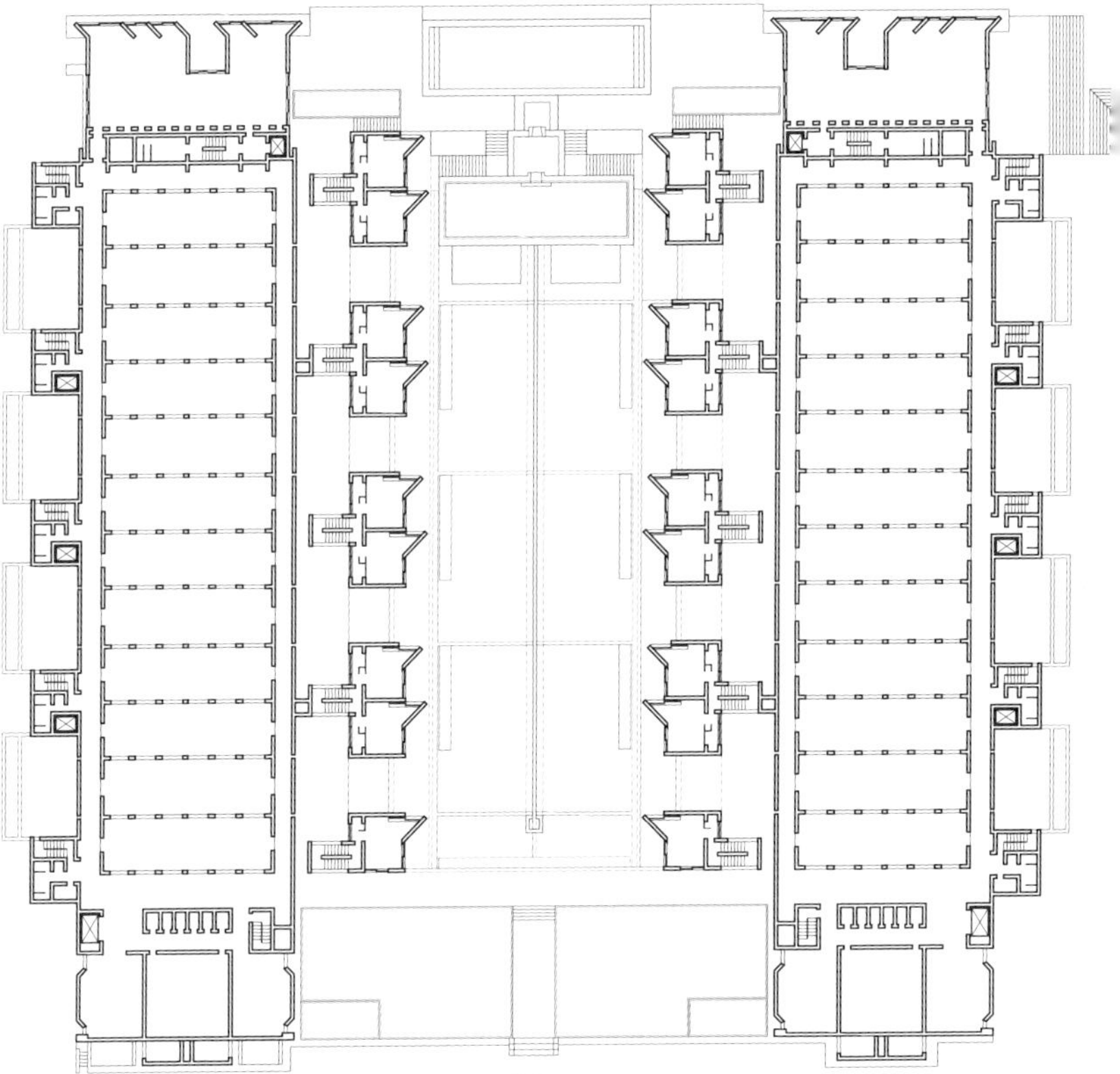

5-5

信犯的に反社会的だね。個人としての人間の最も奥にある部分が、人間の外部と出会う場所、それがこの広場の目的であると言ってもいい。孤独と沈黙が広場に差し出されているんだね。そして、この広場の階の柱が並ぶ空間は、身廊に並行する側廊《そくろう》ということになる。

というわけで、この広場は、まさにカテドラルそのものずばりだ、と言うことができそうだね。それはベタなくらい。唯一違うのは聖壇らしきものが見えず、その代わりに無限の水平線がある。広場を石と水だけにしたのにはルイス・バラガンの助言があったとカーン本人も言っているけれど、自分で思っていたことを代わりにバラガンの口から言ってもらったようにもぼくには思えるんだ。

若いころのカーンは、低所得者のためのアパートや住宅を地味にこなしながら、近代建築を横目でしっかり見ていたんだね。年齢は巨匠たちと同じか、若いとしてもせいぜいひと回り程度しか違わないんだから。そして、近代建築が第二次世界大戦後、その追随者たちによって消費され、使い尽くされたときを見計らって、はじめて現れたように思えるんです。世界が終わってしまい、すべてがいちどゼロになったあと、そこではいったいなにが生まれるのか。この困難な精神の問いに対して一つの答えを出してみせた、巨匠にしてしまうにはもったいない、ますます今日的な作家ではないかと。

マラパルテ邸

6

アダルベルト・リベラ／クルツィオ・マラパルテ

6

Villa

Malaparte

1938

世界の外に放り出された部屋

前回のルイス・カーンを終えて、これで五人の建築家について話したことになりますね。ところが六人目、イレブンのちょうど真ん中にあたる今回に限って、作家は一人の建築家に特定できない。また、今日の講義にはひとの名前がいつもよりはるかにたくさん出てきます。ちょっとこんがらかってしまうかもしれないけれど、ここに登場するどの人物も、これから話そうと思っている建築とどこかで繋がっていると思うんですよ。そんな建築が「マラパルテ邸」。登場人物が多すぎて作家はほとんどアノニマス状態。この住宅のクライアントがクルツィオ・マラパルテというひとだったので、とりあえずこの住宅にはかれの名前がついているけれどね。

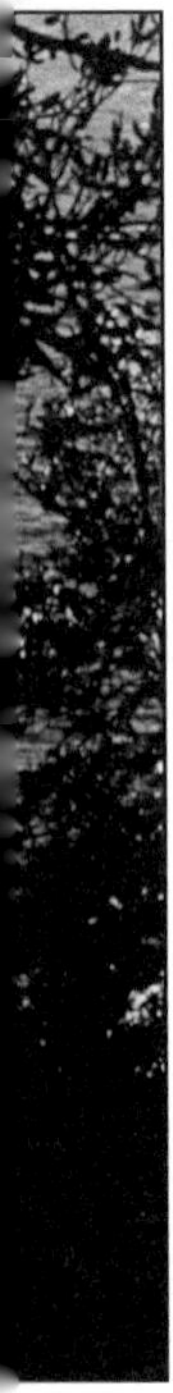

でも「マラパルテ邸」とはいえ、「邸」よりむしろ「荘」の感じかな。だいたい、住宅でありながら、生活感は皆無だからね。むしろ、すべてが満たされたユートピアを建築によってつくり出そうとしたアンドレア・パラディオの「ラ・ロトンダ（ヴィラ・アルメニコ）」に連なるもの、と考えたほうが分かりやすいんじゃないかな。でもこの「ヴィラ・マラパルテ」は、「ラ・ロトンダ」の対極にある建築なんだ。ユートピアの行き止まり。あるいは、ユートピアが始まりの段階で切断されてしまい、その中枢部分が投げ捨てられてしまった抜け殻、ユートピアの残滓とでもいうか。

この住宅をいったい誰が設計したのかと聞かれても、明快に答えられないんですよ。最初の設計から工事の終わりまで一貫して携わっていた建築家はいなかった。クライアントのマラパルテがいろいろ口を出したことが大きな原因なんだけれど、誰がどこまで責任をもって考えていたのかほとんど不明。だからこの作品の作者は誰かと聞かれたら「匿名」と答えるのがふさわしいんじゃないのかな。行き当たりばったりでやっているうちに、とうとう最後にこうなってしまったというような建築だね、まるで。孤児みたいな建築。身寄りのない孤児のような建築の魂が、行き場が見当たらずに空中をふわふわとあてどなく彷徨っていたところを、マラパルテの思いつきがきっかけで地中海のカプリ島に着地し、そして変な形をもったわけですよ［図6-1］。数年はマラパルテが住んでいたけれど、第二次世界大戦後には

6-1

かれも死んでしまい、すっかり忘れ去られてしまった。マラパルテは当初、この住宅の設計をアダルベルト・リベラに依頼している。ところがリベラはローマに君臨するバリバリのファシスト建築家だった。戦後しばらくファシストは肩身が狭かったので、それもこの建築が表に出てこなかった理由でもあった。晩年のマラパルテの交友関係から、中国共産党が一時所有していたこともあったらしい。

そんな、いわば不幸な境遇にあったこの建築にスポットライトを当てたのは、建築家ではなく、なんと映画監督だった。それがジャン＝リュック・ゴダールです。孤児を救い出したという意味では、建築はゴダールに感謝しないといけないね。ゴダールという作家は、ほかの映画監督に較べて、建築への感受性が極めて高いんですよ。ゴダールの映画は物語があるようで、ないようで、結局はよく分からない。だから、ときとして、ものすごく退屈。爆睡しちゃう。けれど、そんなとき、ふと、画面に映っている都市や建築のほうに注目すると、ショットもアングルもじつにすごいことに気づくんです。そう思った途端、眠気が一気に吹っ飛ぶ。映画にはときどき建築が人間を押しのけて主役を張っている作品があって、ぼくはそれを勝手に「建築映画」と呼んでいるんですが、そのジャンルのなかで、「軽蔑」は明らかにベスト作品のうちの一本です。でも「軽蔑」は、ゴダールにしては珍しく物語があるのでそんなに眠くはならないよ。

ぼくが「マラパルテ邸」という建築に最初に出会ったのは、建築の作品集や雑誌ではなく、この映画のなか。しかも、この映画を観たのはぼくがまだ大学に入学する前だったので、後日、まさか自分が建築の仕事につくとは思ってもいなかった。授業をサボって真っ昼間に観たような記憶があるんですが、なんだかヘンテコな建築が出てきたなという印象は強くあった。眼球のところだけ原色のペンキで塗られた白いギリシャ彫刻が、青空を背景にしてアップで映されていた場面からも、なにをしでかすか分からないような異様なインパクトを感じた。昼間に映画を観て映画館を出てくると、外がまだ明るかったりしてしばらく立ち眩みみたいになるでしょ。映画「軽蔑」の体験もちょうどそんな感じだったね。ゴダールの作品としても観たのがまだ三本目。そののちにあれだけいろいろな作品を撮り続けるひととは思っていなかった。それからだいぶ時間が経った一九七〇年代の後半ごろになってから、イタリアの建築雑誌などがファシズム期の建築を特集するようになる。大学の研究室でそこに載っていた「マラパルテ邸」を見つけて、「あっ、これは、昔映画で観たあの変なアレじゃないか」と思い当たったわけです。あのときの真昼の立ち眩みの気分と一緒にね。

ムッソリーニの建築戦略

では、ゴダールが「発見」するまで、なぜこの建物が長らく無視されていたかといえば、先ほどもちょっと指摘したように、戦前から戦後にかけてのイタリアにおける政治の激変に原因がある。この時代のイタリア建築について語ろうとすれば、必ずファシズムの問題に直面する。ここで注意しておきたいのは、ヒトラーのナチス・ドイツとムッソリーニのイタリアとは同じ独裁体制とはいっても、そのやり方はかなり違うこと。イタリアのファッショ化は、ドイツに較べてかなり早くから始まったんですよ。一九二二年にはムッソリーニの独裁体制がすでに確立していた。ところが文化政策の面ではドイツよりもかなり緩かったんです。それは建築に限らず、芸術全体でそうだった。ファシスト政権下でありながら当時のイタリアのアーティストの亡命者がドイツよりはるかに少ないのは、ファシズムの体制下であっても、自分のやりたいことがまだある程度できたし、戦争が終わってしまえばもっと自由にやれるという幻想があったから。だいたいイタリアは、一九四〇年にフランスとイギリスを相手に参戦したときにはまだ、短期決戦で決着がつくものと思っていたらしいからおめでたい。もっとも日本だって、真珠湾を奇襲してアメリカと開戦したときも一年以内に決着するつもりだったそうだから、似たようなものだけれど。強権的な国家の、いわれなき自信と楽天性は他人事じゃないね。

当時のイタリアの建築には、大きく見れば二つの流れがあった。一つは無装飾のいわゆる「合理主義」の建築。もう一つはローマというイタリアの伝統様式を現代化しようとする、いわゆる「折衷主義」の建築。前者はジュゼッペ・テラーニや「マラパルテ邸」にも関わったリベラ、後者は当時のイタリア建築界の大ボスであったマルチェロ・ピアチェンティーニらに代表されていた。ピアチェンティーニなんて誰も知らないでしょ。知らなくてけっこう。でも、当時はジャーナリズムに出まくっていた大メジャーですよ。ぼくはこのひとの作品を見ると思わず、一九八〇年代に大流行した「ポストモダニズム」のなかで大はしゃぎしていた建築家たちを思い出してしまうんだ。しかもピアチェンティーニは当時、建築アカデミーに属していて独裁者ムッソリーニにべったり。ドイツのアルベルト・シュペーアみたいなお抱え建築家ではないとはいえ、実態は似たようなもので、建築の諮問機関に属し、特権的にムッソリーニとの謁見が許されていた。いまの日本にだって流れに乗った政治家に目をつけて、その横にいつも出没する建築家がいるでしょ。まあ、あんなもんだね。

この「合理主義」と「折衷主義」という二つの流れはあちこちで対立し、ジャーナリスティックに論争はしていたけれど、でもドイツとは異なり、さほど排他的にはならなかった。

ドイツでは、ナチスが政権を取った一九三三年以降、ドイツ帝国の建築様式が決められてしまい、ほかの選択肢はなかったからね。ではどんな様式なのかといえば、カール・フリードリヒ・シンケルの「ネオクラシシズム（新古典主義）」あたりをベースにして、さらにスーパーサイズ化させたのが基本です。

なかなか「マラパルテ邸」にまで行きつかないね。でも建築の政治的な背景を知らないと、「マラパルテ邸」というあの変な建築の面白みが分からないので、ここはもう少し続けます。

さて、ヒトラーは若いときに建築家になりたかったけれど、結局はなり損ねて挫折した男で、建築に異様な執着を示していたんですが、その点ではムッソリーニも負けちゃいなかった。しかも、ドイツとイタリアはファシスト同士で表面上は仲よさそうにしていながら、腹の底では張り合っていたんだよ。マッチョ同士は仲が悪いもの。どちらも相手をばかにしていたし、いずれは相手を潰すと考えていた。ムッソリーニから見ればドイツなんてダサイ田舎者の国。なんといってもイタリアには、ローマ帝国の伝統があるんだから怖いものはない。でもヒトラーはもっと壮大な計画を始めていた。一九三三年に取りかかったベルリン改造計画です。とんでもない道路幅の軸をベルリンに通して、そこに、これもまたばかでかい国民会議場（フォルクス・ハレ）を建てるつもりだった。サン・ピエトロ大聖堂が十六個も入るという。まあ、この発想がそもそも田舎くさいけれどね。規模だけそれと比較したらムッソリーニの都市なんかちっぽけな断片でしかない。イタリア帝国は地中海を制覇し、そのあとはせいぜいインド洋とアフリカ辺りまでの射程であったのに対して、ナチス帝国が考えたのは地球全体の制覇だった。まさに究極のグローバリズムだね。大風呂敷の広げ方では誰にも負けないというわけ。まあそのたった数年後には、幸いなことに、両方とも仲よくぽしゃっちゃったけれどね。

ムッソリーニは、なかなか戦争に向き合おうとしないイタリア人を、建築を使って根本的に改造しようと考えていた。神話と建築を使って大衆をファシズムに教化しようとする戦略。「建てよ！ そして戦え！」がスローガンだったと『建築家ムッソリーニ』（パオロ・ニコローゾ著、桑木野幸司訳、白水社、二〇一〇）という本に書いてある。建築と戦争がガチでセットになっているんだ。この連続講義の最後で、コモに「カサ・デル・ファッショ」をつくった建築家、ジュゼッペ・テラーニを取り上げるけれど、『建築家ムッソリーニ』によるとムッソリーニは「カサ・デル・ファッショ」をイタリアじゅうに建てる計画で、その予定総数はなんと約七千棟。一九三八年から一九四〇年のたった三年間で九百五十棟もの建設が予定されていたそうだよ。そしてその着工式から竣工式まで、ムッソリーニはまさに巡礼のように足しげく出向いて、徹底的な宣伝工作を行なった。その機会に、町じゅうのファッショ党員を総動員してセレモニーを行なう。訴えるのは「国民と総統との絆」。ほら、東日本大震災後の日本と同じで、やっぱり「絆」が出てくるんだよ。こういう言葉にはきみたちも十分気をつけたほうがいいね。

いま見るとムッソリーニの演説はオーバーアクションで、そうとう滑稽でほとんどコミックに見えるんですが、それが急速なファシズム化にとっては極めて有効で、新しい再生のメタファーとして建築がなによりも説得力をもった。だから、そこには必ず何人かの建築家を特別に選んで、ありがたそうに連れていくわけですよ。選ばれた建築家のほうとしては、そこに随行できれば仕事がもらえる。だからたいがいの節操のない建築家たちは「政治のミケランジェロ」を自認し公言するムッソリーニに会いたくて、手を替え品を替えアプローチを試みる。あのル・コルビュジエでさえ、会う寸前までいっちゃっているんですよ。ファシスト政権側がル・コルビュジエの作風を嫌って、結局うまくいかなかったみたいですけれどね。でもそのあとも懲りずに、エチオピア侵略戦争でイタリアがアディスアベバに侵攻すると、またもや都市計画の案を携えて、早速アクセスしようとする。戦後は黙りを決め込んでいたけれど、ル・コルビュジエは植民地といえばすぐに名乗りを上げて、出てくるひと。アルジェ計画だってきれいごとが書いてあるけれど、じつはパリを起点にしたフランスの植民地政策を強化するための計画であって、これもアディスアベバの計画と同類だった。この辺の建築家たちははっきり言って政治的に責任おおありだよね。

ところがムッソリーニが失墜して殺されても、しぶといことにピアチェンティーニやリベラはしっかり生き残った。そして自分たちはいつも中立の立場にあって、上から言われたことをやっただけだと弁解する。そしてそのときの逃げ口上はなんだと思う。そう、きみたちの予想どおりで、それは「自分は単なる技術者にすぎない」というもの。陳腐な言い草だ。現実には、情け容赦のない「技術」こそが、まさにイデオロギーなんだけれどね。原発を見てくれよ。

まあ、それは置いておいて、さてファシスト御用達の建築家の一人がアダルベルト・リベラだった。リベラはテラーニと一つ違いの同世代で、ピアチェンティーニの次の世代にあたっていた。「折衷主義」ではなくむしろ「合理主義」の建築家で、テラーニのような天才ではないけれど、それでも、ファシスト建築家にしてはかなりいい作品を残している。テラーニがいくらファシストであるといったところで、拠点はコモというちっぽけな町でしょ。一方のリベラはなんといってもローマなの。ファシストの牙城ですから、メジャーの桁がまるっきり違うんだよ。

E42とその顛末

リベラの作品についてここで詳しく話す時間はないんだけれど、特徴を一言で言えば、「空洞」を空虚なままで提示してみせることではないか。試してみると案外難しいよ。ファシズムやナチズムには誇大妄想的なところがあるけれど、才能のない建築家はそれをもてあましてしまう。巨大さに負けちゃうわけだな。ところがリベラは空洞をなかなかエレガントに提示することができた。建築の世界においては長いあいだ「空間」が議論の中心になってきたけれど、ぼくには「空洞」のほうが面白く感じるんです。空洞の建築史というものがあってもいいんじゃないかな。その先駆者の一人として、ぼくはリベラを見ているんですよ。

戦時にかかる膨大な費用を稼ぐためにムッソリーニは万博を計画し、そのために「E42」と呼ばれる都市を構想した。それは「EUR」と名前を変えていまもあります。そこに建っているリベラの設計した「EUR会議場」は悪くない[図6-2]。屋根が緩い曲率で湾曲している。凡庸な建築家だとこれを単なる球面にしてしまうんですが、リベラはアーチ状に緩く湾曲した四つの曲面による交差ヴォールトを使っている。窓のない大きな壁面の上に緩い曲面が載っていて、その壁の水平線とライズのかなり少ないヴォールトとの隙間がガラスで、唯一の光の採り入れ口になっている。ヴォールトの頂点に向かうほど、そのシェルのスラブの厚さを薄くしているのが緊張感を高めているんだ。そのほうが荷重も減るしね。このコンペにはテラーニも参加していて、それは素晴らしい案を提出していたんですが、じつはこのコンペ自体がインチキで、リベラは「E42」の総指揮を執っていたピアチェンティーニとつるんでいて、コンペが終わりもしないのに、総統の意見を裏でちゃっかり取り入れて、何度

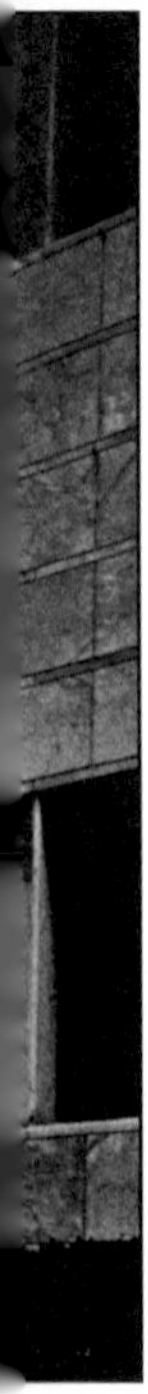

6－2

も変更していたらしいんだね。

現在見られる「EUR会議場」の柱は丸柱なんですが、最初は角柱だった。それを上からの抑圧に負けて、姑息にも丸柱に変えている。丸柱か角柱かがイデオロギーにおける重大な争点だったんだ。テラーニはほとんど丸柱を採用していないんだけれどね。キャリアをスタートさせた若いころのリベラは「合理主義」的な前衛性があったけれど、一九四〇年のころにはもう成り上がりに転じて、時流に合わせた折衷主義的な方向に向かっていたんだね。

テラーニは途中で気がついて、質問状やら嘆願書やらを出したみたいですけれど、まったく聞き入れられないので頭にきている。まあ純情でナイーヴ、つまり大文字の政治のほうはばかだったということになるわけ。でも建築はテラーニのほうが断然いいんだよ。筋の通らない上からの政治を美意識が受け入れないんです。これこそ建築が内発させる抵抗だね。先ほどの本を読んで面白かったのは、政権側に抵抗なく受け入れられていた「折衷主義」サイドの建築家のほうが意外にもファシストとしてははるかに日和見主義で、テラーニなどのように「合理主義」を標榜する建築家のほうが、より徹底的で忠実なファシストだったという点だよ。だから、そもそもファシズムといっても、権力の中枢はコネや金がものを言う世俗的で薄汚い世界なんですよ。本気のファシストの価値観からすればまるで別物。だからそれに気がついたときの幻滅も激しいんです。

テラーニは戦争が終わる直前に変な死に方をしている。この時期のイタリアではほかにも才能のある建築家が何人も死んでいる。悲惨な例をもう一人挙げるなら、建築家であり批評家でもあったジュゼッペ・パガーノ。かれは一九三〇年代の終わりあたりまでは、純正のファシストとして論陣を張っていた。ところが例の「E42」の計画委員会に入って議論しているうちに、インチキに気がついたんだね。そこから打って変わって激烈な政権批判を始めた。パガーノはイタリア人名に名前を変えたクロアチア生まれのユダヤ人であったこともあり、収容所に入れられ、転々と移送されたあげく獄死している。しかしリベラたちは生き残って、戦後しばらくは仕事ができなかったものの、一九五〇年代ごろには設計活動を再開しているよ。でも、晩年のそれらの作品はまったく取るに足りないものです。憑きものが落ちちゃったような。

マラパルテというひと

さて、やっと、このあたりで「マラパルテ邸」に繋がります。ちょうど「E42」が佳境に入っていて、忙しい真っ最中だったローマのリベラのところに、マラパルテからカプリ島に建てる住宅の依頼が入った。リベラはマラパルテの友人だったから。昔はファシスト同士だったので親しくなったんだと思う。リベラはますます盛んなファシストだったけれど、マラパルテはだいぶ前からすでにアンチ・ファシストになっていた。でもマラパルテはリベラに頼んできた。ここがイタリアの面白いところで、イデオロギーが正反対でも友情が優先するようなところがあるんですよ。というか、イデオロギーはそれほど重要ではないのかもしれないね。ファシスト／アンチ・ファシスト、左翼／右翼、前衛主義／伝統主義が境界なく入り乱れている。それはイタリア・ファシズムの文化政策が、ナチスや大政翼賛会などよりよほど寛大だったことに関係しているかもしれないですね。

マラパルテはかなり変わった人物でなかなかとらえどころのない、にもかかわらず自我だけはムチャクチャ強い人物だったみたいですよ、直情型の。いまでいう自己中とはちょっと違うんだけれどね。思い込みが激しくて、自分の気に入ったものすべてを自分に引きつけて、所有したいと思ったらしい。好きな犬がいれば「私のような犬」、好きな家であれば「私のような家」というわけ。とにかく「私のような」を好きなものにつけるのが口癖だった。

若いころには過激なファシストとしてジャーナリズムで活動。政界に出入りして、権力中枢のイデオローグとして幅を利かせていた。政治ゴロというか、まあ黒幕的な。そのまま権力の中枢にまで出世しそうな勢いがあったんじゃないかな。ところが、いったいなにが原因だったのか、急にムッソリーニを激烈に批判するようになります。パリに渡ってヒトラー攻撃の書であったらしい『クーデターの技術』という、いかにもセンセーショナルな本を出版。そしてイタリアに戻ると、こんどはファシストで当時の空軍大臣だったイタロ・バルボの伝記を書き、その一方で伝記の執筆中にどんな秘密を握ったのか、当のバルボを恐喝。それらが原因でリパリ島に流刑となったという説もある。しかし流刑とはいえ、友人のファシスト人脈を生かしてけっこう楽をして刑期を過ごし、流刑が終わるとこんどはなにを思ったのか急に家が欲しくなり、それこそ自分ならではの「私のような家」を手に入れて、そこで隠遁生活を送ろうと思い立ち、カプリ島に土地を購入した。家は苦労のすえ一九三八年に完成。そして戦後の一九四四年には、体験に基づいたヨーロッパ戦線の悲惨さを書いた小説『壊れたヨーロッパ』が大評判になった。翻訳も出ています。原題は崩壊を意味する『Kaputt（カプット）』。まさに二十世紀そのものだね。そんな凄まじい時代を生きたマラパルテが「私のような家」にまでしようとしたこの建築には、目の前で世界が崩落していくときの感覚が深く浸透しているような気がします。

岩と一体になった建築

カプリ島のマッスーロ岬に敷地がある。とはいっても、よくぞこんなところに住宅を建てたものだなと驚くほど、切り立った尾根が細長く海にせり出した岬です。しかも敷地の外周はアクセスする細い道以外は海まですべて絶壁。建物が建つ前の写真を見ると、尾根がまさに馬の背中みたいに尖っているんだよ。敷地ですらなかったと思いますね。そもそも普通のひとだったら、とてもじゃないがこんな場所は手に入れられなかったんじゃないかな。でも、そこはさすがのマラパルテ。裏の人脈を駆使して超法規的な手段で購入し、そして超法規的に建設しちゃった。もちろん無許可で。まあ、ぼくの推測ですけれどね。

この建築が魅力的なのは、ほとんど、ここを敷地に選んだことに尽きていると言っていいです。だから「マラパル

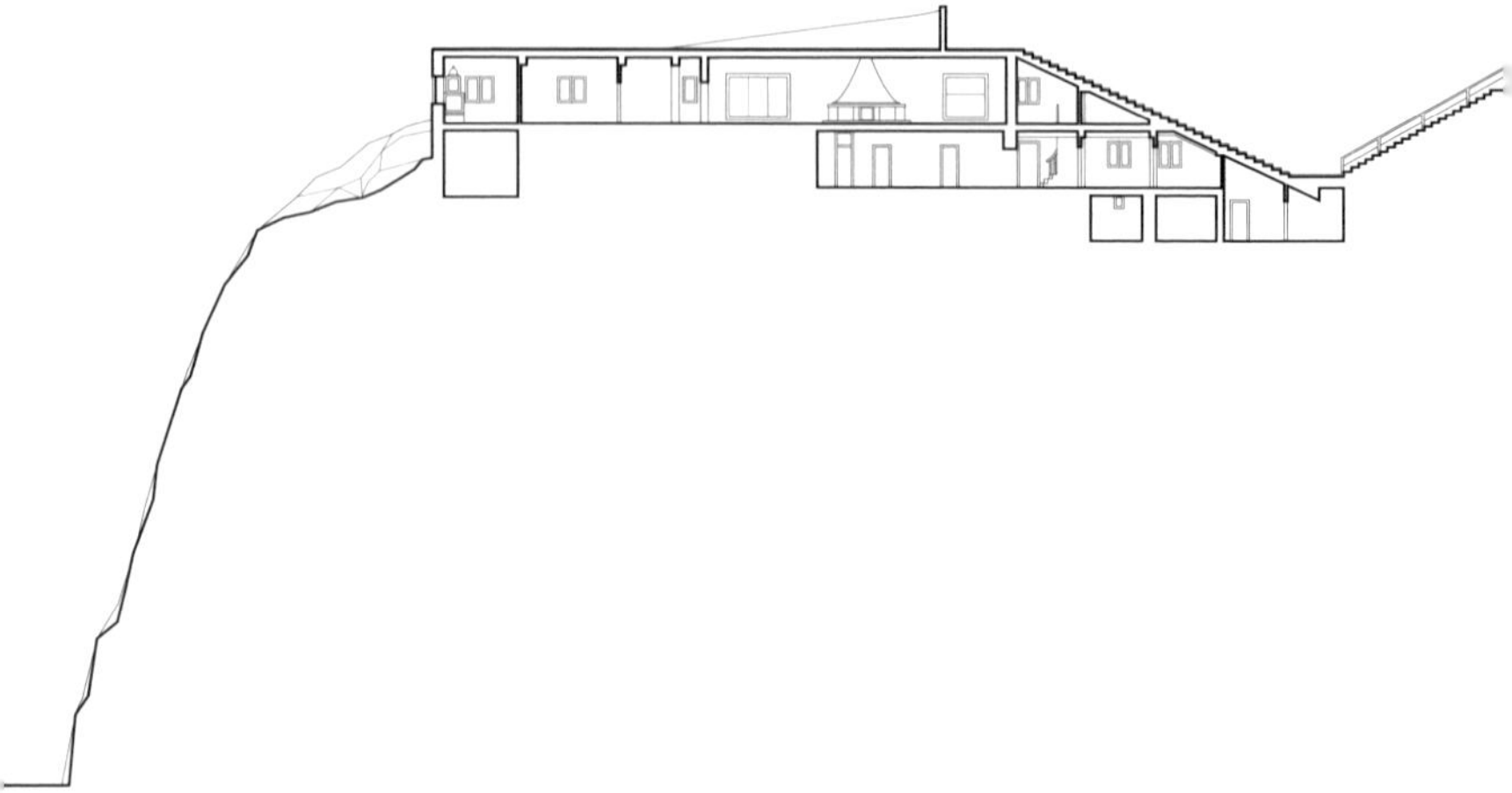

テ邸」は建物だけを見てもダメ。じつは海がGL（グランドライン）なんです。地盤が水面というところがすごいでしょ。そんな建物ほかにないよ。そのつもりで断面図を見てくださいね［図6-3］。見れば分かるように、GLである海面からそそり立つ岩も一緒に建築としてカウントしなくちゃ意味がない。というか、この岩の岬が建築であることを気づかせるために、ささやかな建築をちょっと付け加えただけなんですよ。そのつもりになって断面図を見てください。まるで岩の頂上の一部分を、ほんの少しだけ水平に削り出したみたいだろ。

さて、かつてのファシスト友達ですがいまはアンチ・ファシストを公然と表明するマラパルテから設計の依頼を受けたファシスト、リベラは、例のローマの仕事で忙しかったはずなのに、いちおうちゃんと設計してあげている。それがこの第一次案です［図6-4］。住宅としては悪くない計画案です。現在建っている最終案とはまるで違う案だよ

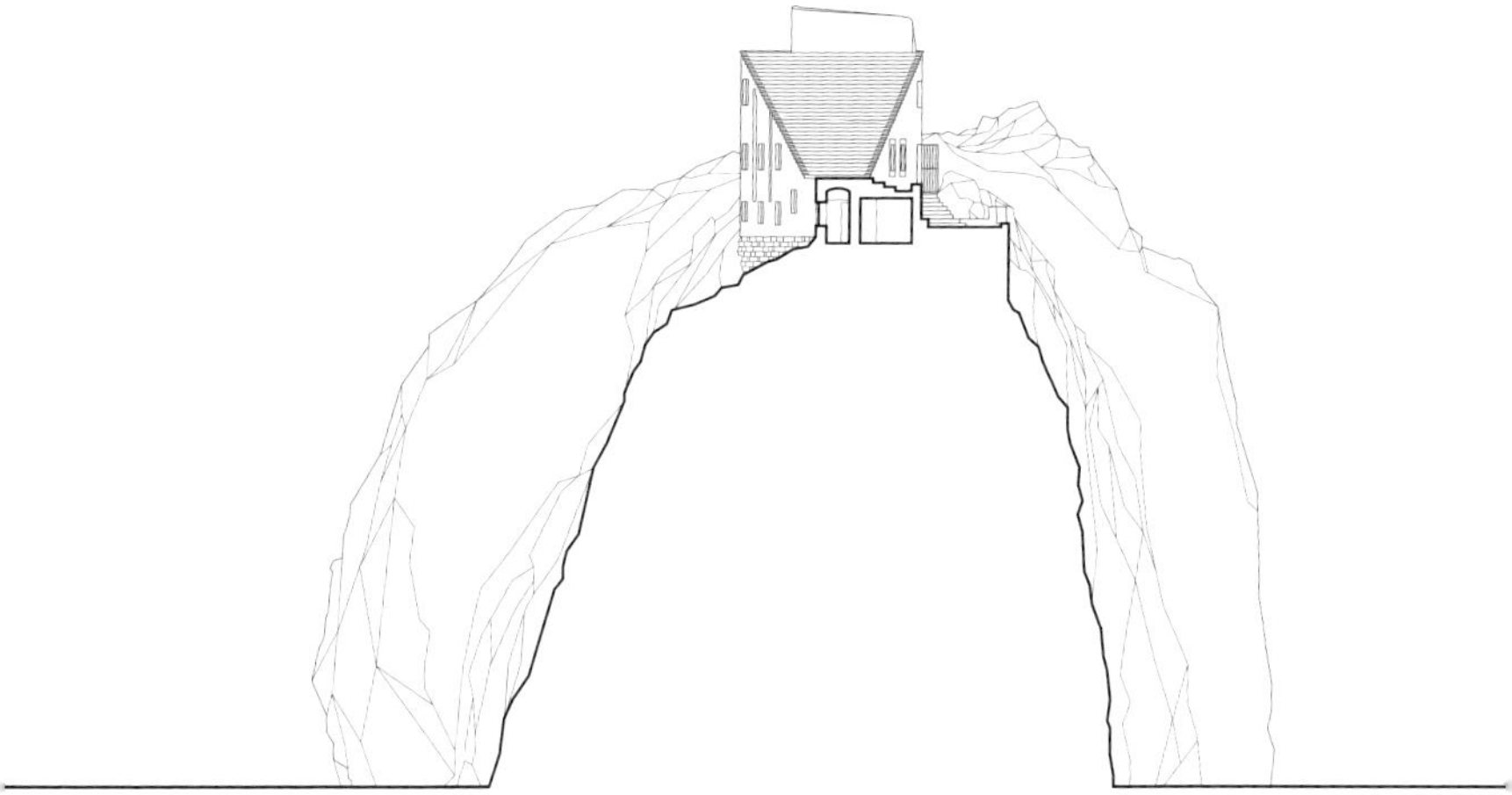

6-3

ね。建築的にはよくできていると思う。二階建てで、一階に寝室やサニタリーなどのスペースを設け、二階はワン・ルームのサロンとし、そこには海側に向いた三つの窓が開けられていて、北西の水平線を望む真ん中の窓にはお立ち台、北東の窓にはバルコニーがついている。この形式はイタリアのパラッツォでは典型的なピアノ・ノービレ。そして上下階を繋ぐ室内の直通階段越しに、大広間と接続するように、縦長の広いテラスが配置されている。このテラスは海とは反対側の、南東の方向に向けられていますが、ここがなかなか建築家らしく気の利いているところで、この島は冬にはとくに海側から強い風が吹きつけるので、それを遮るようにサロンのブロックを置いているんですよ。しかも、このサロンの屋根には小さな五つのヴォールトが並列して架かっている。ちょっとル・コルビュジエみたいだけれど、リベラはさっきも話したようにローマの「E42」の会議場でヴォールトを大々的に使っていたから、小さな住宅でも試みたかったんでしょうね。だから壁とヴォールトの隙間は明らかにハイサイド・ライトだね。この図面だけじゃよく分からないけれど。外壁も一階部分は石積みで、それが海側のお立ち台のレベルで切り替わることによって、ファシスト好みのお立ち台＝ポディウムが海側に飛び出すのが強調されている。

というわけで、この案はそう悪くはない。それどころか、かなりいい。さすがはリベラ。とはいっても、もしこのまま建ってしまっていたら、現在の「マラパルテ邸」ほどには話題にな

2F

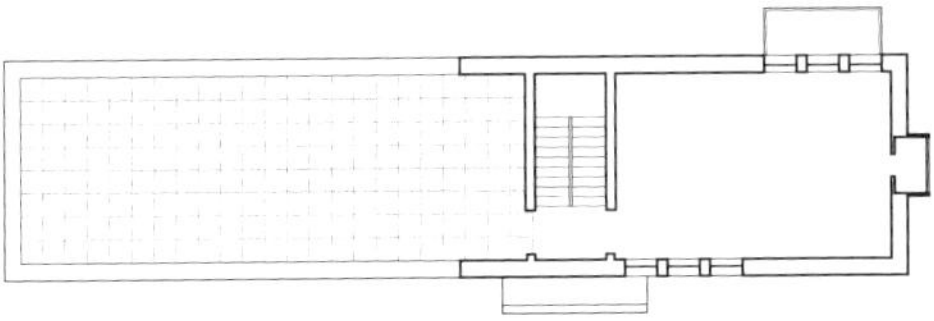

1F

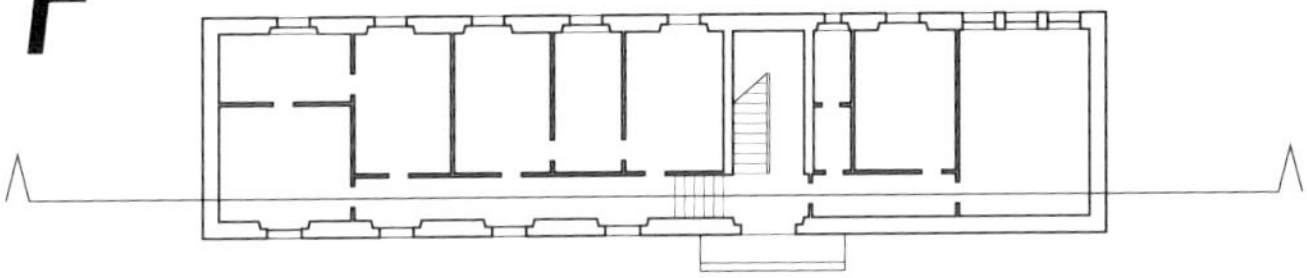

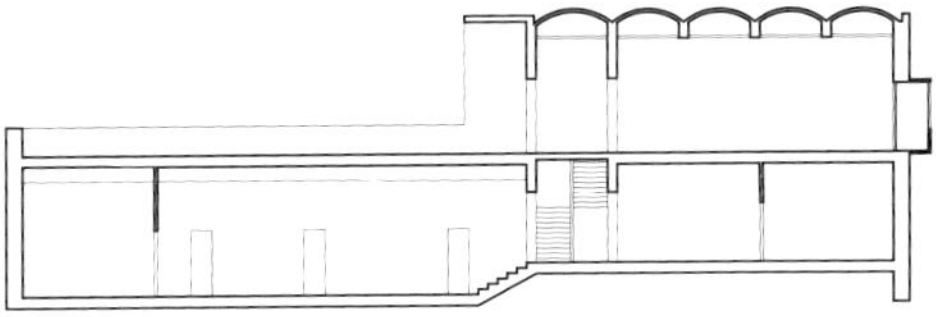

らなかったでしょうね。まあ「そこそこの建築だよね」という程度で終わったはず。もちろんぼくもカプリ島までわざわざ行かなかっただろうし、この講義で取り上げることもなかったと思うよ。

しかしこの案で最初はスタートしたものの、そのまますんなりと進まなくなってしまった結果、この住宅はどこかで大ブレークしたんです。リベラの案から最終案に至るあいだにどんなことがあったのか、これはよく分かっていないが、マリダ・タラモナという研究者がかなりよく調べて本にしている（"*Casa Malaparte*", Princeton Architectural Press, 1996）。少なくともリベラは最後まで見ていない。それどころかこの第一次案だけ考えて、あとはうっちゃらかしたというのが真相だろうね。ぼくの想像だと、マラパルテがこの案にいろいろ口を出したんじゃないかな。リベラは建築家としてすでにスターにして大家ですから、ちょっとケチをつけられてそれがカチンときたのかもしれない。おまけにローマでは巨大なプロジェクトで忙殺されていたからね。いや、あるいはリベラのほうはかなり寛大に対応しようとしていたのに、マラパルテがムチャクチャうるさいことを言ったのかもしれないよ。ぼくは後者じゃないかと思う。こういうクライアントはときどきいるよね。図面は読めないので最初は静かでも、ある程度イメージが見えてくると自分の好みを部分的に言いつのって無理矢理強制してくるようだな。そういうクライアントは避けたほうがいいよな。それにマラパルテは、とにかくなにからなにまで「私のような」にしてしまう思い込みの強いひとだったしね。

まあ早く言ってしまうと、この住宅はリベラには見捨てられたわけです。しようがないので地元で施工をやっているひとに聞きながら、マラパルテ自身が試行錯誤しながらつくっていくしかなくなった。そしてこの家は、リベラの案とは似ても似つかない建物に変貌を遂げるんだけれど、でもそれができたのは、やはりリベラ案の骨格がしっかりあったからですよ。下の階が個室群、上の階がサロンというピアノ・ノービレ型の構成は当初の案と変わっていない。それから、プランが細長くて、建物のスカイラインが水平というのも同じなんです。でも、リベラが建築家的に気を利かしたところはほとんど壊してしまった。最終案は、プランだけ見たら、なにも言えないくらい凡庸だね［図6-5］。一階は単なる中央廊下のプランにしかすぎないし、二階のサロンは残ったものの、バルコニーも、お立ち台も、ヴォールト屋根も、内庭も、よさそうなところはみんななくなってしまった。リベラからしてみれば台なしと言うべきだろうね。いかにも半可通のシロウトがやりそうなこと。

ところが、それと引き替えに、あの外部階段がいきなり出現したんです。これがとんでもないアイデアだったわけ。この住宅ではこの階段が最も印象的ですからね。これを取ったら、ただの倉庫みたいなものにすぎなくなっちゃう。マラパルテが流刑されたリパリ島の小さな教会の前に先細りの階段があり、その記憶を参考にしたというような話も書かれているけれど、それってどうなんだろう。

とにかく、この住宅の階段はそんなおとなしいものでないことは確かですね。リベラ案ではちょうど内庭にあたっていた部分を潰して、そこを全部階段にしてしまったわけ。いやはやメッチャ乱暴です。これはファシズムの暴力性に、その情け容赦なさにおいて匹敵しているのかもしれないね。マラパルテはファシズムの只中を生身でかいくぐることで、暴力慣れしていた。そしてこの階段を上った先には、建築はなにもなくなって、もはや海しかないんだ。ここから建築が始まるのかなと思ったら、もうその先にはなにもなかった。

マラパルテはこの階段の途中に、サロンに直接接続できる入り口を考えていたようです。大階段の途中に開口の開いている施工中の写真が残っている。でも、これがどうにもならない滝みたいに酷い雨漏りで、結局諦めて閉じることにしたらしい。ここでも、もし階段の途中に穴が開いていたら、便利ではあったかもしれないけれど、間違いなくインパクトが失われ、つまらなかったね。さすがのマラパルテの「私のような家」も雨漏りには勝てなかったことになりますね。もはや建築の作者はマラパルテではなく、自然が成り代わって階段をつくり出した、というか、守ったわけです。

RT

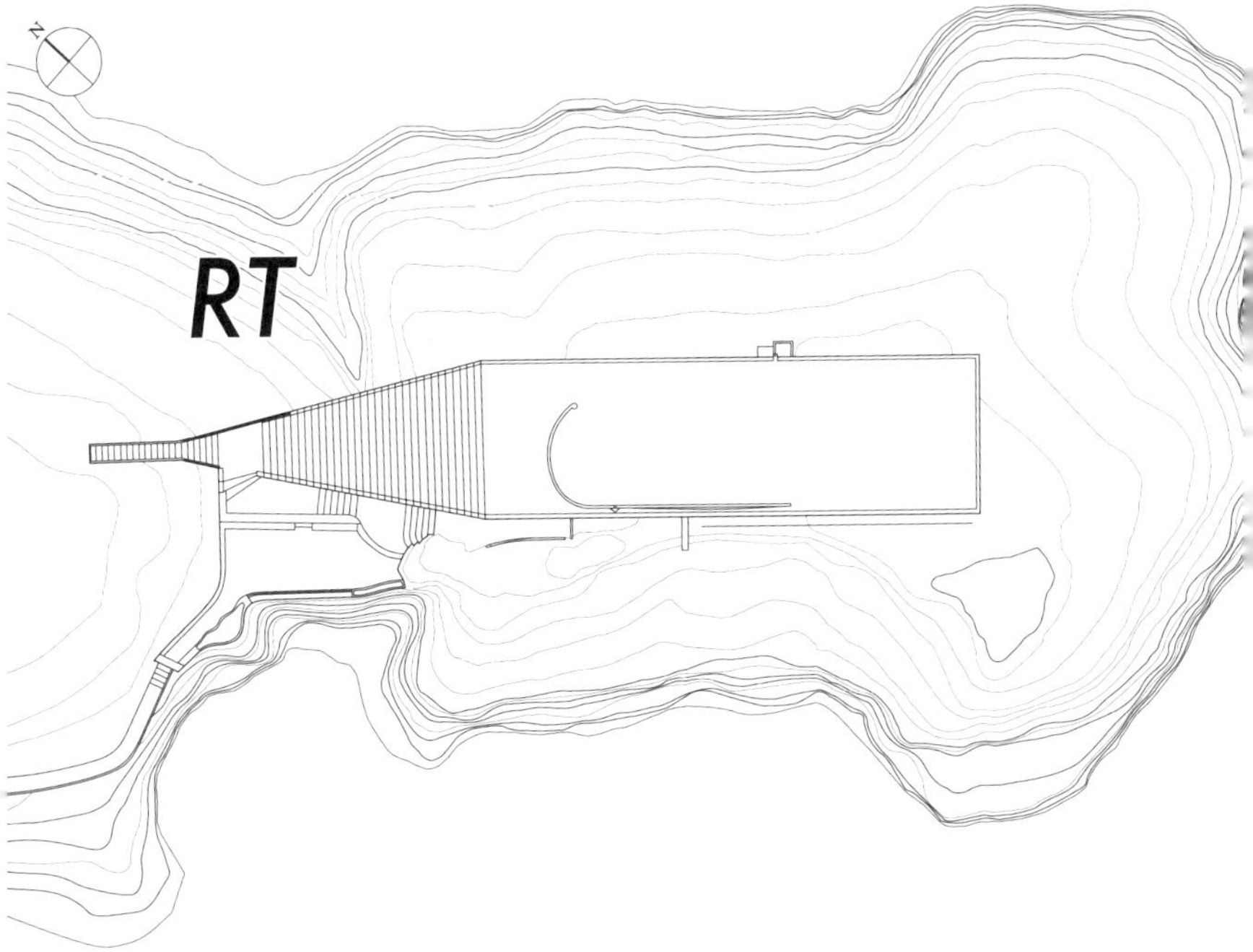

2F

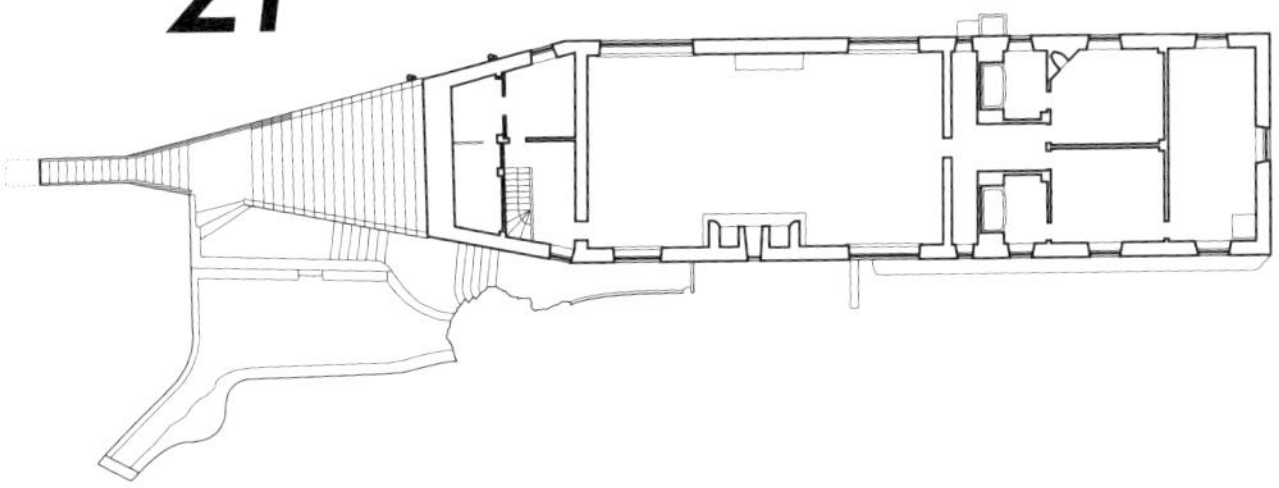

1F

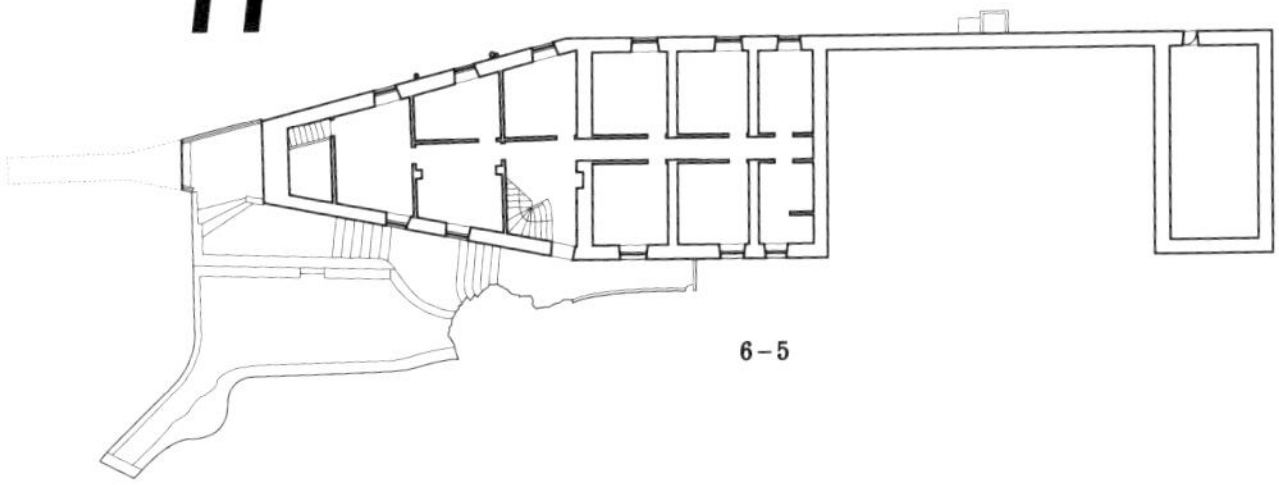

マラパルテ、モラヴィア、ゴダール

さて、建築をめぐる壮大な話もそろそろ終わりにしたいんだけれど、「マラパルテ邸」がゴダールに発見されるまでには、まだもう少し面白い話があります。マラパルテの親しい友人にアルベルト・モラヴィアという小説家がいたんです。ゴダールの映画「軽蔑」は、じつはこのひとの同名の小説が原作なんですよ。イタリアの有名な作家で、日本でもだいたいの作品が翻訳されている。モラヴィアはバリバリの左翼でアンチ・ファシスト。それは戦前から戦後まで一貫して変わることはなかった。戦前から『無関心な人びと』という小説を書き、ムッソリーニ政権下では禁書扱い。戦後もコミュニストで選挙に出たりもした。ここにもイデオロギーの違いを超えて友情が優先する、イタリアらしい社会のあり方があるよね。マラパルテはモラヴィアに一目置いていたみたいで、なにかと便宜を図ってやっている。ファシスト政権側から追われているときにうまく逃げられるようにしてやるとか、機密情報を掴んで、これ以上そこに滞在しているとヤバいと教えてあげるとか。

そのモラヴィアが、できたばかりのころの「マラパルテ邸」を、恋人と一緒に訪ねているんですよ。みんな一緒に仲よく撮った写真がこれ[図6-6]。中央に写っている素敵な女性が

6－6

出典＝Marida Talamona *"Casa Malaparte"*, Princeton Architectural Press, 1

モラヴィアの彼女で、エルサ・モランテというひと。この写真を初めて見たときには、ぼくは恥ずかしいことにキレイなモラヴィアの彼女としてしか知らなかったんだけれど、じつは、素晴らしい小説家であったことをあとから知ったんです。須賀敦子がエッセーのなかでナタリア・ギンズブルグのことと一緒に書いていた。イタリアの生んだ優れた二人の女性文学者として。それを読んでから早速ぼくも『アルトゥーロの島』という小説を読みましたが、島の少年の話ですごく面白かったよ。モラヴィアよりずっといいんじゃないの。

まあ、それは余談として、エルサ・モランテとアルベルト・モラヴィアは結婚するんだけれど、どうもうまくいかない。結局は戦後に離婚しちゃうんだけれど、その夫婦のイライラした状態をモラヴィアが小説に書いたのが、かれの代表作とも言われる『軽蔑』だった。そしてゴダールが映画の原作としてこの小説に目をつけた。ここまでくれば「マラパルテ邸」までもう一歩だと思うでしょ。ところがそう簡単でもないんだよ。この小説がカプリ島を舞台にしているから、そのなかに「マラパルテ邸」らしき記述が出てくるかと思って読んでみたら、これがぜんぜん出てこない。あの階段も出なければ、印象的な赤い壁面も出てこない。しっかりマラパルテと一緒に行って見ているのにね。モラヴィアは「マラパルテ邸」には関心がなかったか、むしろ嫌いだったみたいだね。モラヴィアが好きなのは白い石灰岩を使った地中海的な住宅だった。文学者の自宅を撮った写真集があってそれに出ていたんだけれど、自分の別荘がその感じだったよ。まあ普通に住むならこっちかな。それに、だいたいモラヴィアは、マラパルテに世話になっているくせに、かれを少しばかにしているようなところがあった。せっかく見ていたくせに、それがすごい建築だとはちっとも思わなかったみたい。

だからゴダールによって初めて「マラパルテ邸」は描かれたわけです。「軽蔑」が映画になることによって、スクリーンのなかに初めて。この建築を介して、しかも、映画という場所で、マラパルテとモラヴィアとが出会い直したということなのかもしれません。こういう友情のかたちもあるんだね。映画の原作に『軽蔑』を選んだのはゴダールでしたが、でもゴダールはこの小説を評価していないんだね。駅で買うような三文小説だと言っている。ゴダールも、モラヴィアも、左翼だから仲がいいかというと、そんなことはない。原作の舞台はともかくカプリ島だから、ゴダールはこの島にロケハンに行って、そのときオレが撮るのはこれだろうと気がついたんじゃないのかな。「軽蔑」の行きがかりで「マラパルテ邸」を発見したことによって、はじめて映画を撮る気になったのかもしれないね。まあこれも憶測にすぎないけれど。

その先にはなにもない

いちど度書いたことがあるんですが、「マラパルテ邸」はとっても映画的な建築なんじゃないのかな。この建築の見るべき内部はサロンくらいしかないんだけれど、そこで印象的なのは大きな窓が四つと暖炉の奥に小窓が一つあることくらいです［図6-7］。でもこのそれぞれが、まるで映画のスクリーンを見ているみたいな感じなんですよ。なぜですかね。岬に飛び出しているから、見える風景は全部が海で、ほとんど同じなんですが、でも同じだと思って集中して見てみると、窓の位置はずれているので、それぞれの窓から見える島や樹木の位置は微妙に違うことに気がつきます。そのことによってフィルムのコマが移動したように思える。これは映画的、というかフィルム的でしょ。同じ写真なのによく見ると少しずつ違っている。これは静止画が動画となって動き始める瞬間ですね。それは現実が揺らいで亡霊化するときでもある。それが映画の始まりではないか。

この部屋に足を踏み入れたとき、すぐに既視感を感じた。先に映画で見ていたから、実際に入ったとき既視感を感じても不思議じゃないんだけれど、でも、それとはちょっと違うんだ。そうだな、自分の頭のなかをのぞき込んだら見えた既視感というか。それがなぜなのか

6－7

はよく分からないんですが、たぶんこの建築の内部が、すべてから孤絶しているからではないでしょうか。建物そのものが大階段でしかない外部の印象と、だだっ広いだけで空間としてはなんの取り柄もないインテリアの印象が、まるっきり違う世界なんですよ。外部は太陽光が降り注ぐ真っ青な空と海と赤い壁。内部は亡霊の写真のようにさえ見える四つの窓の風景以外は思いのほか薄暗い。そして、対面する壁にはどちらにも窓が開いていて、見えるのはどちらも海。そう見えるのは海にせり出しているからですが、そのためにこの空間は、陸の外に放り出されているように感じられるんじゃないか。だから地上では感じられない孤絶感がある。世界の外に放り出された空間の内部に、普通の部屋のようなものがあること自体がミステリアスであり、ショックなんですよ。だから、なんの変哲もないその普通の部屋が、自分の部屋と酷似して見えてしまう。それが既視感じゃないのかな。追いつめられるように世界の果てにまで来てみたら、そこでいきなり自分の部屋に出っくわしてしまったような感じ。ここでもまた亡霊的な感覚が覚醒するんですよ。

「軽蔑」の終わりのほうで、階段を上っていく男を望遠レンズで捉え、それを海に向かって背後からパンで撮るショットがあるんですが、階段のステップが、横長のスクリーンいっぱいに平行線の重なりとなって見え、キャメラが上方向に少しずつパンしていくに従って、その一本一本がスクリーンから消えていくシーンが印象的です。その先には海の水平線しかな

6–8

いんだね。階段の一段一段の水平線と、海の無限の水平線とがシンクロしているんだ。階段を上ったらその先に建築はなにもなかった。でも、そこには見えない「空虚」が歴然とあるんだよ。水平線まで続いている「ぼわんとした広がり」が建築なのかもしれない。それに気がつくと急に胸が痛くなるような感じになる。切ないような。建築を見てそんな感じになったことはほかにはないね。

この階段をゴダールはとても気に入ったとみえますね。ジャック・ロジエというヌーヴェルヴァーグの同僚が「軽蔑」のメイキングを撮った美しい短編映画（「バルドー／ゴダール」、一九六三）があるんですが、そのなかでヒロインを演じたブリジット・バルドーとゴダールが手を繋いで、全速力で駆け上がるシーンがありましたから［図6-8］。あの、いつもしかめっ面しかしていないひねくれ者のゴダールが、まるでなにも知らない無垢の少年みたいに嬉しそうに笑っていたよ。特定の保護者のいないこの住宅にとっては、しかし、多くの偶然が重なった結果として、たったいちどであったとしても、バルドーとゴダールが仲よく駆け上がってくれたこと以上のギフトはなかったでしょうね。それがなければ、建築の零点のようにも見える作家知らずの孤児のような建築が、われわれの目の前に輝かしい姿を現すことはなかったかもしれないですから。建築が映画に感謝してもよい一つの例でもあるね。

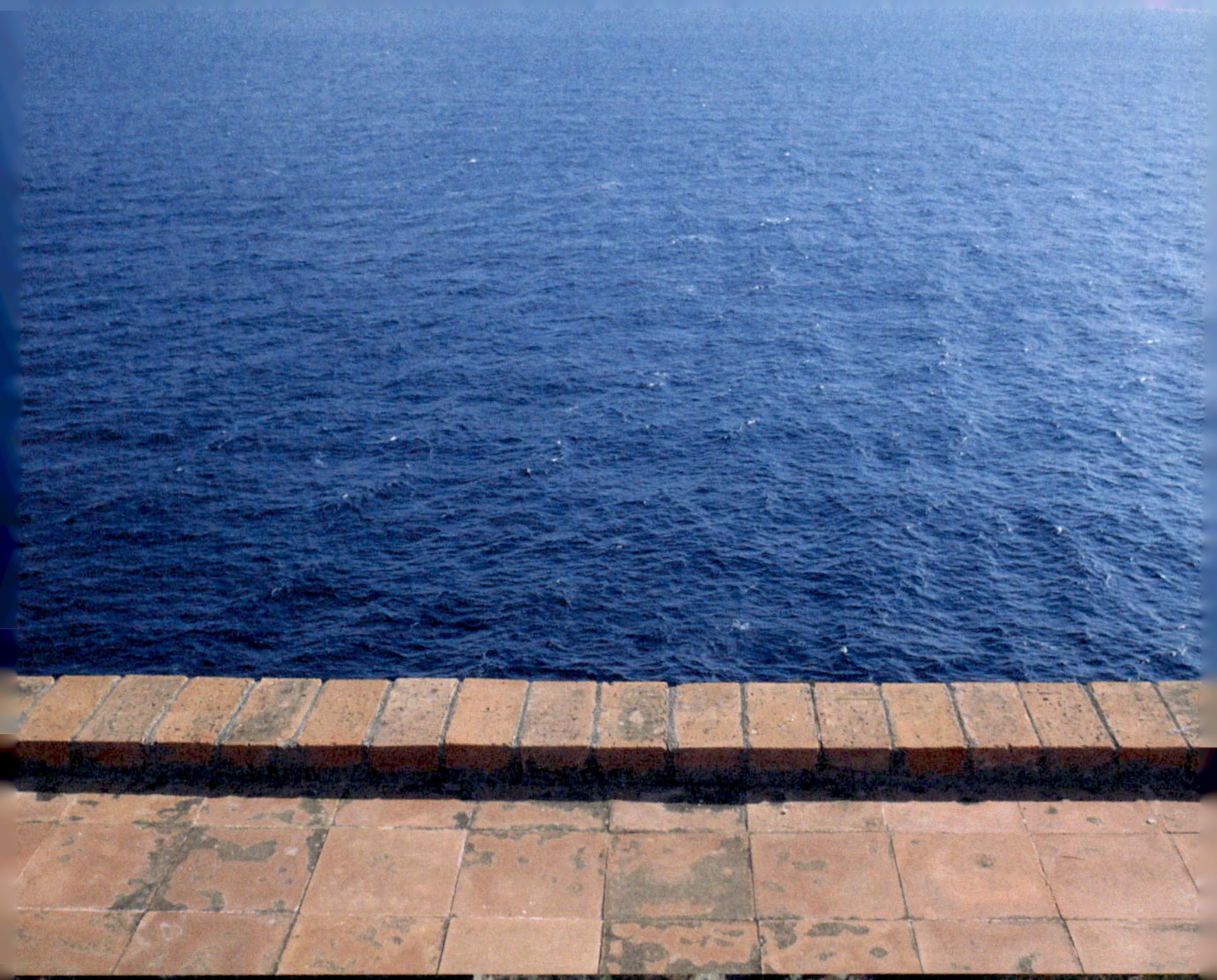

7

グラスゴー美術学校

チャールズ・レニー・マッキントッシュ

7

Glasgow
School of
Art
1909

神話に踏み出す

前回の作家知らずの建築、「マラパルテ邸」は頭のなかをいっぺんに真っ白にしてしまうようなところがありますね。そこでもういちど、近代建築の黎明期に時間を戻して、作家の原石であるような建築家の作品について話します。

今回お話しするチャールズ・レニー・マッキントッシュは、ぼくにとっては、初めて作家研究に取り組んだ重要な建築家です。海外に最初に旅行したのが、いまから四十年くらい前、それもマッキントッシュの作品を見るのが目的。いきなりグラスゴーに出掛けた。だからぼくの建築のキャリアとマッキントッシュ研究は同時にスタートしたようなものだね。じつはこの講義のなかでマッキントッシュを出すかどうか、かなり迷ったんですよ。その理由の第

一は、マッキントッシュの活躍した時代が一般的な「近代建築」の時代より二十年くらい遡ること。歴史的背景が十九世紀に遡るので、遠すぎてちょっと難しい。でもそれよりもっと不安だった理由は、ぼくがマッキントッシュの作品を見てから、いまやなんと四十年も経っていることだね。三十歳になったばかりの自分が真っ先に関心をもった作品が、はたして現在のきみたちにもしっかり響くものなのかどうか。いや、それ以前に、マッキントッシュに対するぼくの関心がいまでもまだちゃんと持続できるか。ちょっと面白いかなとあるとき思っても、そののちにすっかり飽きてしまったものも多いしね。

だからつい最近、いまいちどスコットランドまで足を伸ばして「グラスゴー美術学校」[図7-1]を見直してみたいと思ったんです。そこでテンションが下がったら話すのを諦める覚悟でね。で、結果を言えば、語る価値は十分にある。それどころか、いまだからこそ、きみたちの新しい目で見直す価値があると思った。では、どこがすごいのか。一言で言うなら、「ヴァーチャル」を「リアル」にしようとするマッキントッシュの真っ当さではないでしょうか。「仮想現実」を「物質現実」化してみせる。「まさかそんなことはできないだろう」と誰もが思うところを、本気で引き受けちゃう。だから普通の建築家からすると明らかに狂っていると思われても仕方がないところがあります。

7–1

歴史のエアポケット

マッキントッシュの人生は建築家のなかでもとくに悲惨だね。早死にということならジュゼッペ・テラーニやアントニオ・サンテリアに負けるものの、悲惨さでは歴代建築家のなかで最強じゃないかな。明暗の落差がムチャクチャ激しいんだよね。ほとんど墜落といった感じ。二十代ですでにウィーンを中心にヨーロッパじゅうにその才能が知れ渡っていながら、四十代の後半で早々に建築の仕事がなくなってしまう。いまじゃ巨匠の仲間入りを果たしているので、どうしてもマッキントッシュに同情的に見てしまいやすいけれど、当時のことをいろいろ調べてみると、かれにかなりの原因があるんですね。とにかく頑固。ひととの協調性に極めて欠ける。そして激しい思い込み。もっとも、その思い込みがあってこそすごい作品を残す結果になるんだけれど。

クライアントや職人はさぞかしたいへんだったろうね。とくに創設されて間もないグラスゴー美術学校の校長としてイングランドからやってきたフランシス・ニューベリーは、マッキントッシュと学校の理事会のあいだに挟まれて奮闘し続けた。ニューベリーがいなければ「グラスゴー美術学校」の伝説は間違いなく生まれようがなかった。マッキントッシュはいちど「こうだ」と思ったら、予算が高騰しようと、職人が機嫌を損ねようと、強引に押し切っていこうとする。きっと仕事をすればするほど、トラブルが積み重なっていったんだ。そして最後には、全部バーンと投げ出してしまう。プロとしてはかなり困ったひとだね。しかもアルコール依存症。だから、かれを生み育ててくれたグラスゴーでさえ四十代半ばで去るはめになる。ウィーンでの展覧会で交流の深まりつつあったオーストリアが、第一次世界大戦の勃発で英国の敵になっちゃったという不運なタイミングもあった。敵国のスパイ容疑さえかけられたらしい。まったくついてない。

マッキントッシュは当時イングランドで活気のあったアーツ・アンド・クラフツ運動に憧れていたので、その展覧会に何度も応募していましたが一度も採用してもらえなかった。当時のウィーンでは国際的な評価を得たんだけれども肝心のイングランドでは足を引っ張られている。そして、よせばいいのにスコッチには差別的で意地の悪いロンドンに出ていくんだよ。このあたり、かれがなにを考えていたのか、よく分からないところなんだけれど。たぶんこれも、見当違いの思い込みのせいなんでしょうね。グラスゴーの全員から嫌われたと思ってしまうとか。まあ気持ちは痛いほど分かるんだけれどね。だから、当然ながらなにもかもうまくいかなくなってロンドンも捨て、ついには、南仏のフランスとスペインの国境辺りの、なんの取り柄もなさそうなポール・ヴァンドルという貧村にまで流れていった。この判断も常識人にはちょっと思いつかないでしょ。すごい冒険。そして数年後そこで病気になり、貧困のなか苦渋の思いで英国に引き返して、結局すぐ死んでしまう。ほとんど無一文のマッキントッシュ夫妻を港に迎えに行って病院に運び込んだのが、なんと、あのグラスゴー美術学校元校長のニューベリーだったそうです。マッキントッシュを見つけ出し、仕事を与え、死ぬまで激励し続けたこのイングランド人は途方もなく素晴らしい人物ですね。いくらマッキントッシュの才能に魅了されたとはいえ、家族でもないのにここまで付き合うひとはなかなかいないんじゃないかな。

建築をつくるのは集団的な仕事で、社会とのバランス感覚がなければやっていけない職業だから、世渡りの上手なひとが多いんだけれど、そんななかで、これほど悲惨な人生になってしまった例は聞いたことがない。でも、これを考え直してみると、結果は悲惨であったにしても、短いかもしれないが二十年くらいは、誰も到達できないようなピュアな境地で仕事ができたとも言えるよね。だからここは、むしろそっちのほうに驚かないといけないんじゃないか。ほかのどんな時代にも例が見当たらないということは、この二十年のあいだに、まさに奇跡が起こったということだからね。

奇跡はなぜこの時代に起こったのか。それは、一瞬だけ、そこに底なしのエアポケットが生じていたからだと思います。そのエアポケットは、時代と場所とが生み出す複雑な諸力がぶつかり合っているうちに、あるときふっと生じたんだよ、まるである夏の日の凪みたいに。そのとき時間がグラスゴーの丘の上で止まっていた。そしてその凪を真っ正直に受け止めたのがマッキントッシュだったというわけ。しかしその凪はたったの二十年にすぎず、あっという間に雪崩れてしまったんだけれど。こうも言えるでしょう。凪が間違いなくそこにあったという事実を証明するためにマッキントッシュがグラスゴー美術学校にいたんじゃないかと。よく知られているようにル・コルビュジエは建築の「使徒」であると自認していたようだけれど、そうだとすればマッキントッシュは、いわば建築の「殉教者」ではないのかな。「受難」という意味を込めたパッションのひと。

ヴァーチャルをリアルにする

グラスゴー美術学校のグループは「グラスゴー派」とも「四人組」とも呼ばれて、アール・ヌーヴォーの一流派と見なされています。確かにこの時代、ヨーロッパじゅうでアール・ヌーヴォーが大流行していた。きみたちもすぐ思い浮かべるとおり、植物や昆虫などをモチーフにしているんですが、でもほとんどの場合それらは「意味」や「隠喩」として現れていた。なぜアール・ヌーヴォーが十九世紀末にこれほど流行したのか。ぼくの直感では、それまで当然のように枠組みとしてあったはずの「様式」が、いままさに消えようとする瞬間、まるで「様式」の抜け出た穴を慌てて繕うかのように、「物語」性が建物や家具や事物のなかに噴出したんじゃないか、という気がする。崩壊を食い止める最後の支えとしての「物語」というわけです。しかし「物語」は所詮、物語にしかすぎない。要するに虚構ですね。だから同じアール・ヌーヴォーでも、エクトール・ギマールやルネ・ラリックやヴィクトル・オルタのようなバランスのとれた大多数の作家たちは、その「物語」性を「虚構」、いま流に言えば「ヴァーチャル」なレベルで考えていた。「物語」はあくまでも「隠喩」、あるいは「象徴」であって、建築からすれば表面的な「装飾」ということになるね。ところが例外的に、その「物語」を本気に受け止め、建築の存在そのものにまで浸透させようとするクレイジーな作家が二人だけいた。「ヴァーチャル」を「リアル」にすることを誠実に実践しようとしたんです。「デジタル」から「アナログ」を救い出すのにも似た無謀さ。マジック、あるいは錬金術と言ってもいい。その一人はアントニ・ガウディです。このひとも建築の「殉教者」というのにぴったりですね。同じスペインには、やはり似たような装飾性をもっていたリュイス・ドメネク・イ・モンタネールやレヒネル・エデンのような建築家もいたけれど、ガウディとは比べようもなく俗っぽくて、常識的で、表面的だよね。

そして、そのもう一人がマッキントッシュというわけ。ガウディとマッキントッシュの作品のテイストは異なるものの、図像から構造に至るまで、考え方を徹底しようとするところは両者共通しています。二人の作品とも、「ヴァーチャル」世界が虚構の境界を突き破って、「物質」として出現しようとする。そう思って見ると、世界が隅々に至るまでヴァーチャル化しつつある現在にとっても、これは極めてアクチュアルな営為じゃないでしょうか。ボーカロイドやアニメのヴァーチャル＝虚構性が、虚構という衣を脱ぎ捨てるというわけ。この二人の重要性は、意味の世界に留めておくのではもったいないんです。ヴァーチャルとリアルの関係から見ると、極めて現代的。

なぜヴァーチャル＝虚構性が重要視されるのかといえば、それは現実が怖いからです。そもそも「近代」とは身も蓋もない過酷なものとして「世界」が初めて姿を現した時代です。その過酷な「世界」が姿を現すことへの恐怖が「近代」の根底にあった。そしてこの「恐怖」を徹底的に現実化してみせたのが戦争の世紀といえる二十世紀だった、とぼくは思います。この「恐怖」に対してどのように対面したのか、その試行錯誤の結果が近代建築であったとも言える。そしてマッキントッシュは、まさにそんな二十世紀の鳥羽口にいた。

「グラスゴー美術学校」がいまでもわれわれの目を引きつけるものだとしたら、その「得体の知れなさ」が空前絶後だから、ではないでしょうか。でも断っておくと、「得体が知れない」というとなにか不気味なものを連想するかもしれないけれど、マッキントッシュの作品はまったくそうではないよ。むしろこの不可解さは神秘的と言ったほうがいいのかな。建築史全体のなかでも類を見ないほどの不可解さ、そのくらい大きな謎です。これに比べれば、エジプトのピラミッドのほうがよっぽど分かりやすいんじゃないか。なぜなら、そこには「様式」という大きな枠組みがあるから。では反対に「様式」がなくなった近代建築ではどうかというと、こちらはこちらで、建築家個人のアイデンティティを枠組みとして、どこかに一貫性を見つけることができるんだね。

ところがマッキントッシュは、様式性と個人性の狭間にいた。時代の偶然だね。かれの作品には「様式」の痕跡が色濃く残ってはいるが、でも、全体の枠組みになれるほどの強度はない。同時に、単独としての作家性も新しい兆候として現れている。しかし伝統のすべてをリセットし、自分ですべてを仕切るだけの気持ちもなければ、強度もない。このどっちつかずの曖昧な状態が、先ほど指摘した凪です。そんなつかの間の時間のなかで、建築史上、ほかに例を見ない出来事が起こった。

顕在化する物質性

「グラスゴー美術学校」は、最初に東半分が一八九〇年代につくられ［図7-2］、一九〇〇年代に西半分が増築されて現在の形になったんですが［図7-3］、まずここではっきり言いたいのは、最初の東棟だけでこの建物が終わっていたら、それほど面白いものではなかったということ。確かに、第一期工事の段階で一階を教室階、二階をスタジオ階と設定し、二階の階高を一階の一・五倍ほど高くしたんですが［図7-4］、この階高設定はそののちの増築で威力を発揮するものの、しかしこの段階では、それぞれはまだ部分的で個別の面白さにすぎない。でも、その一つひとつは、第二期工事を経た段階で開花する。まるで、あらかじめ仕掛けられた爆弾のようにね。それは、マッキントッシュによる最初の想定さえ食い破るように展開していくんですよ。第一期工事ではプランもセクションも、まあ普通で平凡です。構造も外壁が石の壁で、その上に木造の合掌を組むという、住宅から城塞に至るまで普通に行なわれていたごくありふれたものです。ところが、これが第二期工事で激変する［図7-5］。

いまでも「グラスゴー美術学校」の一般的な見方としては、大きな窓のガラスや鉄の細いサッシュを指摘して、この建物を近代建築の先駆けとするといったようなものです。この説

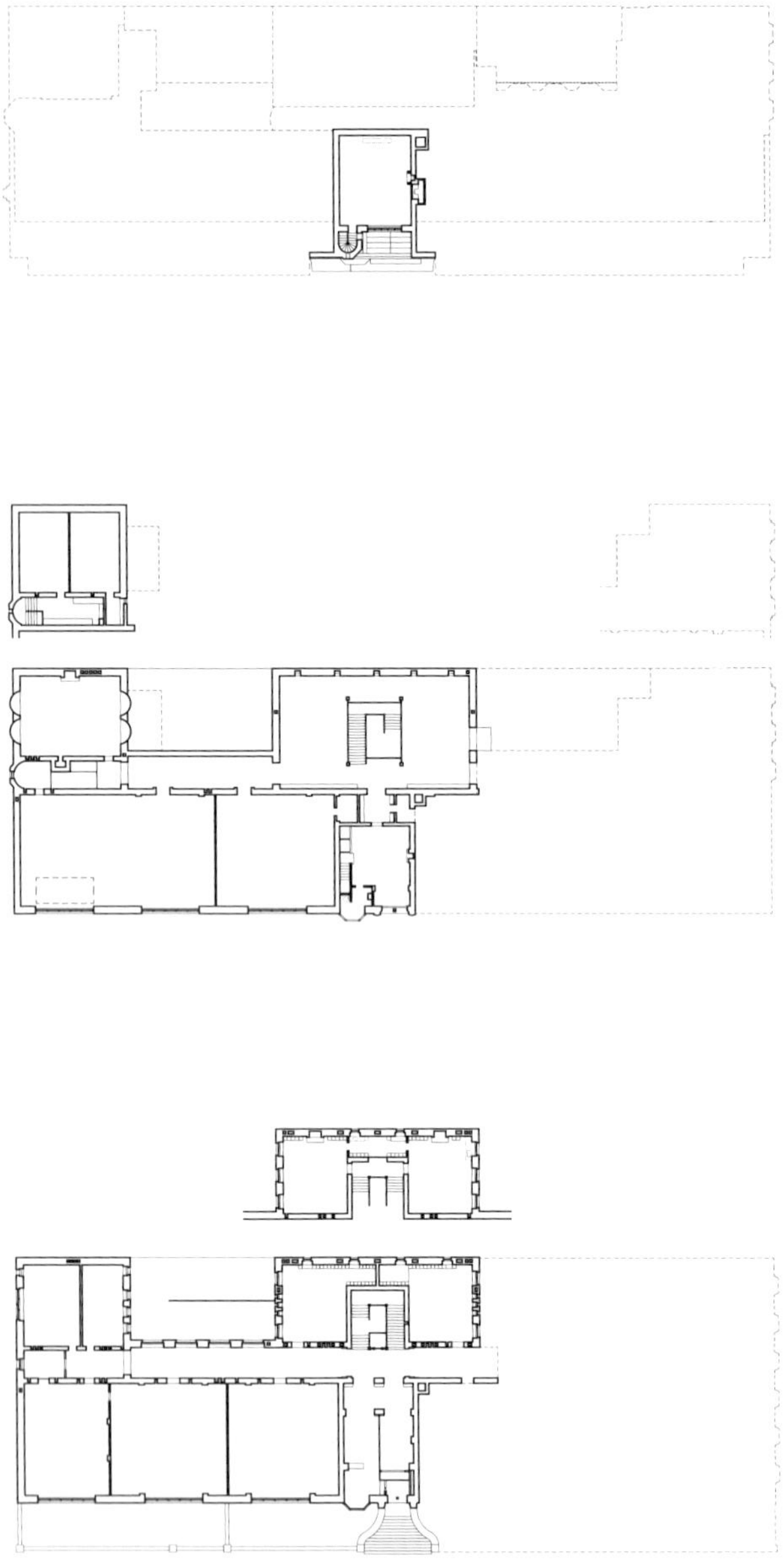

7－2

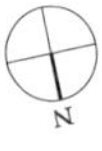

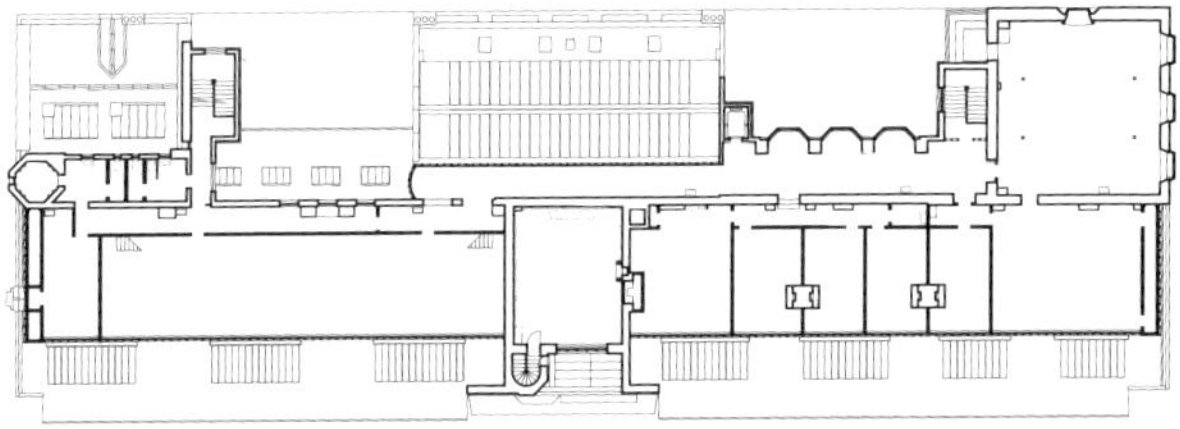

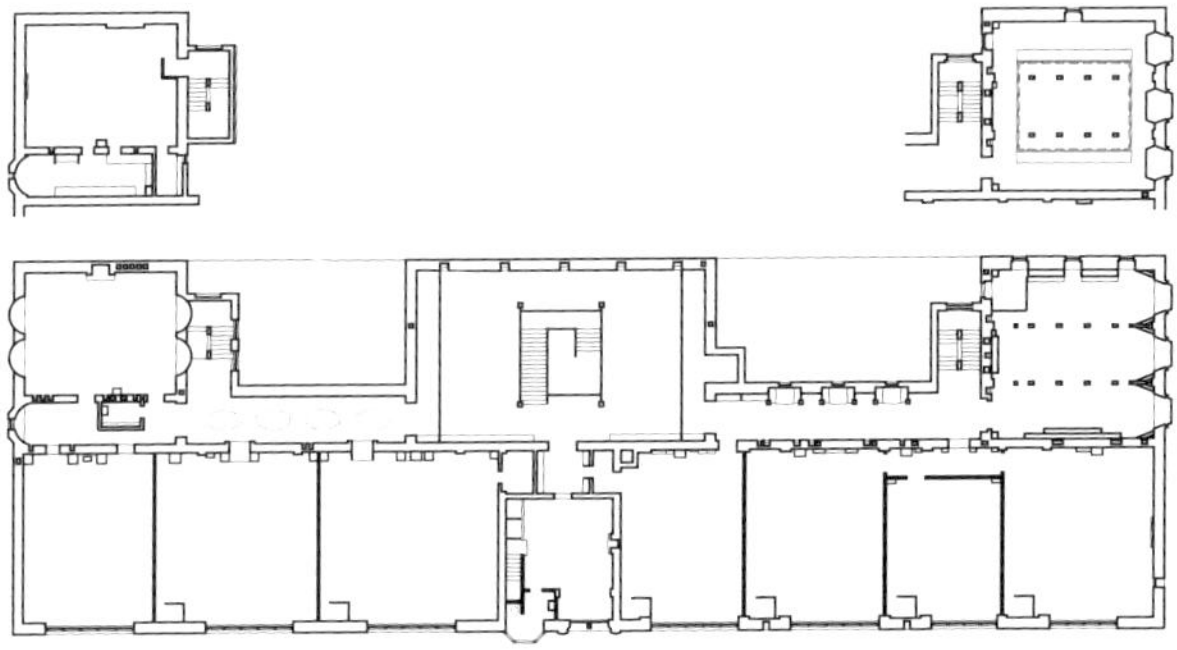

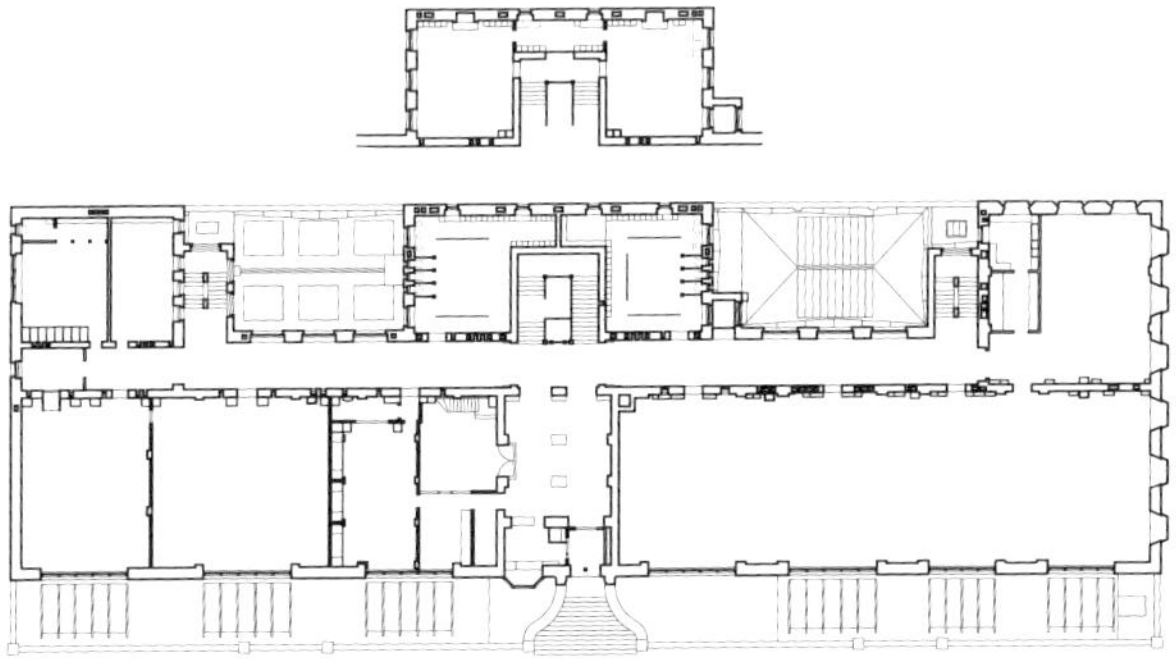

は近代建築を権威づけようとしていた二十世紀のなかごろにとくに多かった。ニコラウス・ペヴスナーもトマス・ハワースもこの線だね。マッキントッシュから語り始められているペヴスナーの『モダン・デザインの展開』という書名からも想像がつくでしょ。確かに「グラスゴー美術学校」を特徴づけたのは北側のファサードの大きな窓だった。でも、近代建築として見たらこの窓は特別そんなに大きくはない。むしろ驚くのは、この窓が石積みの外壁に開いているということですね。マッキントッシュは外壁を、律儀というか、まあ当時は当たり前なんだけれど、石造りでやっている。

この窓の飛びすぎとも言える長い楣《まぐさ》を支えるために、H形鋼《がたこう》をダブルにして石積みの上に渡しているんですよ。表には見えないんだけれど。これだけ大きな開口は、コンクリート造や鉄骨造ならあっさりクリアできるところだけれど、石造のなかでやるから、一段と開口部が大きく感じられるわけ。単に窓が大きいからではなく、そこまで大きな面積の開口部を石の外壁に、無理矢理にでも開けてしまうところがすごいんです。もうそのころになると、技術的には鉄骨造でも鉄筋コンクリート造でも不可能ではなかった。でもあえてそこを構造材に石を使うことで、石からその物質性を引き出したかったんだと思う。鉄やコンクリートという単一の構造材に割り切って採用することはしない、という点では非近代的。でも石の物質性を手放す気は、マッキントッシュにまったくなかったんだね。では、石造の伝統にひた

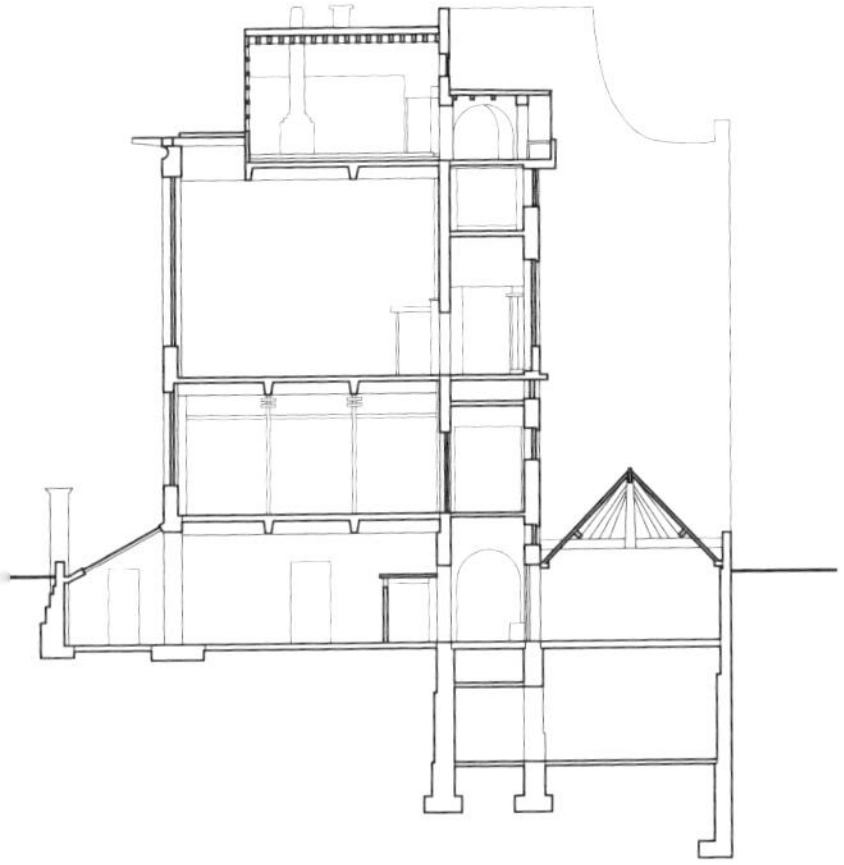

1909

7-5

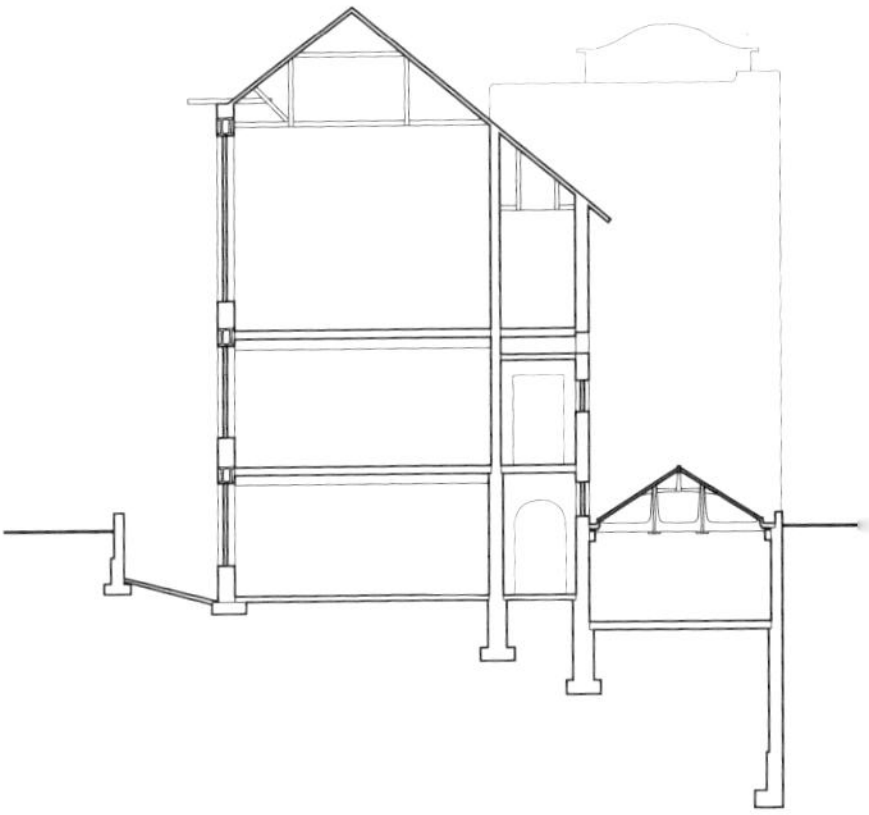

1899

7-4

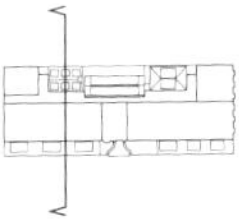

すらしたがってマニュアルどおりにやるかといえば、そうではなく、もう一方では石による構造が破綻するところまで、どんどんガラス面を拡大してくる。ガラスはガラスとして自立させたいんです。

ここでのガラス面は、ガラスに対する近代特有の「透明性」に留まるものではなくて、あくまでも不透明な物質として使われているような気がする。建築資材のなかでガラスは最も液状に近いんですが、そんな液状の物質性が、石の物質性と拮抗しながら力をみなぎらせて、外壁のなかに広がっている。それを支えているのが形鋼材による鉄骨格子と、フラットバーや丸鋼の鋳金の植物的な装飾のようにも見える、バネ状の風圧止め。これは昔の論文で書いたんですが、フェンスの鉄柵のところどころに植物を思わせるアイアンワークがある［図7-6］。それらの造形は装飾のパターンに留まらず、それぞれの素材の性質を目に見える状態にまで引き出そうとしています。若葉を思わせる装飾で、直径一二ミリくらいの鉄筋が金属の輪っぱで束ねられているんだけれど、それぞれの枝は輪っぱによって湾曲しているように見えるでしょ。これを外せば一挙に外に向かって弾けてしまいそうな気がする。その湾曲によって鉄に内在するテンションが見えている。言い換えると、この装飾もアール・ヌーヴォーらしく植物というヴァーチャルな「物語」から始まるんだけれど、どこかで植物の「物語」が、リアルな物質に転化するんだね。閾を超えるみたいに。

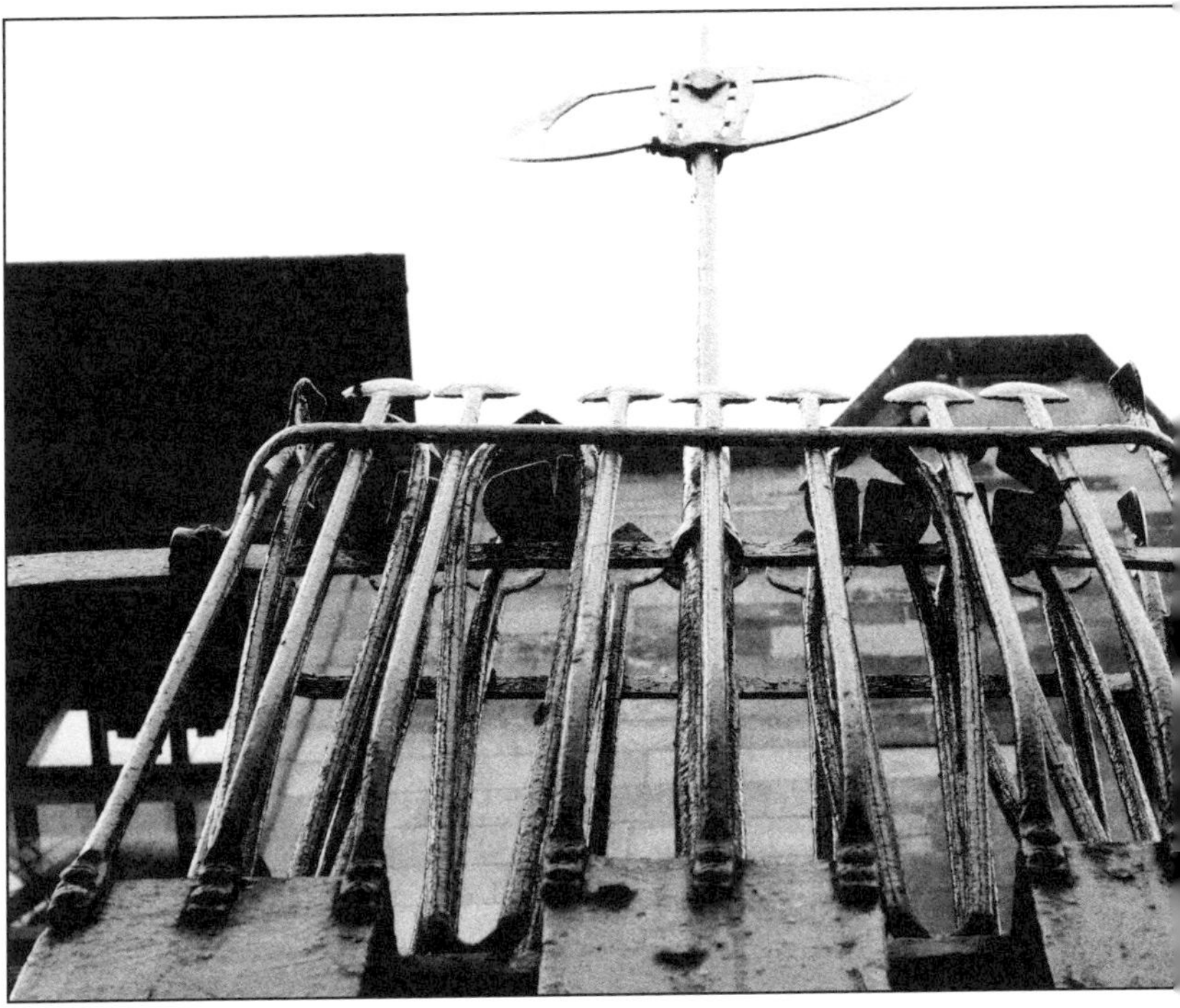

7－6

マッキントッシュのアイアンワークがわれわれに示唆的なのは、それが鋳物や彫金のような贅沢な仕事ではなく、フラットバーやTバーやロッドなどのように、単純な断面形状のものに材料を限定しているところですね。工業的な部材を自在に使うところは、型に流し込んでつくる鋳物が主流であったアール・ヌーヴォーの時代にはあまり見かけない。似ているのは、むしろ現代彫刻のアンソニー・カロのほうだね。でもマッキントッシュの仕事はそれだけでは終わらず、鋼材の端部に至ると急に、裂けたり、捩れたり、丸まったり、薄くなったりしているんです。工業性がもたらしたパターンを食い破るように、鉄の切断面に鉄の物質性が現れている。

ディテールのことを日本では普通「収まり」と言うんだけど、それは、組み合わせるべきいくつかの部材や材料が暴れ出さないように、文字通り、過不足なく調和させることを意味している。それぞれの特性を馴染ませて、まあ、まるく収めるということです。ところが、そうだとすると、マッキントッシュにとってディテールは到底「収まり」じゃない。物質同士の「ぶつかり合い」とか、「出会い」と言ったほうがむしろ適切じゃないかな。物質固有の力を見えるようにまで発現させ、それがバネのような弾性やテンションとして、視覚的にはもちろん、身体的にも直接感じられるところまで即物的に引き出そうとしているんだと思う。

第二期工事のアナーキー

「グラスゴー美術学校」の水準を飛躍的に高めた第二期工事ですが、第一期工事の段階で想定していた拡張部分を、それまでの十年のあいだにかなり変えた。まず、第一期工事にはなかった三階の美術スタジオを道路面側にずらりと加えました。そのスタジオ部分は、新たに加えられた西翼の部分はもちろんのこと、既存の東翼のほうも、当初の合掌の木造屋根を取り払い、鉄骨のジョイスト梁を使って、極めて厚みの薄いフラットな屋根に置き換えたんです。そのうえこのスタジオでは、窓の代わりに腰の辺りから天井までめいっぱいのグリッド格子によるガラスの面をつくり出した。しかも、当初は二階建てであった東翼にさらにスタジオが載ることによって必要となる三層への直通階段を新たに付け加え、さらには、東翼三階と西翼三階のスタジオを結ぶ通路を加えている。その通路は天井も壁も全部ガラスのギャラリーです。あまりにスケスケで鶏小屋のように見えたから、なかば冷やかしで「ヘン・ラン」と呼ばれていたらしい。この廊下は構造的に、既存の石の構造壁からキャンティレバーで持ち出す以外に方法がなかったんだね。断面を見るとその突飛さが分かります。まさに空

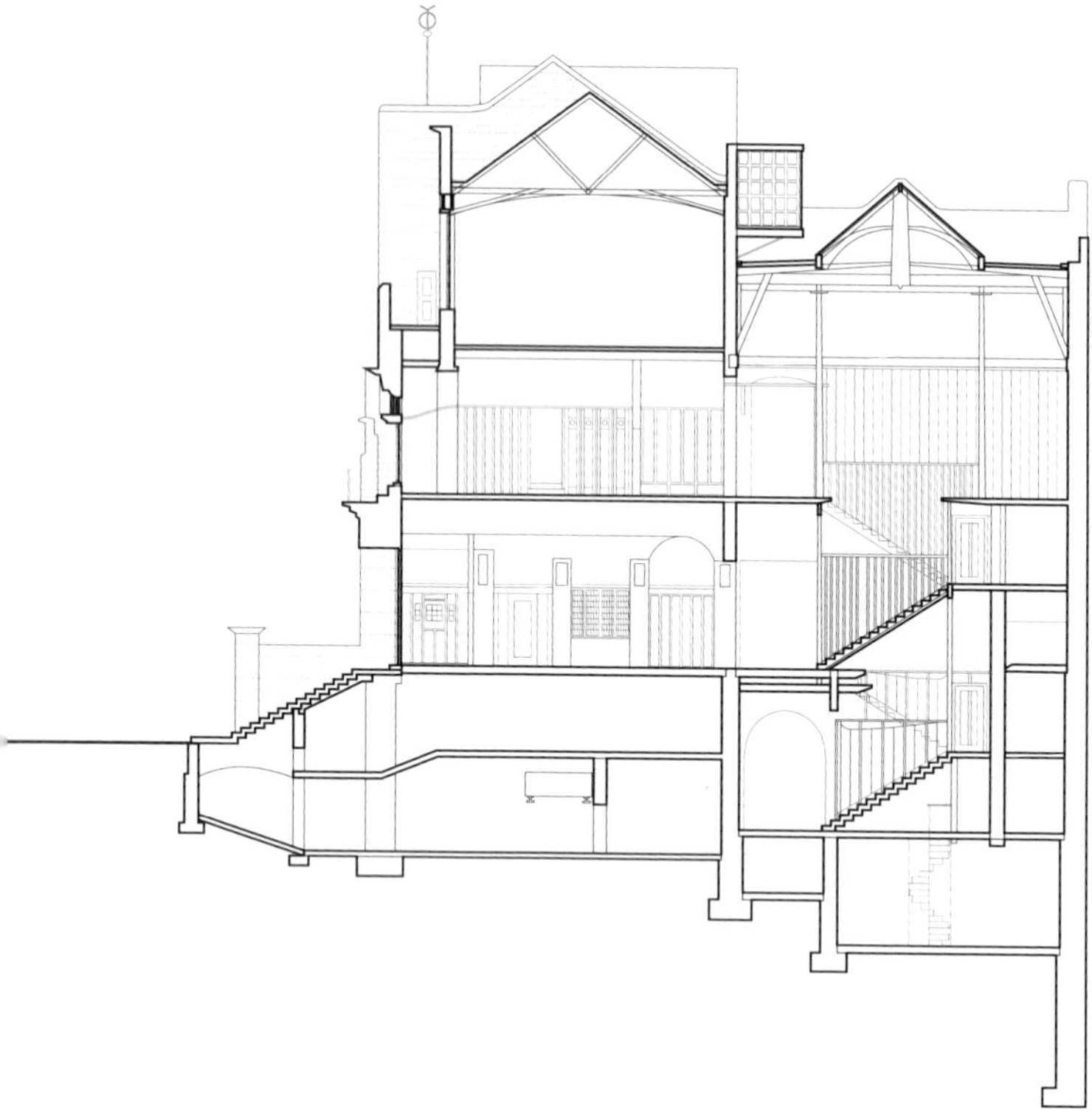

7－7

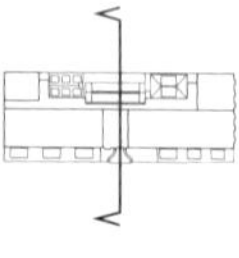

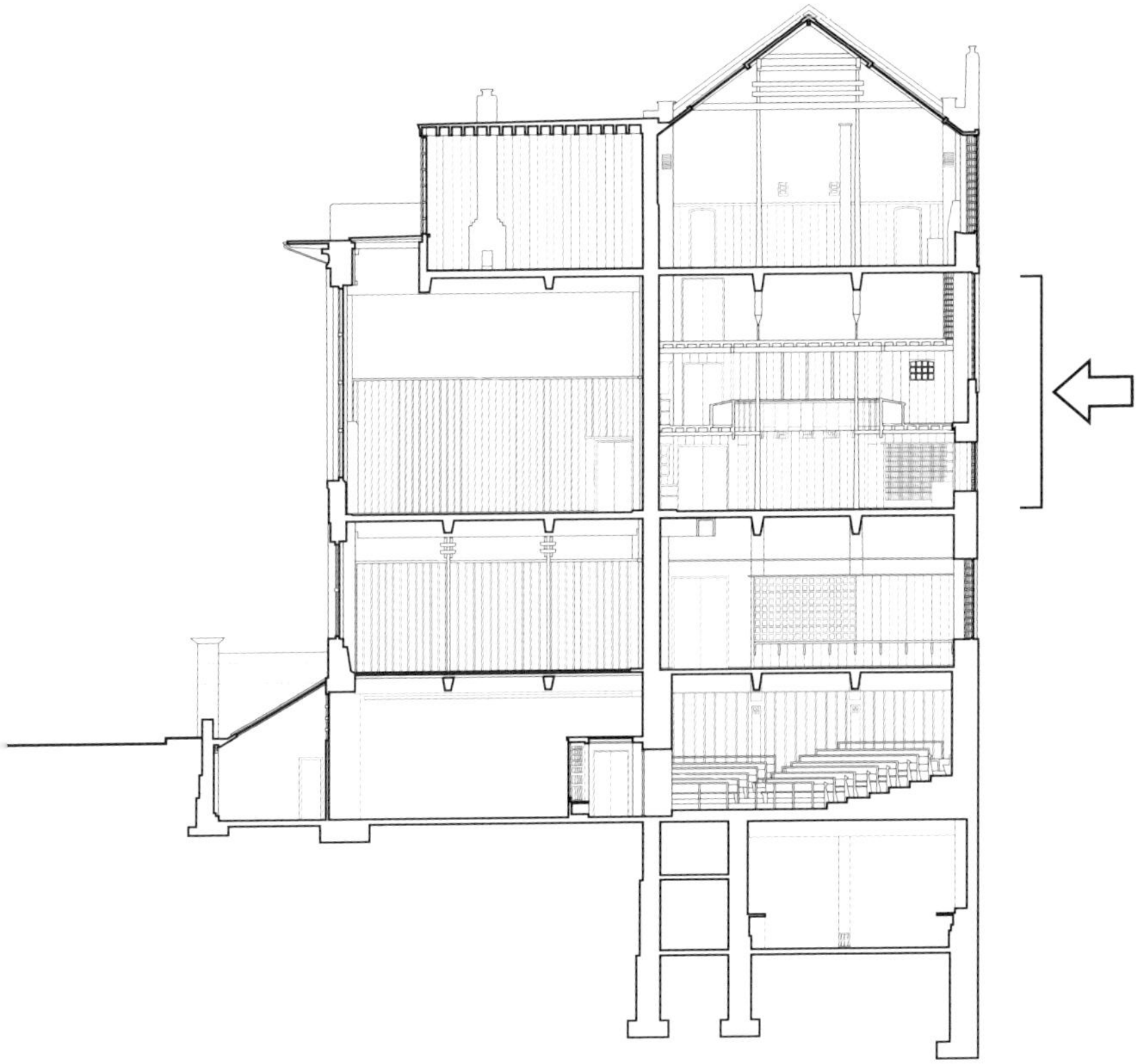

7–8

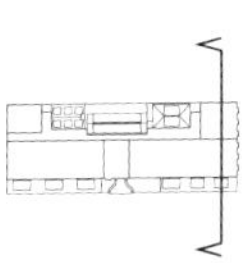

中に浮いている。全体の平面の中央部あたり、玄関の真上にあたる二層分のヘッドマスターズ・ルームの肩のあたりに、石の壁からキャンティレバーでまるごと飛び出した「ヘン・ラン」が見えるでしょ［図7‐7］。ところがその下にはミュージアムに架かった合掌の木造屋根が、「ヘン・ラン」とはまったく無関係にあるわけ。じつにアナーキーな断面だね。この増築工事は既存の変更も巻き込んだ、もうほとんどリノベーションみたいなものですよ。マッキントッシュらしさというのは、詰まるところ、このアナーキーさじゃないだろうか。それぞれのパーツがめいめい勝手に増殖を遂げた結果ですね。一人の人間の頭ではとても考えられないくらい多様で複雑なことをやっている。

そして西翼の先端に、「グラスゴー美術学校」を最も特徴づけることになった図書室があるんだけれど、これこそハイブリッド建築の極北ですよ。この部分の階高は、最初の段階でかなり高く設定されていたとはいえ、この階高をなんと三層に分割したんです［図7‐8］。閲覧室の中央には木造の軸組が立ち上がり、部屋全体を見下ろすようにギャラリーが取り巻いている。だからこのギャラリーは木造です。マッキントッシュが勝手に思い込んだ日本の影響なのかもしれないよ。そして、その上の階に置かれた学芸員室のほうは、どうやら鉄の鋼材とタイビームによって吊り下ろされている。つまりここは鉄骨造。鉄骨造と石造と木造の異様な混構造です。

光のシャフト

それにしてもこの空間はなにがいったいどうなっているのか、そこに佇んでも結局よく分からないんですよ。無数のディテールがレイヤーのように重なり合っているのと、そのうえベイ・ウインドウ（出窓）の光が強烈なので、影のコントラストが強くて目がなかなか慣れないこともありますね。四十年前も、そして今回もそうだった。模型をつくったり、図面を見直したりしたから、頭では把握しているつもりなんだけれど。これはもう「マッシュアップ建築」とでも言いたいところですね。

マッキントッシュの作品では光と影のコントラストの強烈な場所によく遭遇します。それは「ヒル・ハウス」（一九〇四年にできたマッキントッシュの住宅作品）の階段室にも、「グラスゴー美術学校」の玄関の突き当たりにあるミュージアムに上る階段室にもある。ペンキも白と黒を使って塗り分けコントラストをさらに強調している。

でも、なんといってもいちばん強烈なのが「グラスゴー美術学校」の図書館だね。それが内部の様子を把握しにくくしている大きな要因でもあります。この西側の壁に垂直に取りつけられた長い三本の出窓。それが巨大な光の三本柱を形成して、激しい逆光を室内に充満させている［図7-9］。おかげでこの三本の窓以外は、全部真っ黒な闇に見えちゃうんだね。普通は暗い空間でもだんだん目が慣れて見えてくるものなんだけれど、この空間はラティチュードの幅がムチャクチャに広いのか、いつまで経っても目が慣れない。光を見ればハレーション、影の部分は真っ暗闇というわけ。だから「グラスゴー美術学校」の図書館を撮った写真ほど実際とかけ離れてしまう空間もないですよ。自分で撮っても、またどれだけ優秀な写真家が撮ってもそう。カメラの目にはどうにも馴染まない。人間の目の調整で間に合わないんだから当然だね。

でも、今回初めて気がついたことがあった。それが軸です。平面図を見れば、閲覧室には四本の柱が平行して二列あるのだからそう思って当然なんだけれど、四周をギャラリーが取り巻いているために、実感としてはあくまでも旋回するギャラリーのイメージだった。しかし今回初めて、強い軸を列柱の中央に意識することができた。では、その主軸はどこに向かっているのか。それは西面の外壁に縦に三本飛び出している、特徴的な長い出窓ですね。この三本の出窓は、ガラス面が外に出っ張っているだけではなく、一部分は内部に食い込むように侵入しているから、多角形断面の光のシャフトというほうがふさわしいでしょうね。巨大な光のシャフトが三本、主軸の行きついたその先端で垂直に屹立している。これは明ら

7–9

かにカテドラルです。かといって宗教くささのようなものは微塵も感じさせないんだよ。そこがゴシックとは違う。あえて言えば「光」そのものが聖体なんです。

自然と人工の共存

マッキントッシュのルーツは「スコティッシュ・バロニアル様式」にあるというのが定説です。簡単に説明すると、スコットランドとイングランドとの長い戦いの歴史的な経緯から生まれた、城塞と邸宅がハイブリッド化したスコットランド固有の様式のことです。当時のイングランドのメジャー建築家であったリチャード・ノーマン・ショウの作品に比べて、その影響が指摘されてもいる「グラスゴー美術学校」が少し時代が下るとはいえはるかに装飾性が少なく、そのためにごつごつした岩山のように見えるのは、近代的なシンプルさというよりもこの「スコティッシュ・バロニアル様式」という伝統のおかげであったかもしれない。実際、マッキントッシュのドローイングでは、山も、建築も、植物も、みな同等の存在としてシームレスに繋がっている［図7-10］。

マッキントッシュにとって「グラスゴー美術学校」は山岳だったんじゃないのかな。その

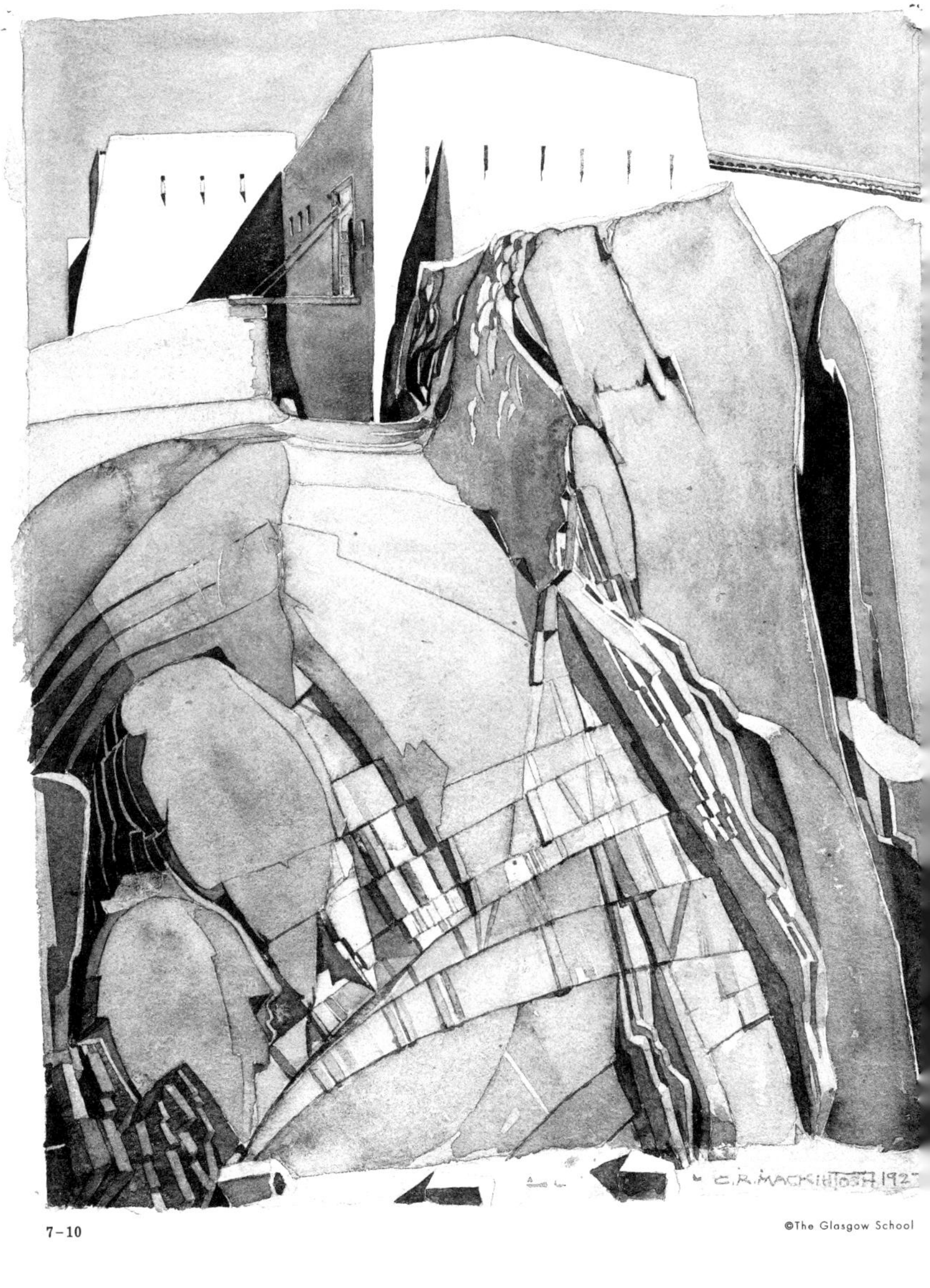

7–10

山岳の石の壁を切り裂くように光の塊が内部にまで食い込み、潜り込んでいる。マッキントッシュの頭のなかでは、自然の事物と人工の事物とは対立せず、シームレスに共存できるような世界が思い描かれていたに違いない。かれが晩年に、建築をつくるのと同じ覚悟で残してくれた水彩画、というのは日曜画家の手慰みではない絵画という意味ですが、それらの風景や植物の写生画を見ると、まるでマッキントッシュが「自然」と「人工」とを同時に記述できるようなシステムを探しているようにも思えるんですよ。それを特徴づけているのは、誰もが気がつくようにテンションのかかった、繊細だが力のみなぎった描線です。世界を神話ごと記述しようとするそのシステムとは、物質を顕在化させうる線のことなのではないかと思えるんです。そこには神話の物語も描き込まれているのに違いないが、しかしその意味まで到達することはいまではもはや不可能かもしれない。けれどその意味が全部揮発してしまったあとでも、そこには岩山であれ植物であれ、その物質性を顕在化させてくれる線が痕跡として残されている。神話が現実のなかに踏み出す境界線。それがマッキントッシュのドローイングに特徴的な力線ではないか。

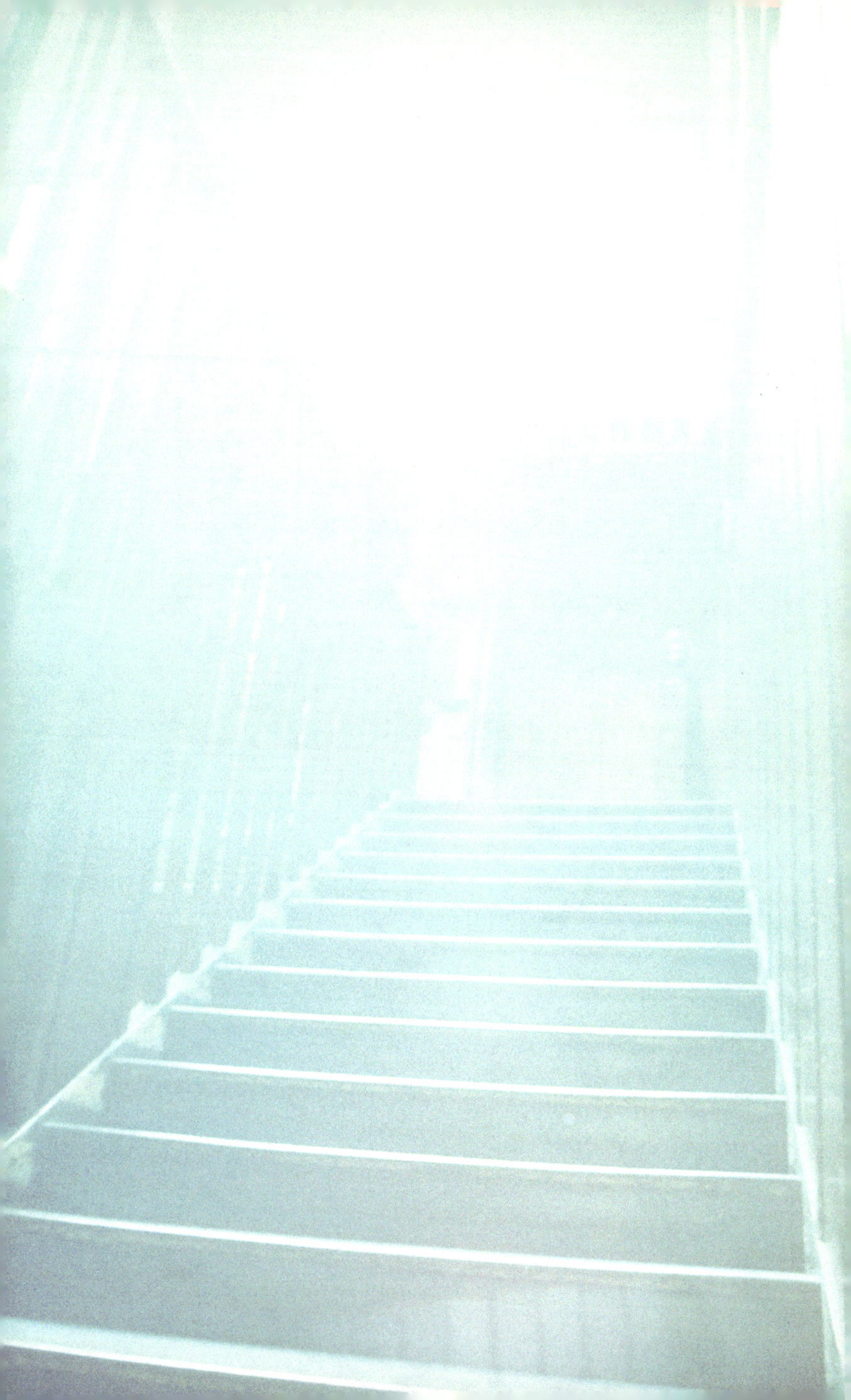

ラ・トゥーレット修道院

8

ル・コルビュジエ

8

Couvent de
la Tourette
1960

ヴォイドのなかのアナーキズム

多くのル・コルビュジエの作品のなかにあって、この「ラ・トゥーレット修道院」は群を抜いて不思議な魅力に包まれているように思います。その魅力とは、作品がそれを設計したはずの建築家のコントロールを振り切って、自由を獲得していくプロセスが見えるからではないかな。

でもその前にコーリン・ロウについて知っておくほうが分かりやすいね。「ラ・トゥーレット修道院」の主題は「ヴォイド／マッス」です。そして「ヴォイド／マッス」について最も深く考えていたのがコーリン・ロウだった。ロウは一九九九年に亡くなった建築史家です。建築以外の分野でも通用するような説得力のある建築批評は、残念ながらあまり見当たらないんですよ。御説ごもっともという感じの、堅苦しくて退屈なのが多い。もっとあけすけで面白いものがあっていいと思うんだけれど。コーリン・ロウの建築論は貴重な数少ないそれなんです。では、かれの建築論がなぜ面白いのかというと、才能ももちろんだけれど、それだけじゃなくて多様な教養の背景をもっていたからだと思う。

コーリン・ロウはテキサス大学やコーネル大学などのアメリカの大学で活動したけれども、一九二〇年にイングランドで生まれており、リバプール大学の出身。アメリカ人にはあまり見かけないシニカルな見方っていうのがイギリス人にはあるでしょ。独特の皮肉とかユーモアとか、言ってみればクール。そういう知的伝統があるけれどコーリン・ロウもまさにそれ。ただ一方で、イギリスには保守的で堅苦しいところもあるわけで、かれはそれがいやでアメリカに行ったんじゃないのかな。

そのうえ、コーリン・ロウにはもう一つの文化的な教養が重なっている。それはドイツ系ユダヤ人の知的財産ですね。ナチスがユダヤ人を抹殺しようとする前まで「ワイマール共和国」と呼ばれたドイツの政権はむしろリベラルであったから、ユダヤ人を中心とする活発な研究機関がいくつかあった。たとえば社会学や哲学ならフランクフルト研究所がある。ここで研究されていた成果は第二次世界大戦後、現代に至るまで重要な位置にあり続けている。それと同じ時期に、美学系ではヴァールブルク研究所があった。この研究所はヴァールブルク家という大財閥の資金のもとで私的に運営されていたんです。ヴァールブルク家にアビ・ヴァールブルクという、商売の大嫌いな変わり者が一人いて、かれが金融の本業からドロップアウトして私費でこの研究所をつくった。ヴァールブルク研究所からはアビも含めて、ぼくたちがいまも参照する優れた美術史家を何人も輩出しています。エルヴィン・パノフスキーとかルドルフ・ウィットコウアーとかE・H・ゴンブリッジとか。

でもナチスの台頭とともに海外亡命せざるを得なくなる。フランクフルト研究所はアメリカに亡命したんですが、ヴァールブルク研究所はイギリスに亡命した。いまでも活動していて名前は英語読みでウォーバーグと発音する。コーリン・ロウは修士の期間にここで勉強していて、これがかれのキャリアにとって大きかったと思います。イギリス系とドイツ系の二重の知的基盤を足場にしていた。アングロサクソン系とゲルマン系という対照的な思考がうまく噛み合ったまれなケースじゃないのかな。さらに哲学的なバックボーンとしていたのがカール・ポパーだったようです。ロウの著作にはポパーがときどき出てくる。ここではかれの哲学について詳しく話す時間はないので簡単に言うと、ポパーはウィーンの生まれでナチスのオーストリア併合でニュージーランドに脱出、第二次世界大戦後はイギリスに移住していたんだけれど、『推測と反駁』という著作のタイトルでも分かるように、バランス感覚を重要視するタイプの哲学者ですね、マルクスとは対照的。どうですか、コーリン・ロウがずいぶん変化に富んでいて、いかに多様な知的背景をもっていたかが分かるでしょう、全ヨーロッパ的とでも言えそうな。しかも、活動の場はヨーロッパと違って伝統の浅いアメリカだった。三十代半ばには、テキサス大学で教えながら建築家も巻き込んだグループをつくっていて、かれらについた名前が「テキサス・レンジャーズ」です。知的で、クールで、しかもやんちゃ。

フィギュア／グラウンド

で、ここからが本題です。「フィギュア／グラウンド」、日本語だと「図／地」。これ、聞いたことがあるでしょ。地図情報をいったん全部白紙還元してしまい、マッスの部分だけを選んで黒く塗りつぶす。つまり地図をヴォイドとマッスだけに単純化しちゃう。この手法はゲシュタルト心理学の応用で、コーリン・ロウが最初に開発した手法ではないんだけれど、彼はこの方法によって徹底的に都市分析を行なった。どの都市もこの同じ方法で黒と白に塗り分けることによって比較し、それぞれの都市の構造や特性を分析する。地域の違いも時代の違いも関係なく、全部を並列に並べてしまう。すると視覚を通じて極めて直観的に、都市の構造の違いが把握できちゃう。そこがすごい。普通の地図には、建物や道路や地形などのいろいろな情報が含まれているんだけれど、その関係も建物の種類もいっさい無関係に、マッスのところだけを一気に塗りつぶすっていうのがルールです。この方法によってコーリン・ロウはいろいろな面白い発見をしていった。

たとえば中世からの都市と現代都市の構成の比較。イタリアのパルマ［図8-1］と一九四五年にル・コルビュジエが考えた「サン・ディエ計画」［図8-2］という二つの都市をいきなり並列して、比較してしまう。これってすごいことだと思いませんか。「フィギュア／グラウンド」で見せられると、中世から引っ張ってきた都市パルマとル・コルビュジエの現代都市はずいぶん感じが違う。でも、これは塗ってみないと、どのくらい違うか気がつかないですよ。どのくらい違うのか。コーリン・ロウは明快に断言するわけ。それぞれの「フィギュア／グラウンド」が反転しているほど違うのだと。これを知ったときには心底驚いたね、まさに目から鱗。確かに「フィギュア／グラウンド」を較べてみると、そのとおりでしょ。

中世から現代にかけて都市が変わったことは誰もが気づいてはいるものの、ではいったいどこが変わったのかというと、それを明快に指摘できていたわけではなかった。でもコーリン・ロウは明快に言ってくれた。「フィギュア／グラウンド」が反転したんだと。それを具体的に言えば、中世ではギャップ（空隙）として都市の隅々にあった広場や路地や回廊や中庭などの繊細なヴォイド（空地）が現代では消滅した。その代わり、とりとめのないヴォイドが全面化してしまった。マッスは外観として全部露出され、だから孤立化しているんですね。現代では建物を取り巻く空きがスカスカなわけ。そしてコーリン・ロウはあっさり結論づけた。変化のあるヴォイドの襞が浸透している中世パルマのほうが、建物の外見のデザインばかり考えているル・コルビュジエの都市よりも、豊かさにおいてはるかに都市空間のレベルが高いんだ、と。

さらに追打ちをかけるように別の例を挙げる。このあたりのスピードのある話の進め方も格好いい。次はマニエリスム期の建築家ジョルジョ・ヴァザーリの設計した「ウフィッツィ宮殿」と、ル・コルビュジエ設計によるマルセイユに建つアパート「ユニテ・ダビタシオン」との比較。この二つの事例を「フィギュア／グラウンド」の図に置き換えて比較すると、これもまた正反対なんですね。「ウフィッツィ宮殿」にはとても細長い印象的な中庭があるんですが、マッスとしての「ユニテ・ダビタシオン」はそのヴォイドとほとんど同じ、ぴったりと嵌ってしまうくらい。ここにも現代の都市空間における「フィギュア／グラウンド」のものの見事なまでの反転がある。その事実をグラフィックとして視覚的に計量化して見せてくれた。

この文脈では、現代都市の貧しさの例証として散々な目に遭わされているル・コルビュジ

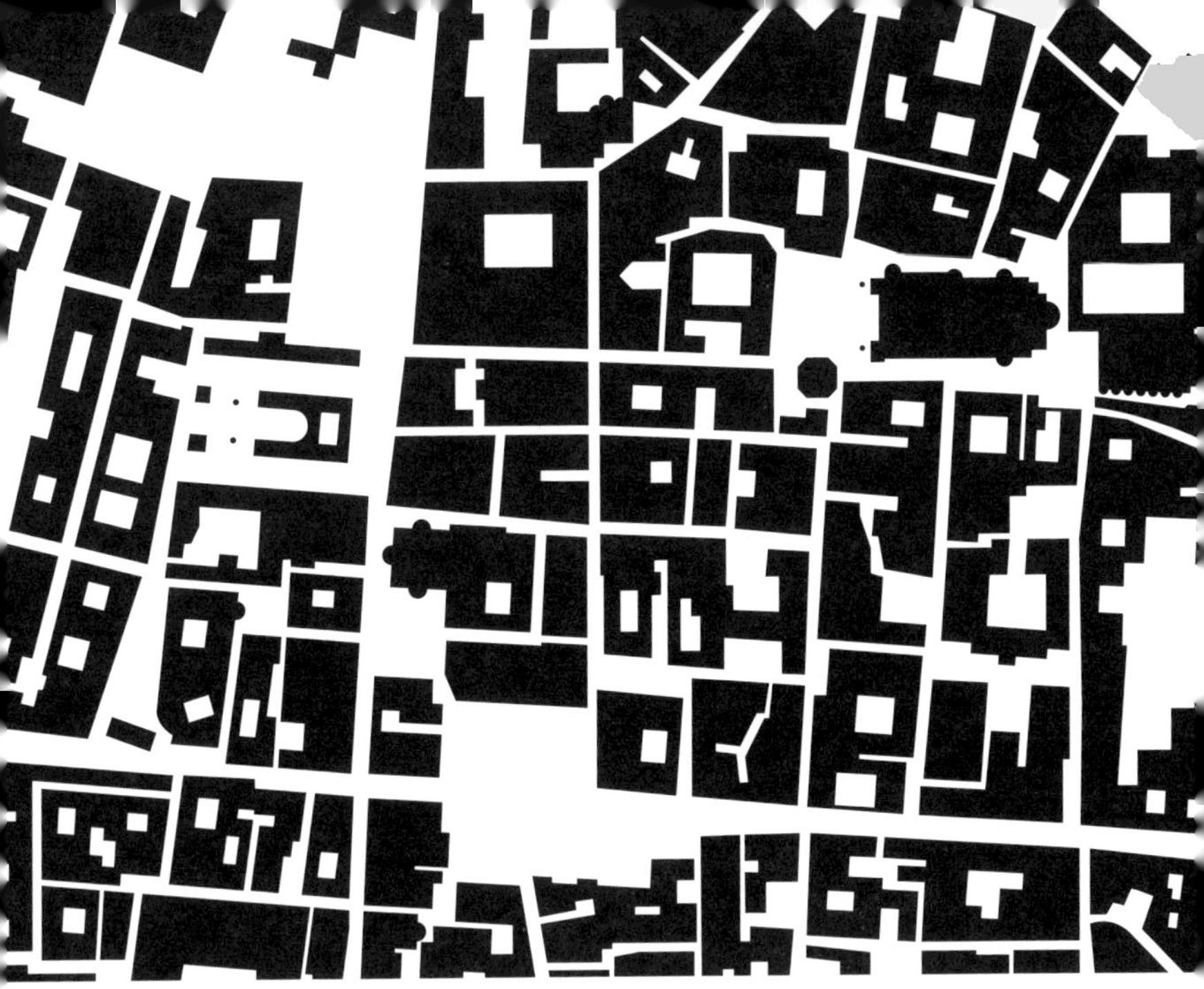

8-1

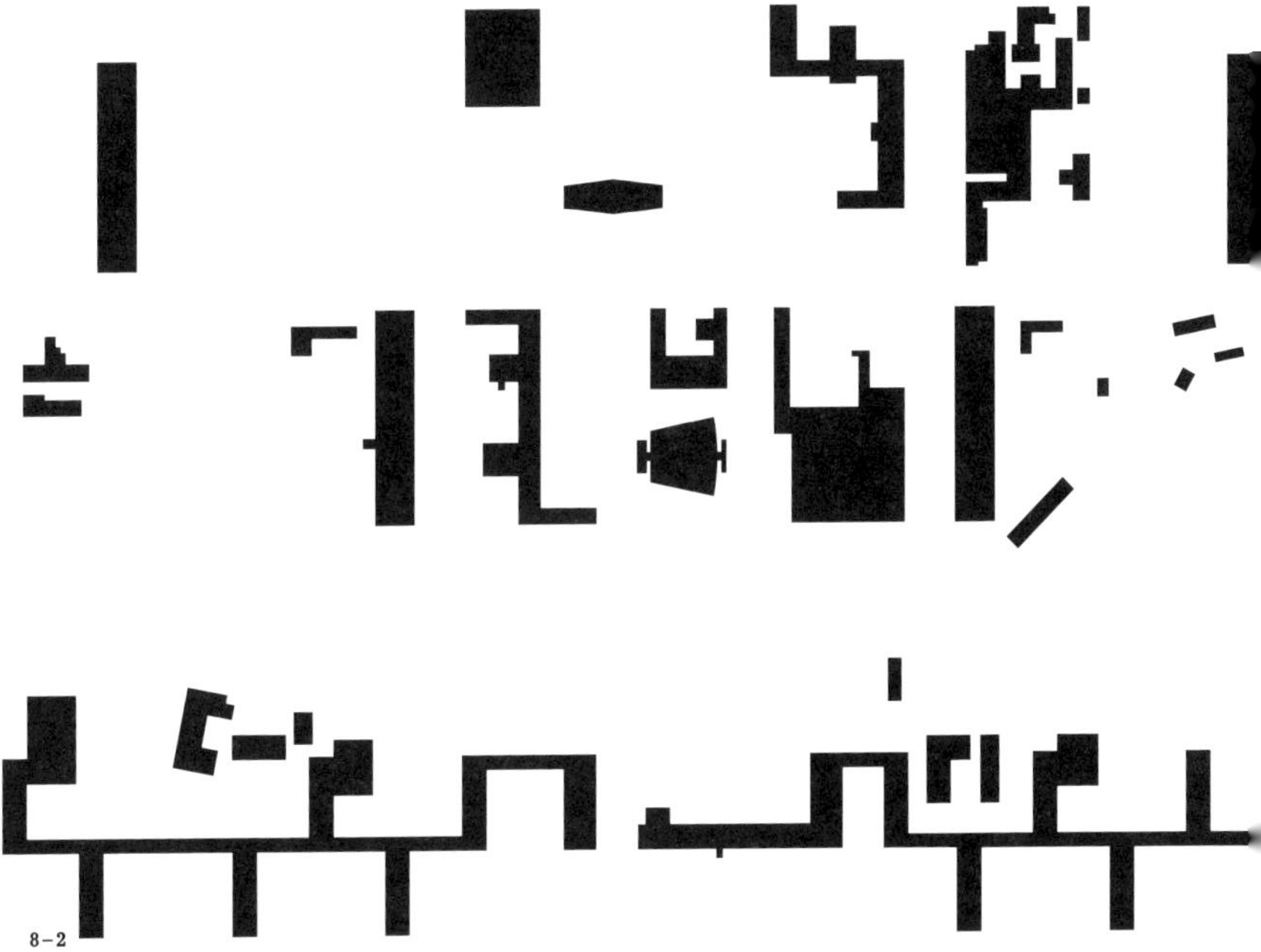

8-2

エの作品が、まさにこれから話す「ラ・トゥーレット修道院」であることが重要だと思う。なぜなら「ヴォイド／マッス」の関係で見るかぎり、「ラ・トゥーレット修道院」ほど面白い建築はないからね。都市計画ではコーリン・ロウから批判されたル・コルビュジエが、建築では「ヴォイド／マッス」の関係をフルに活用してダイナミズムを生み出しているから面白い。コーリン・ロウ自身も「ラ・トゥーレット修道院」はとっても気に入っていて、「ラ・トゥーレット」（『マニエリスムと近代建築』彰国社、一九八一）という面白いエッセーも書いているので、興味の湧いたひとは読んでみてくださいね。

ル・コルビュジエによる修道院モデル

「ラ・トゥーレット修道院」の外周はシンプルな矩形のプランです［図8-3］。だから外部に対してはこの建物も孤立している。都市計画ではコーリン・ロウによって批判された建物の孤立感だったけれど、荒涼とした山の斜面に建つ修道院にはそれがふさわしいんだ。そしてこの中心には、誰もが認めないわけにはいかない巨大なヴォイドがどかんと空いている。このヴォイドをめぐる葛藤こそがこの建築のすべてじゃないか、とぼくは思います。

8-3

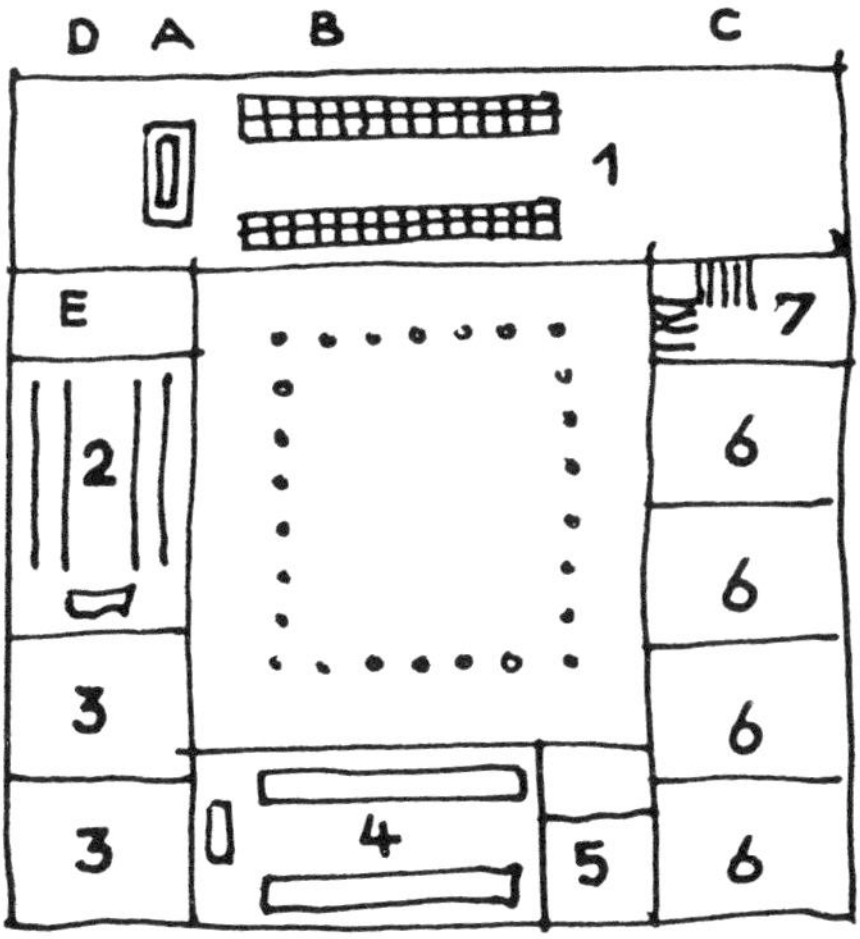

8-4

提供＝Fondation Le Corbusier

以前取り上げたアルヴァ・アールトの「セイナッツァロのタウンホール」にも中庭としてのヴォイドがあったよね。あのとき詳しく説明したように、「タウンホール」のヴォイドは建物のスケールを人間のスケールに近づけ、ヴォイドを介して空間を小さく感じさせるための工夫だった。ところが「ラ・トゥーレット修道院」のヴォイドはもっと複雑で、混沌としている。むしろ得体の知れないもの。「空洞がそこに存在するのだ」と断言するためのヴォイドというか。そういう意味では、ヴォイドの原型と言えるのかもしれないね。ヴォイドとはそもそも虚ろなものだから、その「なにもなさ」が即物的に存在するとすれば、そのこと自体がすごい。

しかし、このヴォイドにはル・コルビュジエがモデルにした原型があります。南フランスにあるロマネスク様式の「ル・トロネ修道院」がそれ。ここにも歴史を超えた連携があったことになる。南フランスからスペイン、イタリアにかけて多くの修道院が散らばっているけれど、シルヴァカンヌ、セナンク、ル・トロネの三つの修道院がとくに美しくて「プロヴァンスの三姉妹」と呼ばれています。どれも素晴らしいけれど、なかでも「ル・トロネ修道院」が飛び抜けている。ル・コルビュジエは実質、ほとんど唯物論者だったから、キリスト教については詳しくなかったと思う。そこでクライアントであったマリー＝アラン・クチュリエ神父が「ル・トロネ修道院」を見にいくように勧めたらしい。ラ・トゥーレット修道院

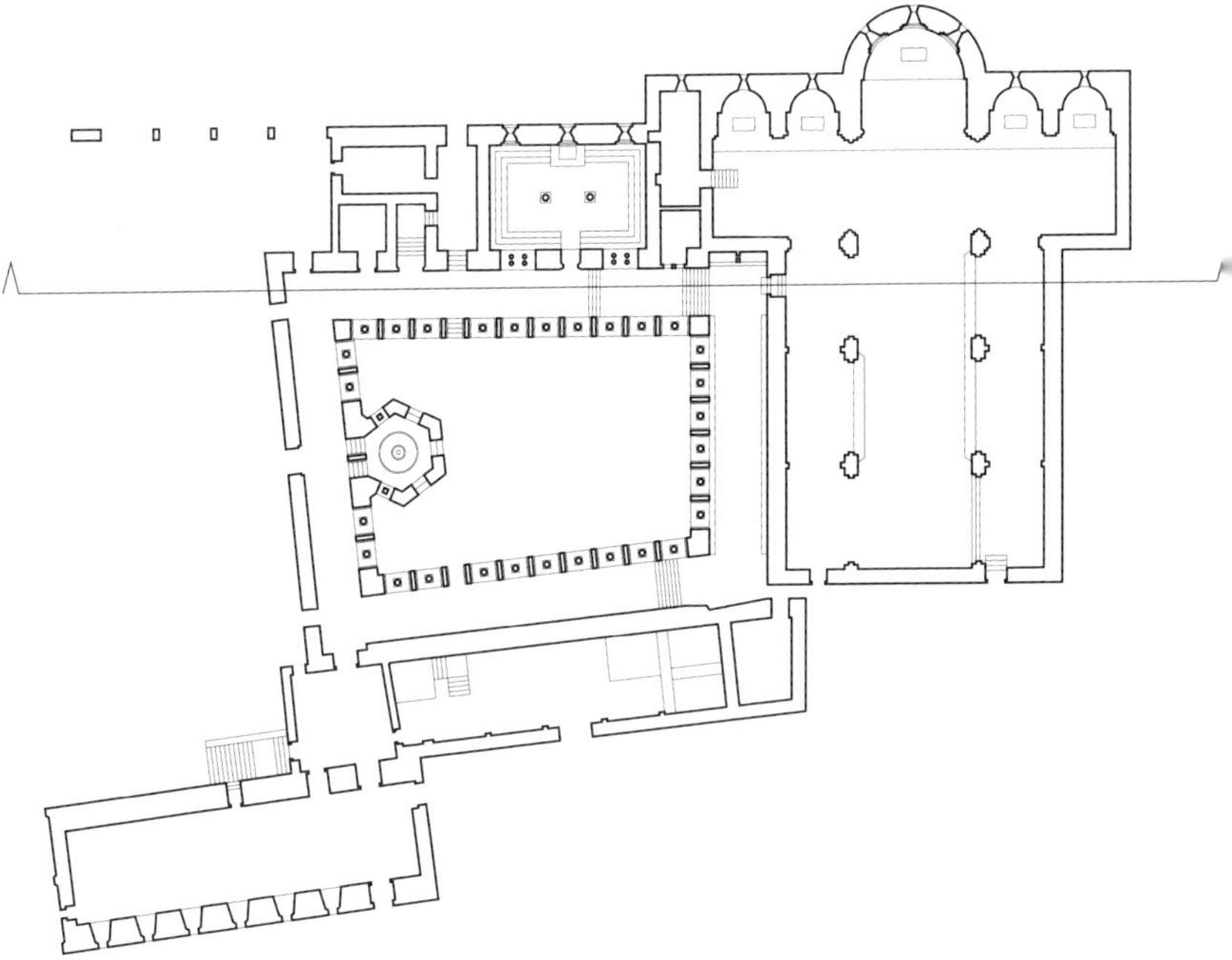

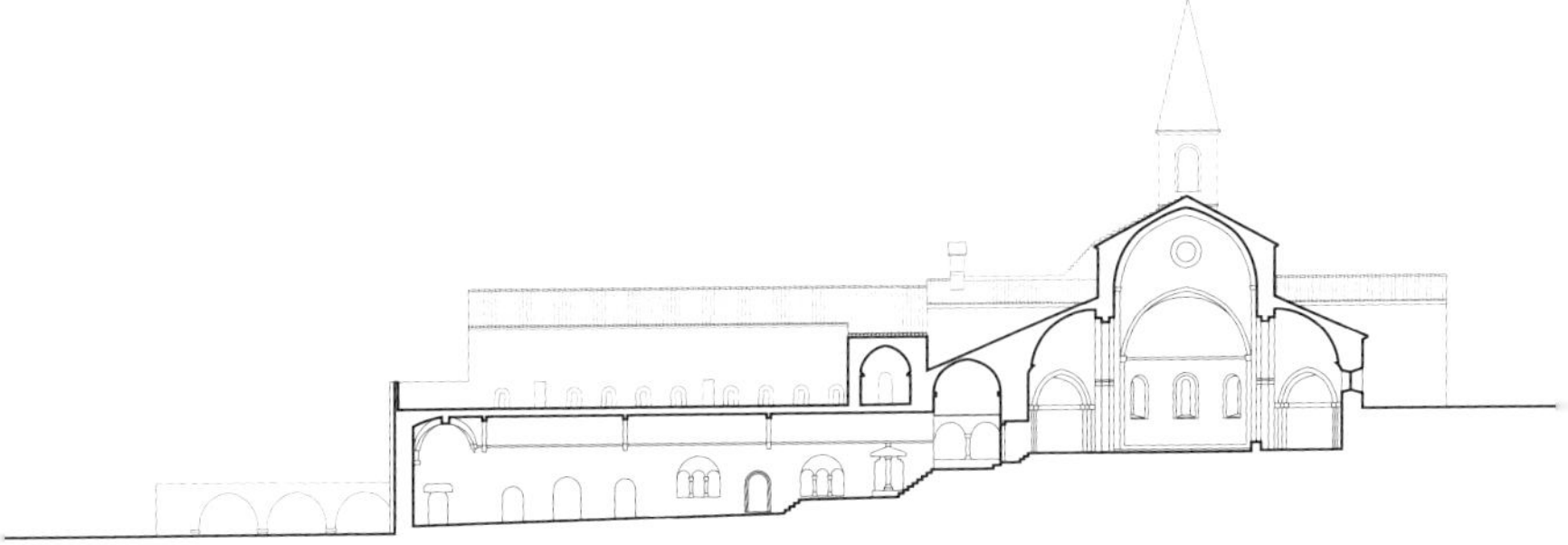

8－5

はドミニコ会だからシトー派のル・トロネとは流れが違うんだけれどね。この神父は、芸術とキリスト教を融合させるような宗教活動を考えていて、その実践としてル・コルビュジエに声をかけてくれたわけです。「ロンシャンの礼拝堂」やヴァンスにあるマティスの「ロザリオ礼拝堂」にも関係していた情熱的な神父だったそうです。世界大戦後には宗教界でも大改革をしようとする大きな動きがあったんだね。人類にあれだけの犠牲を強いた戦争に対する反省でもあった。なぜ神はあの殺戮を阻止できなかったのか、というわけですよ。キリスト教もまた原点に立ち返ろうとする気運があったんだね。

いろいろ勉強した結果、ル・コルビュジエは修道院のプランを単純にモデル化した明快なエスキースを描いているんだけれど［図8-4］、その中心にあるのが回廊で囲まれた中庭、つまりヴォイドです。そして「ラ・トゥーレット修道院」は、まさにこの「修道院モデル」のとおりに計画されている。どの修道院にも、回廊があり、中庭があって、泉があります。でも、「ル・トロネ修道

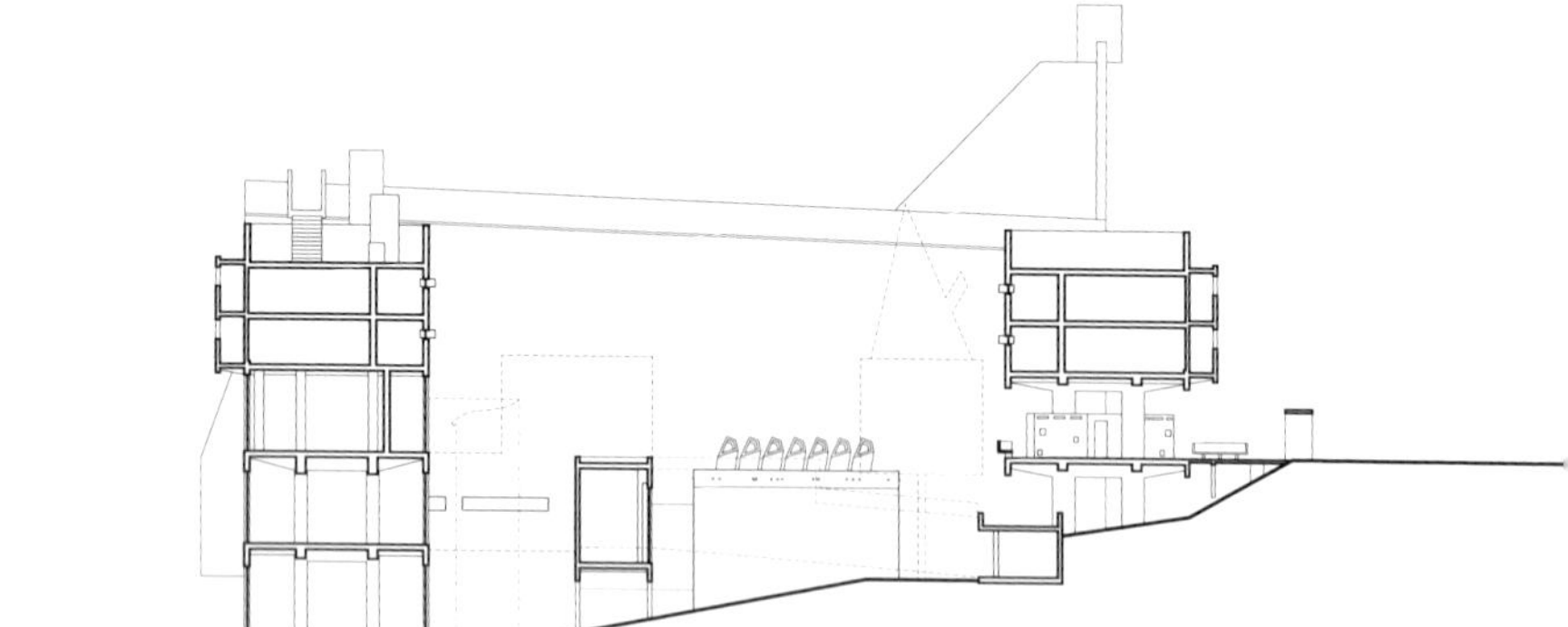

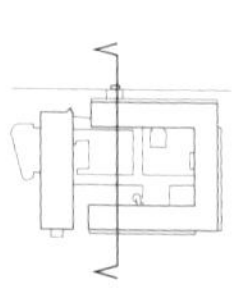

院」でしか見ることのできない特徴がある。それは回廊に高低差があることなんですよ。ロマネスク様式の修道院はいくつか見ているんだけれど、ぼくの見たかぎりでは、高低差のある回廊はここにしかなかった。回廊の途中に階段が何カ所かあるので、そこを歩くあいだいに中庭のレベルが上がったり下がったりするんです［図8-5］。

ル・コルビュジエが着目したのはそこだった。高低差のあるヴォイド。だから「ラ・トゥーレット修道院」の中心になる中庭が、なるべく急斜面になるように建物を配置した［図8-6］。これ、かなりの急斜面ですよ。ル・コルビュジエはこの斜面に触発されたのかもしれない。その傾斜を見た瞬間に、「ル・トロネ修道院」と、リヨンの郊外にあるこの敷地とが繋がったんじゃないかな。共通しているのは斜面のヴォイドを懐に抱えているんだってこと。でも、この二つの修道院は時代がまるで違うわけで、そこから、では現代のヴォイドはいったいどうなっているんだろうか、という大きなテーマが出てくる。この問題をル・コルビュジエはどう

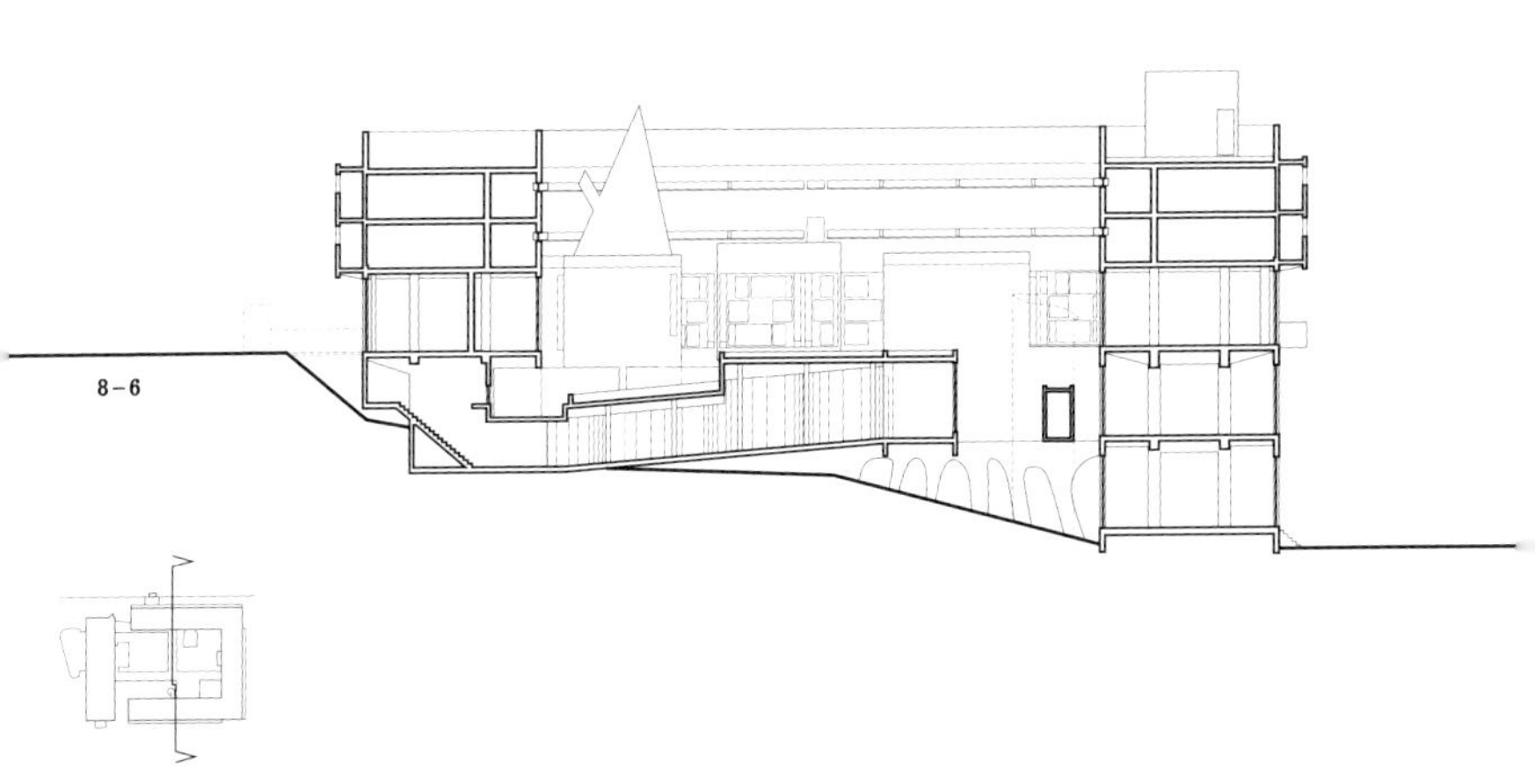

8-6

受け止めたのか。やはりそれは、ロマネスクから現代に至ったヴォイドの質の激変だったんじゃないのか。どこまで自覚してやっていたのかは分からないけれど、でも現代でしかありえないヴォイドを現出させたいという衝動は、間違いなくあったはずです。

現代のヴォイドとは

チャペルにアクセスする下層階、道路と接続する中層階、ドミトリーのある上層階の、この三つのプランは全部覚えてほしい［図8-7］。三つともぜんぜん違う。よく見てください。プランのど真ん中に矩形のヴォイドが思い切り大きく入っているよね。でも、「ル・トロネ修道院」の中庭と違うのは、回廊が中庭を取り囲まずに、引抜き材のような長いトンネルの形状になっていて、しかもそれがバラバラにされていることです。ここでは「ル・トロネ修道院」の回廊がもぎ取られ、ぶつけ合わされ、ヴォイドのなかに乱暴とさえ思えるほどの勢いで投げ込んであるかのようです。修道院モデルから中庭＝ヴォイドはまるごと踏襲したものの、回廊の扱いを思い切ってほとんど正反対のものに変えた。それがル・コルビュジエにとって修道院を現代につくることの意味であったし、またル・コルビュジエ最後の大冒険

3F

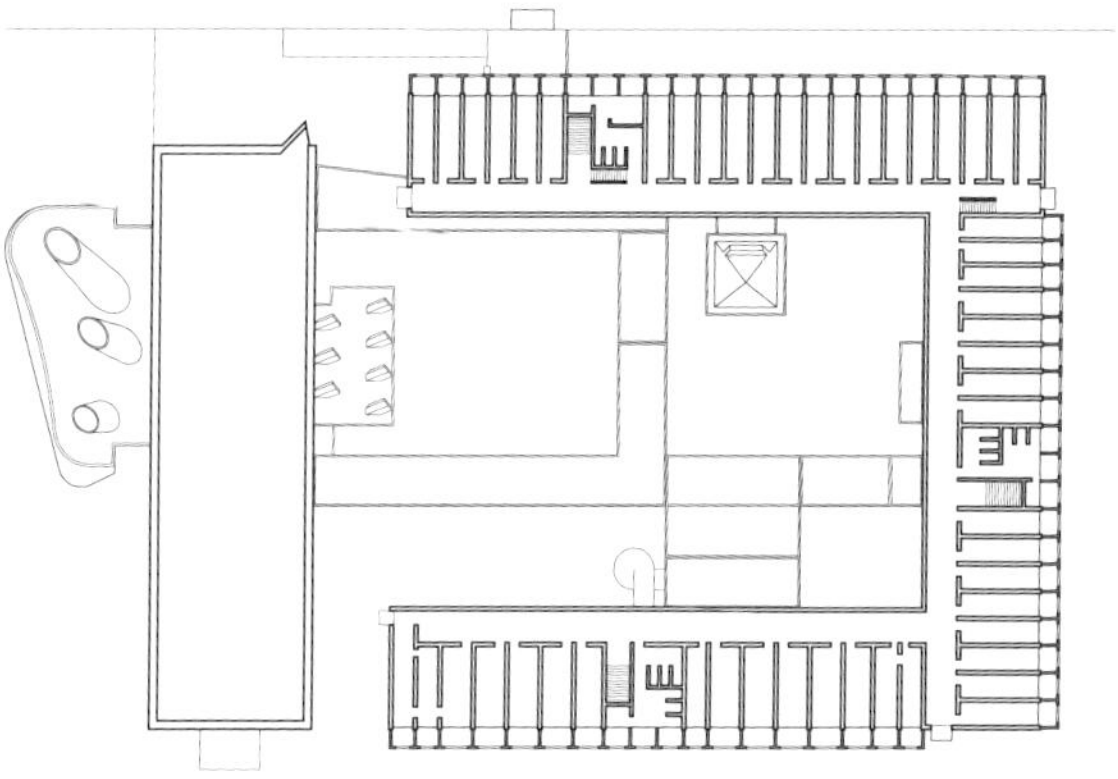

2F

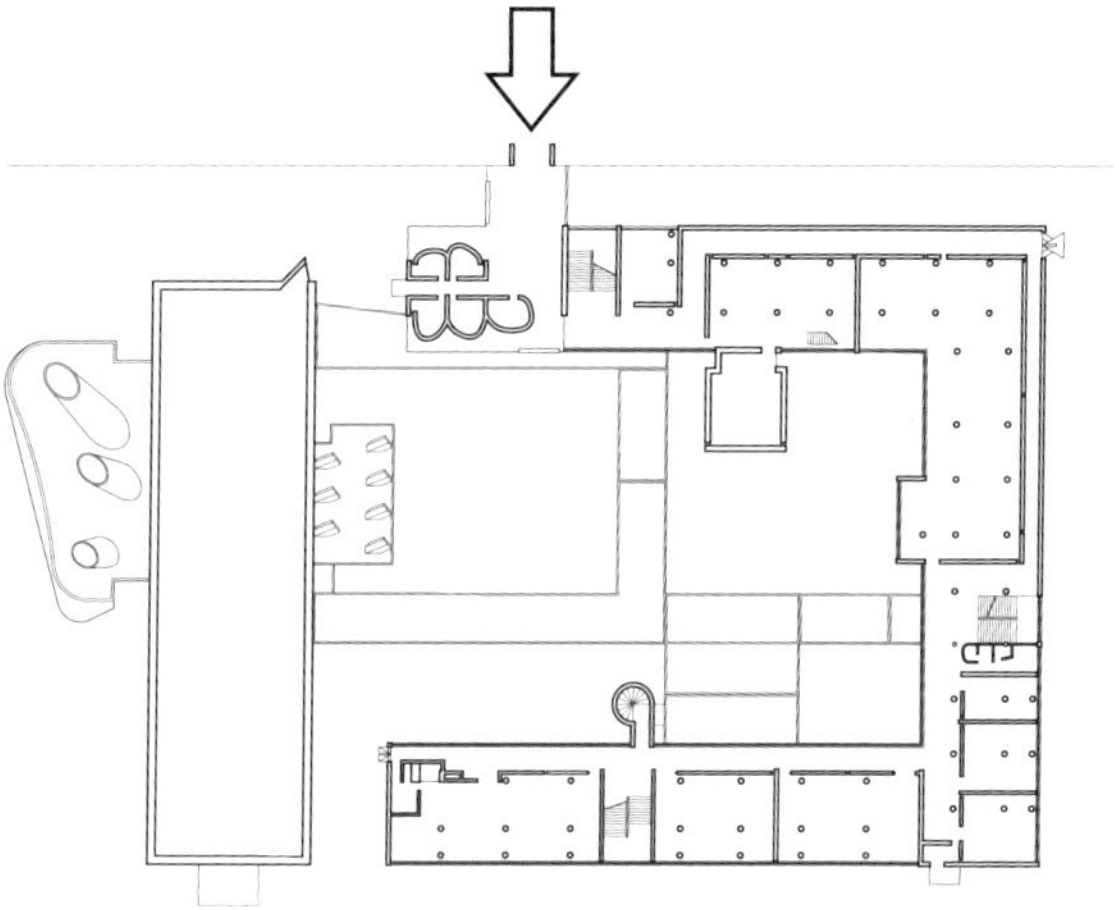

1F

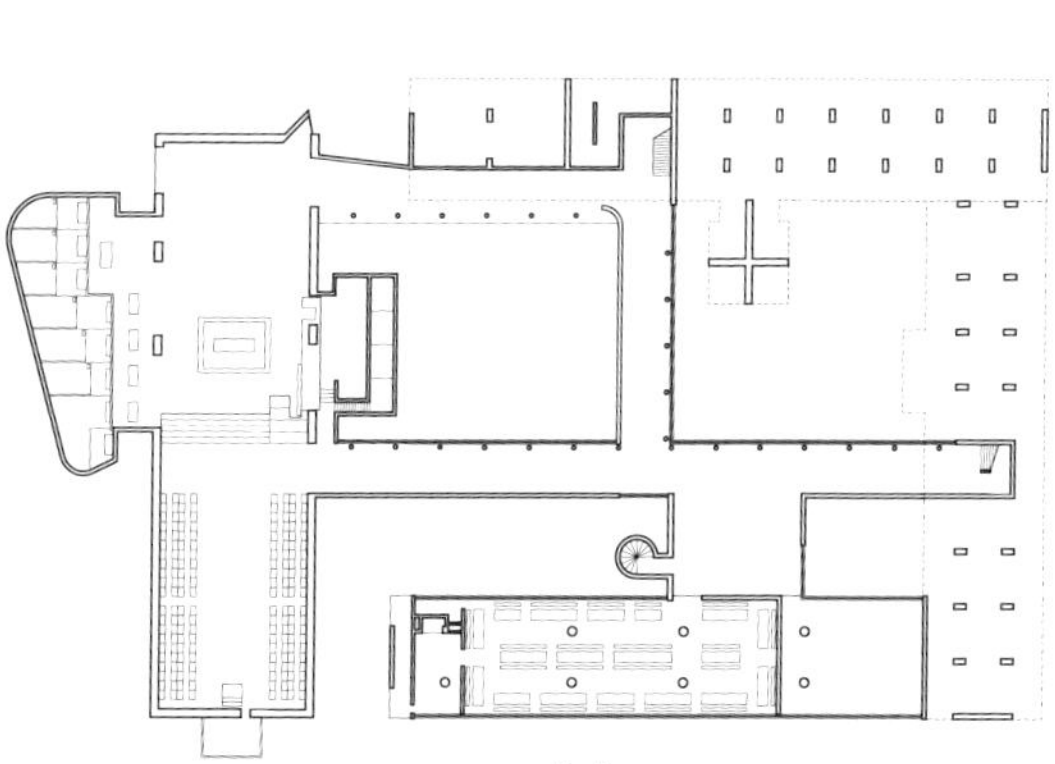

だったと思います。

これは設計の最初の段階のスケッチだけれど、描いたのはル・コルビュジエじゃない［図8-8］。若くてまだ駆け出しのヤニス・クセナキスだった。いずれはギリシャの生んだ現代音楽の巨匠ということになるんだけれど。ところが、かれは若いころは本気の建築家だったんですね。ル・コルビュジエの事務所で働いていた。しかもスタッフのなかでもとくに才能を買われていたので、このスケッチにはクセナキスのサインがあるんだそうです。「フィリップス館」というブリュッセル万博でのパヴィリオンではかなりの部分がクセナキスに任されていた。そのくらいクセナキスは例外的に一目置かれていたんだね。だからこの作品のアイデアは設計の当初からクセナキスが引っ張ったことは間違いない。

このスケッチには細長いシャフト状のトンネルが何本かはっきり描かれているでしょ。一つはエントランスから屋上まで真っ直ぐ上れるように傾斜するトンネル。それから短いエントランスゲート。さらにもう一つ、中庭を横断するように架けられ、途中で交差する十字形のトンネル。普通の修道院なら中庭の周辺に静かに張りつくはずの回廊が、周辺から外れてヴォイドのなかに飛び出してきて、なんと、斜めにぶっ刺さるように貫通している。この斜路をどう使おうとしていたのかというと、エントランスあたりから屋上まで斜めに上って、屋上の緑化された庭園に行けるというアイデアだったみたいです。それにしてはおおげさす

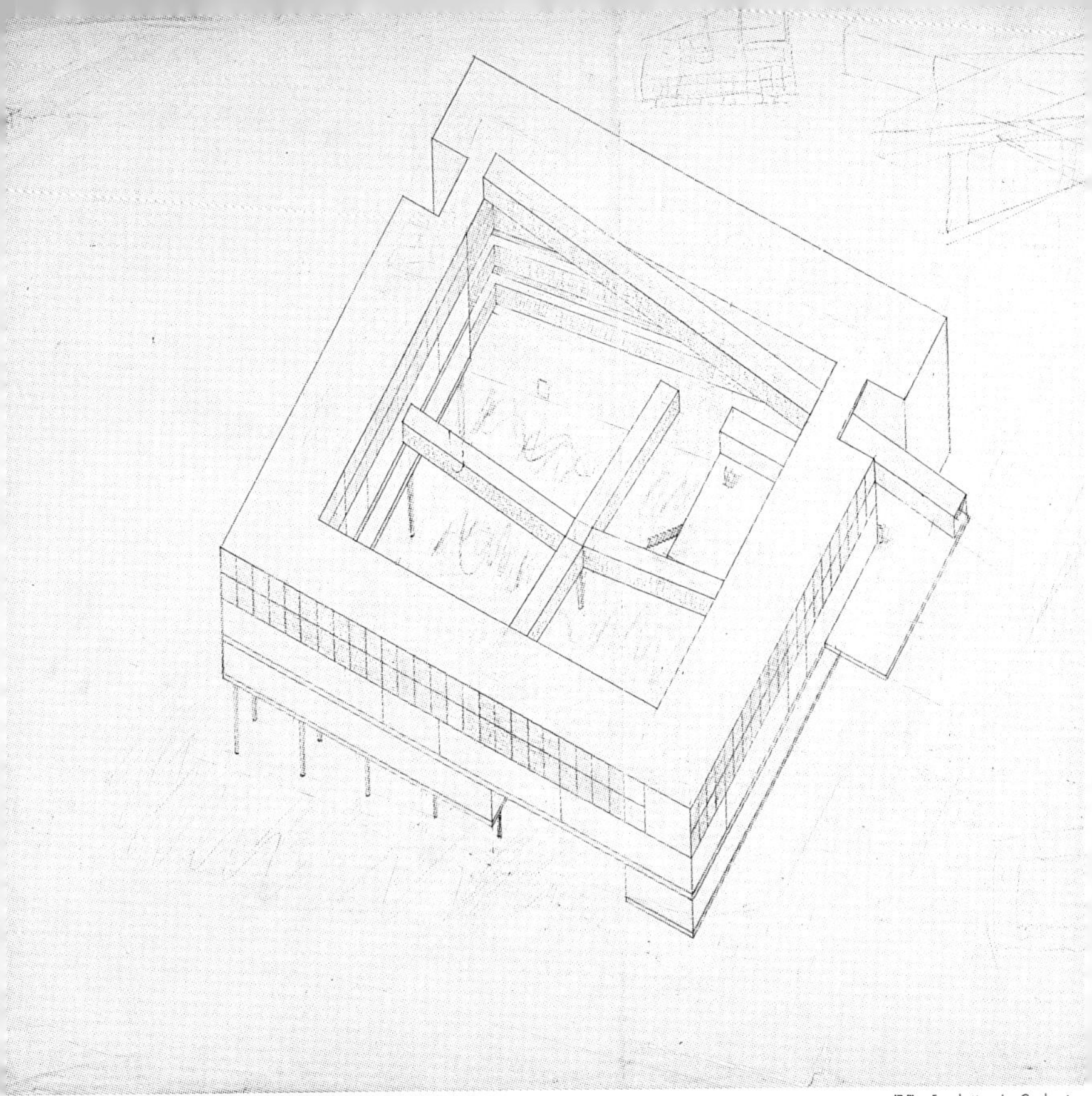

8−8

提供＝Fondation Le Corbusier

ぎて、ほとんどなにかの勘違いとしか言いようのないムチャクチャなアイデアだよね。もちろん修道院側も受け入れず実現しなかった。

この建物を知るには、まず重要な三つのプランを覚えればよいと言ったけれど、アクセスするレベルは真ん中の階に当たるフロアです。道路面から建物のエントランスにアクセスする段階では下のレベルは見えないので、エントランスゲートあたりから見るとそんなに大きな建物には思えない[図8-9]。アールトの「セイナッツァロのタウンホール」の逆の効果だね。道路側からは三、四階程度の規模にしか見えないのに、なかに入るにつれて巨大な全貌が現れる。シンプル極まりない四角形の、小さなゲート[380頁上]をくぐって先に進むと、突然、眼下に中庭が広がっているのに気がつく。

その広がりを目にしたときの第一印象は「これ、いったいなんなの?」っていう感じ。一瞬わけが分からない。一見しただけではいろいろな建築の断片みたいな塊が、ほとんど乱雑な感じであちこちにぶん投げられ、ひっくり返っているみたいな[図8-10]。「ラ・トゥーレット修道院」は見る前から頭のなかにすでに名作として刷り込まれているから、見た瞬間すぐに素晴らしいと思ってしまうけれど、そうでなければいったいどこをデザインしたんだろうと思って混乱するひとがいても不思議じゃない。だって配置や細部も、見方によっては、けっこうおざなりにさえ見えませんか。

8－9

8－10

たとえば、どうですか、この回廊の上に見える屋上緑化のテキトーな感じ。草の生え方も「えー、こんなんでいいの」みたいな。肝心のヴォイドである中庭では、コンクリートのでかい塊がのたうつように押し合いへし合いしていて、外から見下ろすと、ロマネスクの修道院みたいな静けさも、広がりもまるで感じられない。ところどころに草が生えているのは見えるんだけれど、スペースは断片化され、バラバラにされている。だいたいこの中庭はひとが出られるようになっていないんだから。ガラスは全部フィックスです。中庭というよりも荒れ放題な空き地と言ったほうが適切かもしれないよ。少なくとも、秩序だった整合性によって統一されているとは思えない。ぼくはこれほどアナーキーな建築をあまり見たことがないですね。まるで謎だらけ。ところが、内部に入ると、この謎の意味がかなり解ける。というのも、内部のシークエンスということになると、極めて変化に富んでいるからです。

形態からシークエンスへ

ル・コルビュジエは、近代以前の建築を総括したうえで、建築の原点はギリシャであると宣言してからキャリアをスタートした。そして当然、自分の建築のルーツはギリシャだと言うわけ。まさに古典主義が自分の原点。ところがル・コルビュジエの旅の手帳を収録した『Carnets, Les Voyages d'Allemagne – Carnets, Les Voyage d'Orient』(Electa, 2000) を調べてみると、トルコのイスタンブール周辺の白い建物のスケッチがいっぱい出てくる。かれの好みはむしろギリシャ的なテイストとはちょっと違うようにぼくには思える。しかし、ギリシャがルーツだと言っておいたほうが正統な感じでばっちり決まる。なぜならヨーロッパの歴史がそのように組み立てられているわけだから。

ル・コルビュジエ自身が「プロムナード」を重要視していたことを指摘していたのはル・コルビュジエを長年研究されてきた富永讓さんですが、この「プロムナード」的な、つまりシークエンス的な性質はギリシャ建築にはそれほどなくて、むしろイスラム系に多く見受けられる。にもかかわらず、ル・コルビュジエとイスラムとの親密さが指摘されてこなかったのは、ル・コルビュジエが自分のルーツはギリシャだと強く言ったことにもよるんです。ル・コルビュジエは自分の考え方をメディアに乗せるのがじつにうまかったからね。というか、マスメディア戦略を最初に編み出した建築家がル・コルビュジエですよ。写真やキャプションやレイアウトを駆使したインパクトのあるやり方は、かれの編集した『エスプリ・ヌーヴォー』誌や『ル・コルビュジエ作品集』を見ればよく分かる。それ以後の建築家は全部かれの方法をまねしているとも言えるくらい。

だから、ル・コルビュジエの言うことを長いあいだそのまま信用して、いままで来てしまったところもある。かれの言説はメディアのひとらしく、かなり脚色されているようにぼくは思う。だから、建築家が自らについて語っていることはほんとうなのか、営業用の能書きじゃないのか、そこから建築家の言説を疑ってかからないと近代建築は面白くならない。

ぼくの考えを簡単に言ってしまうと、ル・コルビュジエには信仰にも似た、ギリシャ的に完結した形態へのオブセッションがあり、その一方で、それとはまったく別に、シークエンスに対する関心というか、強い嗜好があったんじゃないか。ところが、形態が要求する運動の方向と、シークエンスが要求する運動の方向は真逆なんですよ。だって、形態は結晶化させる方向、つまり世界を単純化し秩序化する方向だけれど、それに対してシークエンスはそれを解いてゆくというか、自由な交通のなかに溶かしてゆく方向ですからね。フォルムとシークエンスの関係は固形化と液状化の関係と言い換えてもいい。そしてこの二つは真逆の作用ですから同時に作動すると、どこかで調整が利かなくなり、破壊的なことが起きる。にもかかわらず共存するとどうなるか。その結果が「ラ・トゥーレット修道院」だったとぼくは思います。

「ラ・トゥーレット修道院」では設計が進むにつれて、形態のコントロールがだんだんきかなくなっちゃったんじゃないか。当初は儀式のようなものを独自にイメージして、中庭から屋上まで斜路で真っ直ぐに上るつもりだったのが、修道僧たちが受け入れてくれなかったあたりから、この建築は手に負えないものに成長していったような気がします。大枠の外部では形態をなんとか堅持したものの、その内部では統御することができなくなり、シークエンスが形態の枠を破ってそこから溢れ出てきて、ついに形態を手なずけることができなくなった。コーリン・ロウの比較した「フィギュア／グラウンド」の両極端なあり方が、中庭のヴォイドのなかで激しくぶつかり合っているのかもしれないね。

このようにシークエンスに激しくかき混ぜられて形態のコントロールが失われた理由として、建築に、音楽のもつなんらかの方法をもち込もうとしたことも考えられるんじゃないか。きっと音楽の教養があるクセナキスに触発されてル・コルビュジエも大胆になり、未知だった音楽的なシークエンスの分野に大きく踏み込んでしまったんだよ。キャノンと呼ばれている筒状のトップライトがあるけれども、あれは光によって音楽が奏でられる楽器にしようと考えた結果、あんな装置のようなものになったんだそうです［387頁］。これもそうとう変ですよね。ル・コルビュジエもクセナキスも本気でクレイジーなことを考えていた。

闇のヴォイドと野性のヴォイド

ここは教会にアクセスする回廊の最終部分［図8-11］。外観から感じるアナーキーさの正体は、形態が崩壊するなかで回廊のシークエンスをひたすら追い求めた結果であることが、内部を歩くことによってだんだん分かってくる。回廊はこの最終局面で、前方に下るように傾斜しているんですよ。だから、ほんの少し重力が働いて、歩行が前方に加速する。ここで、アプローチする動作に勢いがつくのね。床をちょっと斜めにするだけで急にテンポが変わるダイナミズムが働く。しかも、ここがル・コルビュジエのすごいところで、シャフトを一度切断して、それを大きな壁に付け直しているんです［390頁下］。その結果として大きな壁をえぐるようにそこからあらためてトンネルが始まっているので、よりはっきりトンネル性が分かるでしょ。このように、トンネルは随所で切り替えられたり、折れたり、広がったりしていく。その結果が、中庭の形態の無秩序な混沌を生み出していたんだね。

チャペルの入り口には、センター吊りで回転する部厚いほぼ正方形の巨大な一枚扉が付いています。そして、教会のなかに入ると、じつは、ヴォイドが中庭だけではなかったことが分かる。教会のブロックそのものがもう一つの巨大なヴォイドだった。そこに入った直後は、

8－11

ほとんどなにも見えないほどの真っ暗闇。もはや、ヴォイドというよりも、闇のマッス、闇のソリッドと言ったほうが分かりやすいほど。だからいま思えば、ル・コルビュジエは対照的な二つのヴォイドを並べていたことになるね。一方は闇のヴォイドで、もう一つは野性のヴォイド。ヴォイドの終わりと始まりというか。あるいはヴォイドの対位法かな。

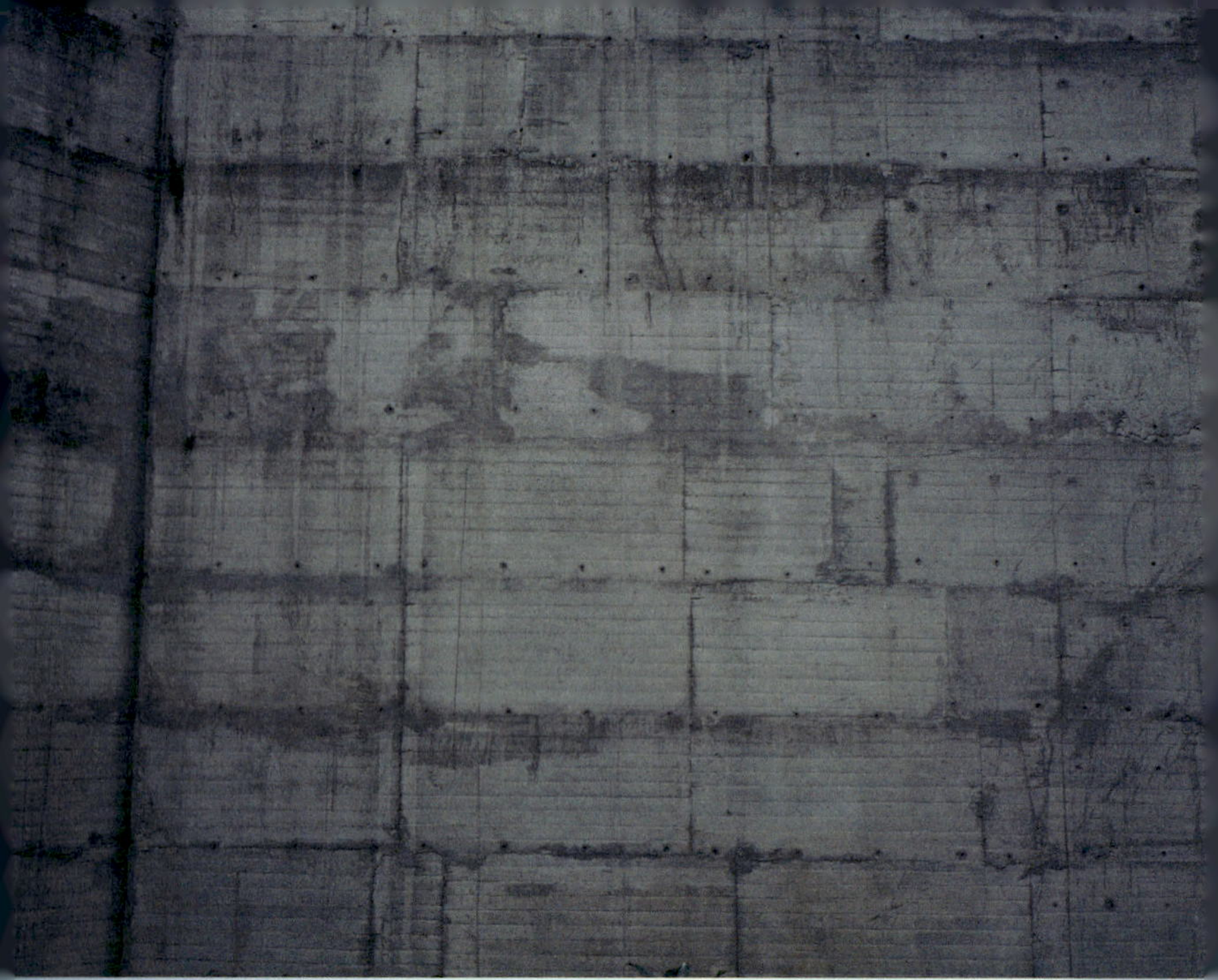

9

バルセロナ・パヴィリオン

ミース・ファン・デル・ローエ

9

Barcelona
Pavilion
1929

背中合わせの異次元

今回取り上げるミース・ファン・デル・ローエは、続けて次回に話そうと思っているハンス・シャロウンと一緒に知っておく必要がありますね。ミースの才能はもちろん重要ですが、でもシャロウンの才能もそれに少しも劣るものではないんですよ。ところがメディアに出てくるのはミースばかりで、シャロウンはまるでマイナー扱いでしょ。ではなぜ二人とも対等に知っておかなければいけないかというと、この同じドイツ生まれの二人の建築家は、ほとんど同時代に活動しながら、しかしまったくと言っていいほど対極的な作品を残しているんです。生き方もまったく異なっていた。まるで裏と表、ネガとポジみたいに。片方がいなければ、もう片方もいなかっただろうという気さえする。そこを頭に置いて、まずミースから始めます。ミースを語る場合はとくに、その時代背景をよく見ていく必要があります。ミースを知ることは、そのまま二十世紀の政治と歴史を掴み出すことになるからね。そしてミースの携わった建築は、なんの建物であってもそれが生まれた歴史と政治とを、目に見える具体的な形に置き換えて見せてくれているんじゃないかと思う。それをミースが意図していたところもあるし、また無意識にそうなっているところもあるけれど。

十九世紀の末から二十世紀にかけてのヨーロッパで、ドイツという国ほどとんでもない膨張と没落を経験した国はほかにないですね。ヨーロッパのいわゆる先進国は、ルネサンスの初めから、アフリカ大陸とかインドとかアメリカ大陸といったヨーロッパ以外の地域に植民地をつくることによって強国に成り上がっていった。ポルトガル、スペイン、イギリス、フランスといった専制君主国家、十九世紀には先進資本主義国と呼ばれた国家がそれだね。ヨーロッパ以外の場所を植民地化することによって急成長する。つまり、一方的な植民地経営によって、恒常的に莫大な利益を不労所得としてつくりだすこと、それが帝国主義の国家経営の基本です。

ところがドイツはその流れに完全に立ち遅れた。その理由は、封建制が長引いてしまって、なかなか国家統一ができなかったから。そこは、後進資本主義国として近代をスタートさせ、結局は軍国主義化していったイタリアや日本ともやはりよく似ているね。国家統一を果たして周りの世界をふと見廻してみたら、自国の植民地にできそうなめぼしい場所はもうほとんど残っていなかったというわけ。かれらが植民地にできたところはせいぜいがアフリカ、南太平洋の島々、山東半島程度。で、早い話がドイツは、遠方は仕方なく諦めて、その代わり大胆不敵にも、ヨーロッパのなかに植民地をつくろうと考えたんだよね。「遅れたものは取り返せ」というモチベーションには凄まじいものがあったんでしょうね。当時のドイツの高度成長は恐ろしい勢いで、第一次世界大戦もドイツの膨張政策が大きな原因の一つだったんだ。この戦争には負けちゃうんだけれど、高度成長そのものへの反省はないし、だから膨張の欲動は変わらない。いや、変わらないどころかさらに昂進して、その結果とうとうナチスまで生んでしまう。東欧、チェコ、ポーランド、あの辺全部を植民地にしたかったわけですよ。簡単に言えば、手近なところで植民地を手にしてしまおうという危ない橋を渡ったわけ。

ドイツの「技術」信仰

その国力の急上昇のためにドイツが切り札にしたもの、それが「技術」だった。そのニュアンスは、われわれが考える技術の意味をはるかに超えて、もうイデオロギーなんですよ。

エリートの技術官僚を「テクノクラート」と言うんだけど、これが当時のドイツの政治家の中枢を形成していた。政治家や官僚に理系が多かったということが新しいよね。「技術」という言葉は、きっとピカピカに輝いて見えていたんだと思う。これはもうほとんど「技術」信仰に近いね。現代でもその影響は大きくて「技術」それ自体を批判するひとはまだ少ないでしょ。信仰としての「技術」、これはいまでも大きな謎。前にも言ったけれど、ナチスが台頭する直前のドイツはワイマール共和国と呼ばれてむしろ民主的な政権でしたが、技術信仰についてだけは熱狂的だった。そこだけはナチスにすんなりスライドしちゃった。というか、さらにバージョンアップしたわけ。一九三三年にはナチスがもう政権を奪取するんだけれど、そこからは言論への弾圧がガーンと効いてきて、ちょっとでもナチスに批判的なひとは、ほとんど亡命せざるを得なくなる。なにしろ気に入らない書物や絵画を燃やしてしまうんだからね。結局ミース・ファン・デル・ローエも亡命することになるんですが、ぜひこの時代の緊迫した感じを実感するように掴んでほしいね。建築はそういう時代の激動のなかで生まれてくるものですから。

ナチス・ドイツがミースの建築にかなり関心をもったことは確かなんです。ところが幸か不幸か、ヒトラーはちょっとセンスが悪かった。残念ながら三流。どうして全体主義者はみんな、ああもセンスが悪いのかね。それでヒトラーはミースじゃなくてアルベルト・シュペーアを選んだ。ナチス・ドイツになってしまうと、インテリジェンスのあるひとはほとんどドイツを離れてしまった。ユダヤ人はもちろんですが、ドイツ人でもトーマス・マンなど多くの知識人はさっさと亡命している。ところがミースが亡命したのは一九三八年で、かなり遅いほう。けっこう粘っていたことになるね。三三年から三八年の五年間は案外長い。これは微妙なところがあったんだね。流れによってはナチスもあるかなって、ミースは迷った節があったように思います。

それでも結局は亡命するんだけれど、それをフィリップ・ジョンソンが受けとめたのがまた面白いところ。ジョンソンはアメリカではファシスト系で、自分の建築の才能はたいしたことはなかったけれど、ひとの才能を見抜くセンスはあったわけだ。とにかくかれのおかげでミースのアメリカ時代が新たに始まる。だからミースを語る場合には、ドイツ時代のミースと、アメリカ時代のミースがいて、この二つはちょっと精神的な基盤が違うんだよね。ドイツ時代とアメリカ時代とでは作品も違うと思って見たほうがいいんじゃないか。自分一人で、時代の異なるバックグランドを串刺しのように貫いて生きたことによって、ミースは二十世紀のダイナミズムをまるごと体現しているんですね。アコースティックからエレクトリックに至るジャズをマイルス・デイヴィスが貫いているように、ミースは近代建築を貫いているんです。ヨーロッパ時代のミースはアコースティック・マイルス、アメリカ時代のミースは電化マイルス、まずはそんな感じで押さえておこう。

建築のための建築

新興ドイツは一九二九年のバルセロナ万博を機に、自分たちの技術力を世界にはっきり打ち出そうと、思い切って四十歳そこそこの、建築家としてはまだ若いミースにそれを託します。このテクノクラートが決断する弾力性もすごいよね。ところが、このドイツのパヴィリオンには、肝心のドイツ製品はなにも置いていなかったんですよ。ミースが置かせなかった。なぜか。ミースが自国のものを一流とは見なさなかったからです。自国産はダサいわけ。で、唯一置いてあるのは、自分の設計した椅子、「バルセロナ・チェア」だけ。すごい自信だよね。ミースのひと声にもすごい力があったわけだ。だからドイツは困って自国の売り込みたい製品を置くために、別の場所にもう一つパヴィリオンをつくっているんです。こっちは金もかけずにあっさりと。だから「バルセロナ・パヴィリオン」でミースは用途や目的にとらわれず、やりたいことがなんでもできたんだ。

用途や目的をもたなくていいという条件で、建築家に建築をつくる機会が訪れることはまずないですね。普通は用途、目的があるから建築をつくる。でも、見方を変えると、建築の用途や目的は人間の都合で決まってくるものだから、それがなくてかまわないとなると、設計上の制約が大幅になくなることになります。それでもまだ制約が残っているとすれば、それは建築そのものを成り立たせる要素に限られるんでしょうね。純粋と言えば純粋、まさに建築の純粋培養。だから建築家としてはある意味では自由であるわけだけれども、その一方で、なんともとりとめのない状態でもある。

ミースは、自分から政治的に、あえてこの、目的の拘束を解かれた建築をつくるという、希有のチャンスをつくり出したんですが、そこでミースは「建築のための建築」という、とんでもないアイデアを仕掛けた。国家を向こうにまわしてこの鼻っ柱の強さはたいしたものです。これをやるチャンスはいましかないとかれは絶対に思ったに違いないね。それは建築そのものの思考だけで成り立つような、いわば「自立した建築」をこの目で見たいという願望なんだよ。ところで、建築そのものを考えるってことは、突き詰めると、建築の原点に向かうことになるよね。そして、この原点帰りへの欲望は、明らかに、どの近代建築のなかにもあった。近代建築のどこかに革命的な痕跡が感じられるとしたら、それは近代以前の建築をいちどここで白紙に還元しようとする衝動じゃないかと思う。白紙還元のこの衝動はいろいろなケースが見られると思うんだけれど、ミースの場合は、とくにその徹底度がハンパじゃなかった。

どのくらい徹底していたかというと、平面図上での柱は、もはや一個の「点」でしかなかったし、壁は一本の「線」でしかなかったというくらい。いまはそれに慣れ切っちゃっているから当たり前で、きみたちもまったく驚きはしないのですが、近代以前のヨーロッパではまだ「様式」に深い意味があったから、柱頭のデザインにどの「様式」を選ぶかによって違うように、柱は同一断面の一本の均質な棒のようなものとしては到底認識されていなかったんだよ。壁も同じで、付け柱などのような壁の表面に付けられたレリーフも様式の重要な要素だったから、それらを全部はぎ取って単純な一枚の面のように見ることはできなかったんですよ。もちろんこの時代にはロースもいたわけで、近代建築のこのような抽象化作用はミースだけに限ることではなかったんですが、その還元の徹底化の極限で「建築のための建築」みたいなものを試みたのはさすがにミースだけだった。「バルセロナ・パヴィリオン」はまさにそんな還元の果てに建ち上がったんです。そして、その結果、われわれの目の前に現れてきたのは、建築に関する二つの異質な思考だった。それが「柱」と「壁」の思考です。

柱の思考と壁の思考

「バルセロナ・パヴィリオン」でミースがすごいと思うのは、先ほど話したような建築的要素の還元、つまり記号化に満足してそこに留まってしまい、あとはそれらの組み合わせで形やプロポーションを操作することで満足するのではなくて、そこに柱の思考と壁の思考との決定的な違いを見出し、しかもこの異なる二つの思考が同時に共存し、そして共鳴する状態を徹底的に追い詰めて確かめようとした点ではないかな。逆にこうも言えるね、「バルセロナ・パヴィリオン」の柱と壁を見ることによって、見るものは、柱と壁のそれぞれが、じつはまったく異なる思考をもっていたことに初めて気づかされるんじゃないか。

いまここで柱の思考と壁の思考の違いを説明しだすと長くなるので簡単に言いますが、構造の面からすると、柱は軸組、つまりラーメン構造に属するのに対して、壁は積石造や煉瓦造、つまりメーソンリーに属しているのですが、その構造の違いは構造材を産出する場所や地域によっても異なるわけで、まさに地球上の大きな文化圏の違いを決めているとも言える。柱の思考と壁の思考が地球全体の文化的分布と連動している。たとえばラテン系は積石造だから壁だし、日本は木造が一般的だったから軸組でしょ。ラテンは壁的、日本は柱梁的なわけ。また、幾何学的な面からすると、点は列柱のように反復したり、森の樹木のように分散することができるのに対して、壁は空間を遮断して区切ったり、折れ曲がったり、湾曲したり。あるいはジグザグに動かすこともできる。運動感からすれば、柱は点と点の間隔が生み出すリズムを感じさせるのに対して、壁はそれが向かう方向によって地面を横切るスピードを感じさせる。

まあ、こんな風に違いを挙げればいくらでもあるんですが、ここで重要なことは、柱と壁はまったく違う思考に属していることだね。しかも、言うまでもないことだけど、柱の思考にせよ、壁の思考にせよ、近代にいきなり始まった思考ではなくて、建築の発生当初から建築の全歴史のなかで、それぞれの場所で脈々と培われていたし、しかもどちらの思考も、それぞれの場所で共有されていた。まさにこれが建築固有の思考、つまり建築言語のあり方ですね。にもかかわらず、柱の思考と壁の思考とはほとんど別の種類の建築言語だった。その違いを初めて自覚的に顕在化させ、その建築の二大思考を、同じ建築のなかで同時に発動させることを無謀にも試みたのがミースだった。

混じり気のない純粋な壁と柱の同時共存、まさに建築のための建築が奇跡的に、それもドイツじゃなくて、スペインのバルセロナという場所に一瞬できあがった。それは文字どおりの一瞬で、パヴィリオンだから万博終了とともに解体されてしまい、やっと一九八〇年代になってスペインの建築家たちによって再建された。だからいまあるのはレプリカ。でもきっと実物よりはるかによくできていると思うよ。実物はクレームだらけだったみたい。基礎が下がって床に水が溜まったとか。

ちょっとここできみたちに、すぐに役立ついいことを教えてあげる。設計をやっていて行き詰まったら、柱と壁の位置を見直したほうがいい。そして両者がくっついていたら少し離してみるんだ。どう、それだけ。これ単純でしょ。設計が行き詰っているときは、たいがい壁と柱とがなんとなく一緒に重なっているものです。というのも、一般の建物では、商業的には売りにくい柱と壁のあいだのスペースをなくそうとする理由で両者をくっつけて、一体化してしまっているんですよ。壁の隅に柱型が付いているようなケースはよくあるでしょ。壁のなかに柱が埋まっちゃっている。そのように柱と壁が重なっているところを見つけたらそこをぱっと外して、柱と壁のあいだに少しでも隙間をつくればいい。これをやると間違いなく設計は格段によくなる。それも、いきなりレベルが上がるんですよ。なぜか。それは簡単で、柱の思考と壁の思考がまったく違うから。アナログとデジタル、ミシンと洋傘ほど違う。さっきも言ったように地域性も文化的背景もまったく異なるんだ。その違いが分からないまま設計をやっていると、ごちゃごちゃ絡まったり、フリーズしたりするんです。ところがミースは「バルセロナ・パヴィリオン」で、壁と柱の思考を両方同時にやったんだね。しかも混じらないように完璧に分けて、壁は壁、柱は柱、で考え切っている。ここはまねするだけの価値はあるね。

壁と柱がまだ未分化な状態のミース自身による初期のドローイングが残されています（"*The Mies van der Rohe Archive2*," Garland Publishing, 1986）。ミースのスケッチの特徴っていうのは、とにかく線が速い。先の尖ったコンテみたいなもので、ビューッビューッて引いている。それに比較すると、ルイス・カーンの線はそんなに速くない、むしろこう、コツコツ描くタイプですね。アルヴァ・アールトはちょっと震えるタイプ、スピードで描くひとではないです。線の速さで競えば、きっとミースがいちばん速いんじゃないか。

軸を挟んだ左と右

さて、これは一九二九年の当時のバルセロナ万国博覧会全体の配置図です［図9−1］。ここにはいかにも権力者が計画したような二本のバロック軸がある。一本目は会場全体を一直線に横断している、誰にでも分かるバロック的なメイン軸。二本目は中央の噴水で一本目のメイン軸と直交する細長い庭の軸。この直交する大きな二本の軸をミースは押さえた。そしてこの軸を自分の建築のなかに取り込む、というか、組み込む感覚で建物を配置した。この軸の関係さえ掴まえていれば、バロックの軸で固められている会場全体のスペースは全部オレのものだ、というぐらいの気合いだね。

現場ではすぐに感じ取ることはできないけれども、何枚も残されている設計途中のエスキース・スケッチを見てみると、「バルセロナ・パヴィリオン」を垂直に貫く軸があることが分かります。途中のスケッチでは、軸の突き当たりに必ず階段があるんですよ。初期はそうとう大きな階段が描かれていた。しかし、最後のほうではかなり小さくなって［図9-2］、最終案ではもうほとんど痕跡でしかない。でも、よく見るとまだピョロッとかすかに、尻尾のように残っている。設計の初めは軸を可視化する階段が重要だったけれど、設計が進むに従って少しずつ消していったんだね。この軸は、平面図だけ普通に見ていてもさっぱり感じられないんですが、プロセスの段階で残されたいくつかのエスキースのスケッチから推察すると、プランのど真ん中を軸が貫き通っていることが分かるんですよ、ドスッと。これはおそらく間違いない。そしてこの初めは不可視だった軸がだんだん見えてくると、この建物がなにをやろうとしていたのか急に分かりやすくなる。それに、また覚えやすくもなる。この中心に見えない軸があると思った途端に、軸の左サイドと右サイドに当然意識が向きますよね。

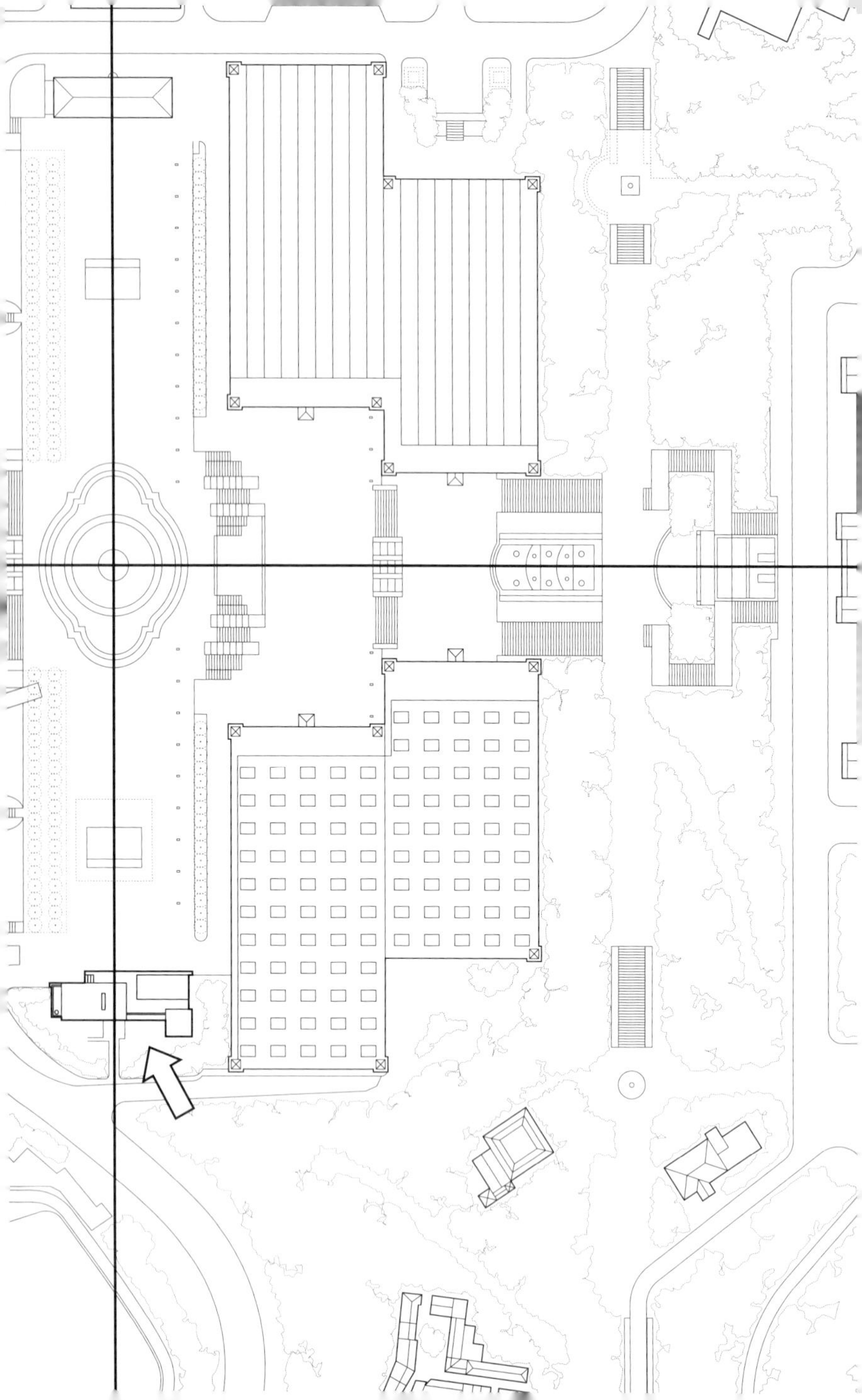

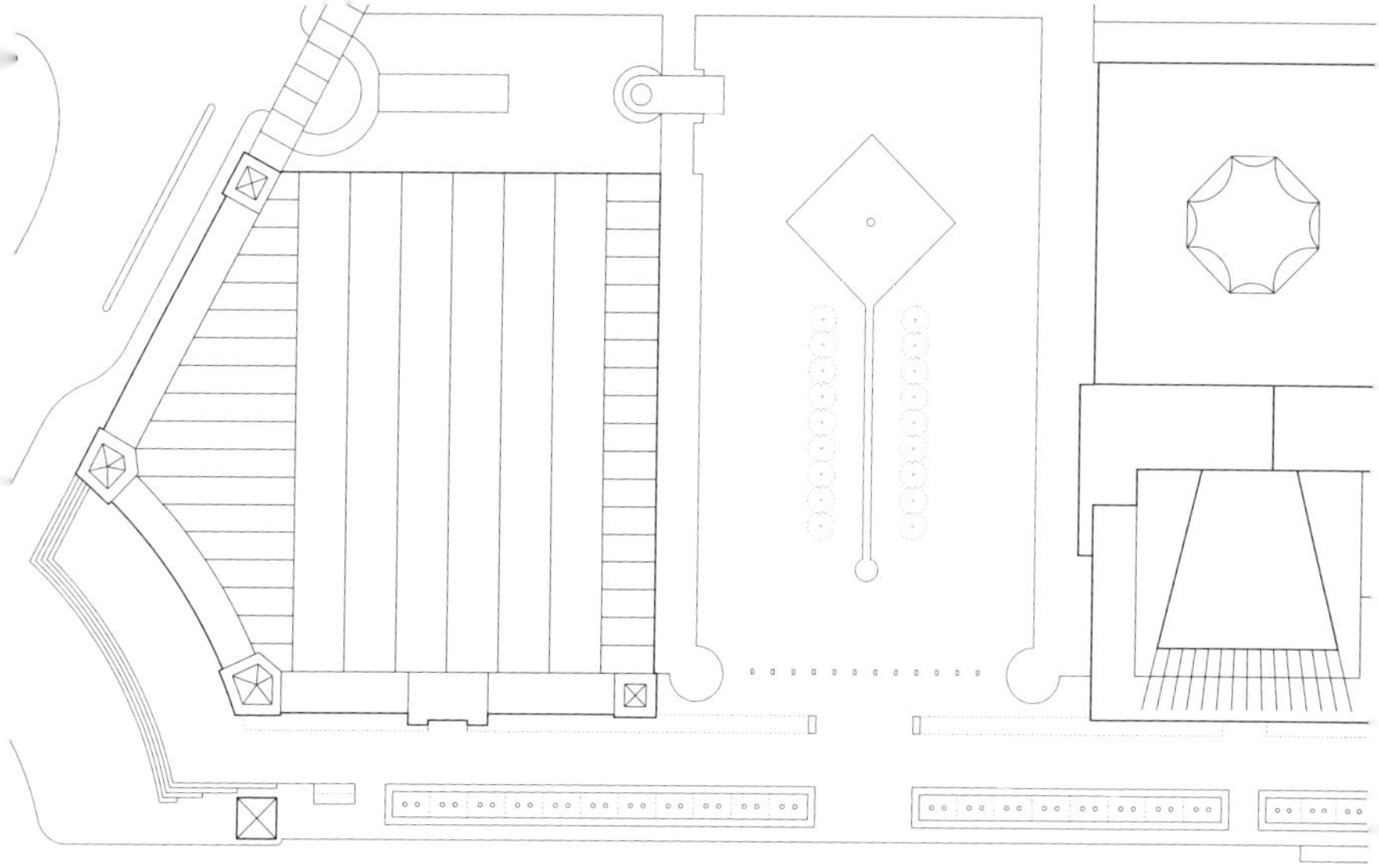

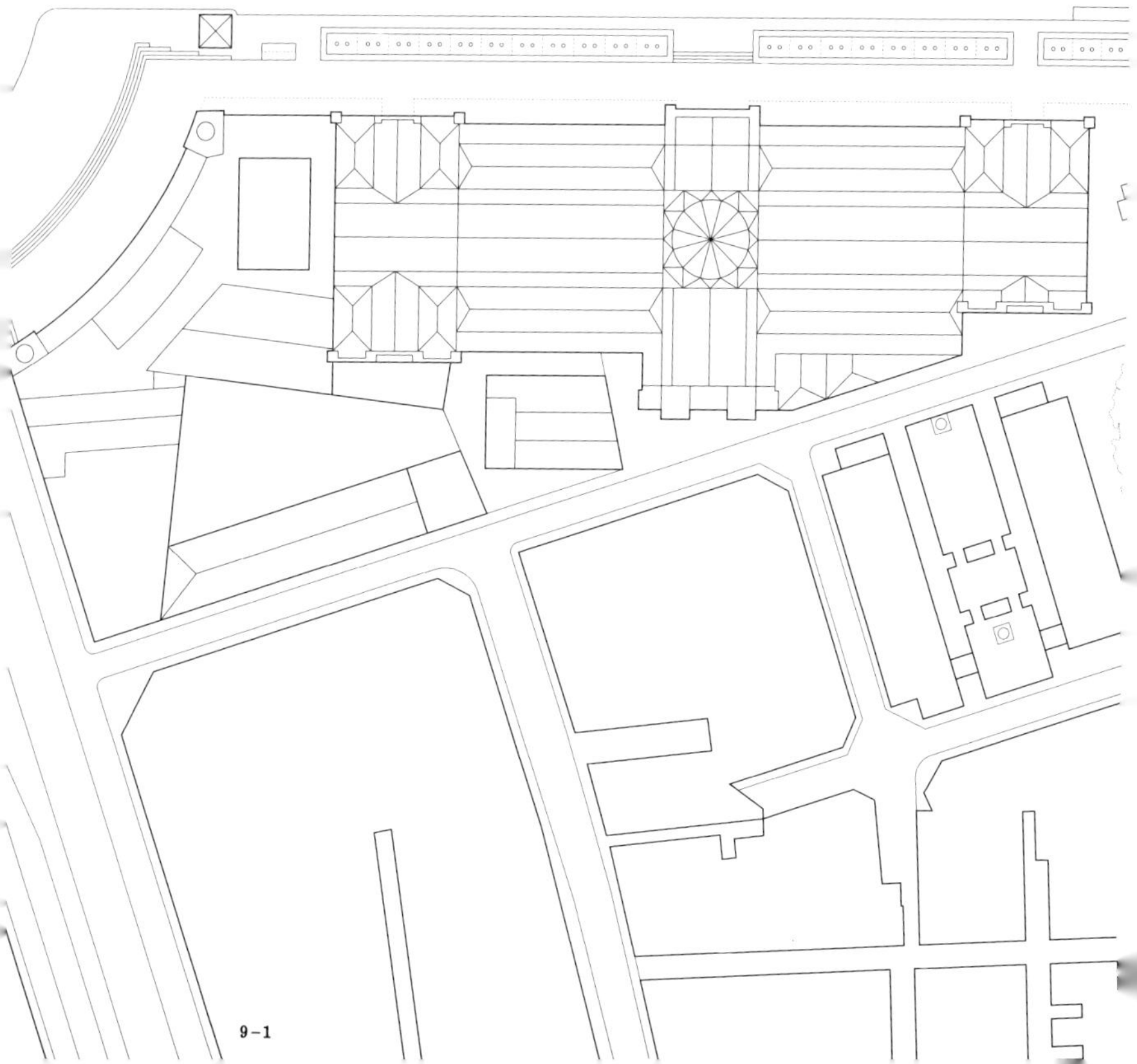

9-1

左にも水、右にも水。この軸の左と右に割り振って二つ水があるっていうのが、たぶん非常に重要だと思います。宇宙誕生の瞬間のビッグバン、ああいう感じがしませんか。以前ぼくはこれを物理学のように「ミース崩壊」と命名したことがあるんです（「白日の闇」、『建築零年』筑摩書房、二〇〇一）。この軸の周りでまったく新しい対称性を実現しようとしたんじゃないのかな、ミースは。古典的な左右の線対称性や面対称形ではなくてそれを超えたもの。言ってみれば、超対称性。物理学にはこの用語があるみたいだけれど意味はちょっと違うよ。

水の見え方を見るかぎり、左が水平性で、右が垂直性を感じさせる。左は海のような広がりが感じられるのに対して、右は底なし沼みたいな垂直の深み。それを意図していることがディテールにも表れている。石の壁面が水面に接するところのディテールが微妙に違うんだよ。これは現地で水のなかに手を突っ込んで触ってみて確信しました。左の水は外に広々と広がっていていつも少しばかり風で波立っているように見え、右の水は三方を壁に囲まれて沼みたいに静かで、壁が黒い水面に映り込んでいるために深さとしての垂直性を感じられる。そっちの水面の片隅には、水面に浮上したかのように手をかざした女性のブロンズ立像が置かれているのも、水の垂直性を強調している。この彫刻だけが具象的なのでいやにリアルに見え、まるで水の底から上がってきたみたい。

軸を掴んでしまえば、あとはもう覚えやすいでしょ。このくらいの単純な図面はまるごと

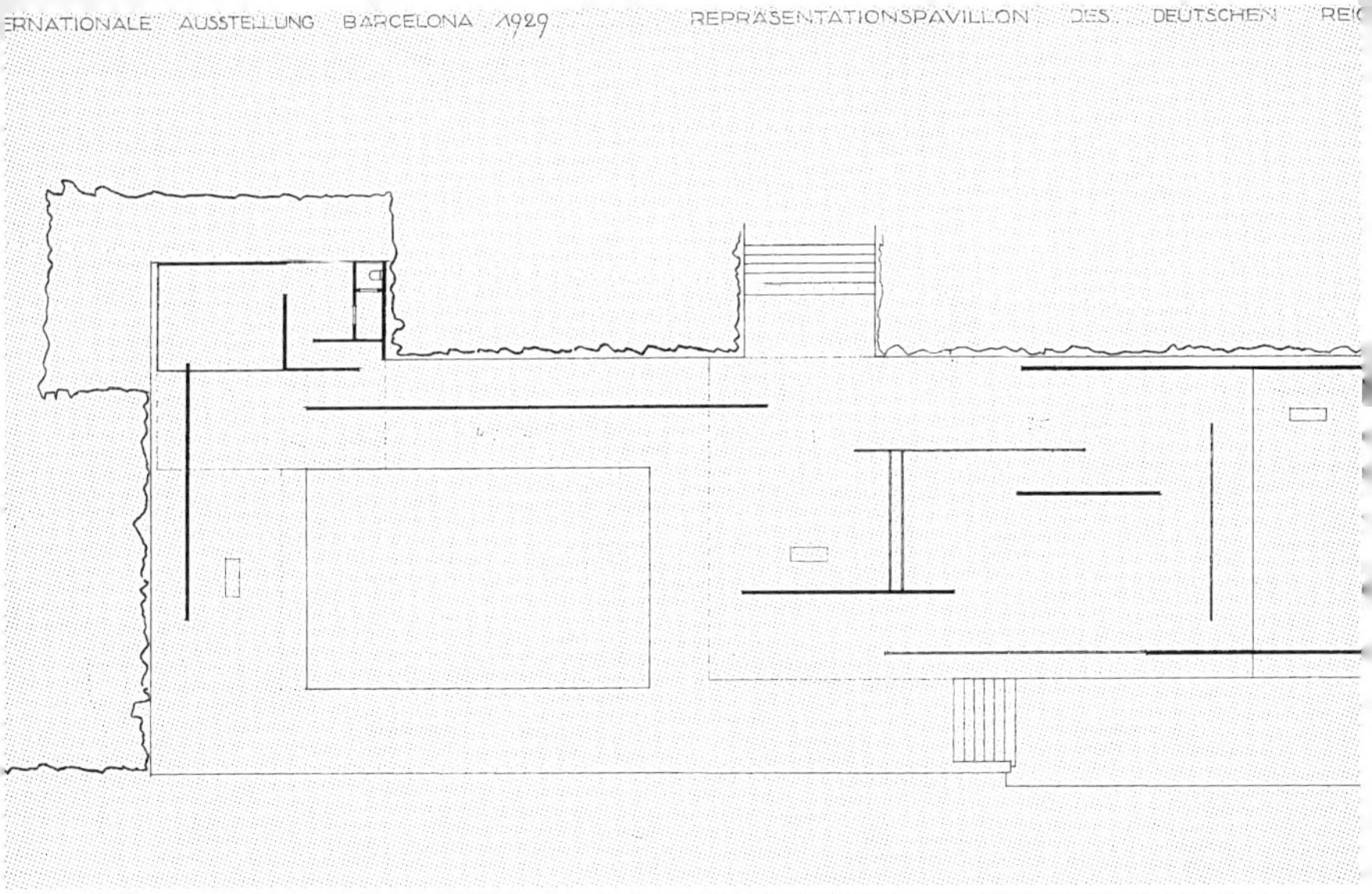
ERNATIONALE AUSSTELLUNG BARCELONA 1929
REPRÄSENTATIONSPAVILLON DES DEUTSCHEN REIC

9－2

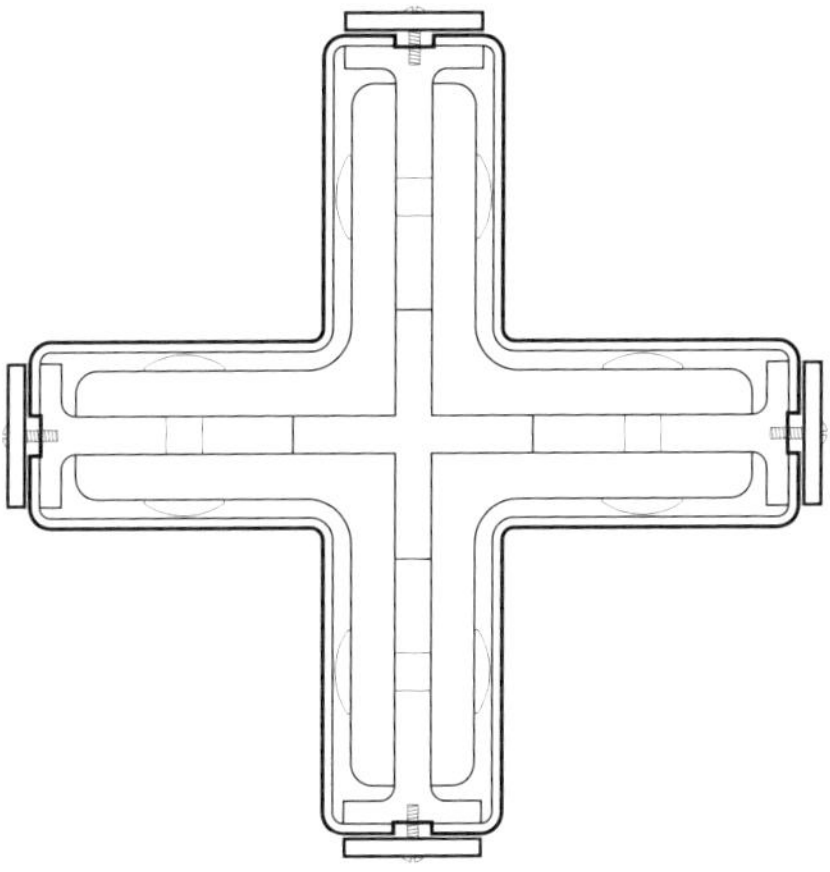

9－3

暗記して、見なくても描けるようにしておくと、いつかきっと役に立つ。十字柱［図9-3］八本、壁四枚（石の種類は全部違う。トラバーチン大理石の一枚は途中でいちど途切れている）、ガラス・スクリーン三枚、基壇に載っているグリッド。たったそれだけで全部なんだからね［図9-4］。

誰かがそこにいる

最後に注意したいのは、この軸の少し右にある乳白色のガラスに囲まれた得体の知れない部分ですね。ガラスの押入れ、みたいな。これはいったいなんのためにあるのかというと、太陽光を入れるためのスペースらしい。上部にどうもトップライトがある、ということはこの部分は光のマッスなんじゃないか。そう考えると、軸の左側にある管理人用のスペースは、反対に、闇を発散しているように思えませんか。この暗さはまるで光を吸い込んでいるみたい。だから軸の左と右とで光と闇がバランスしているような気がしてくる。とにかくこの建物に長くいると、ひとがいるのにヒト気のないような、ホラーめいた不気味感がどんどん増してくる。誰も使うことを想定していない、しかし、というか、それだからこそいっそう、「誰かがそこにいるぞ」みたいな不気味さがある。背中合わせに異次元が張りついているよ

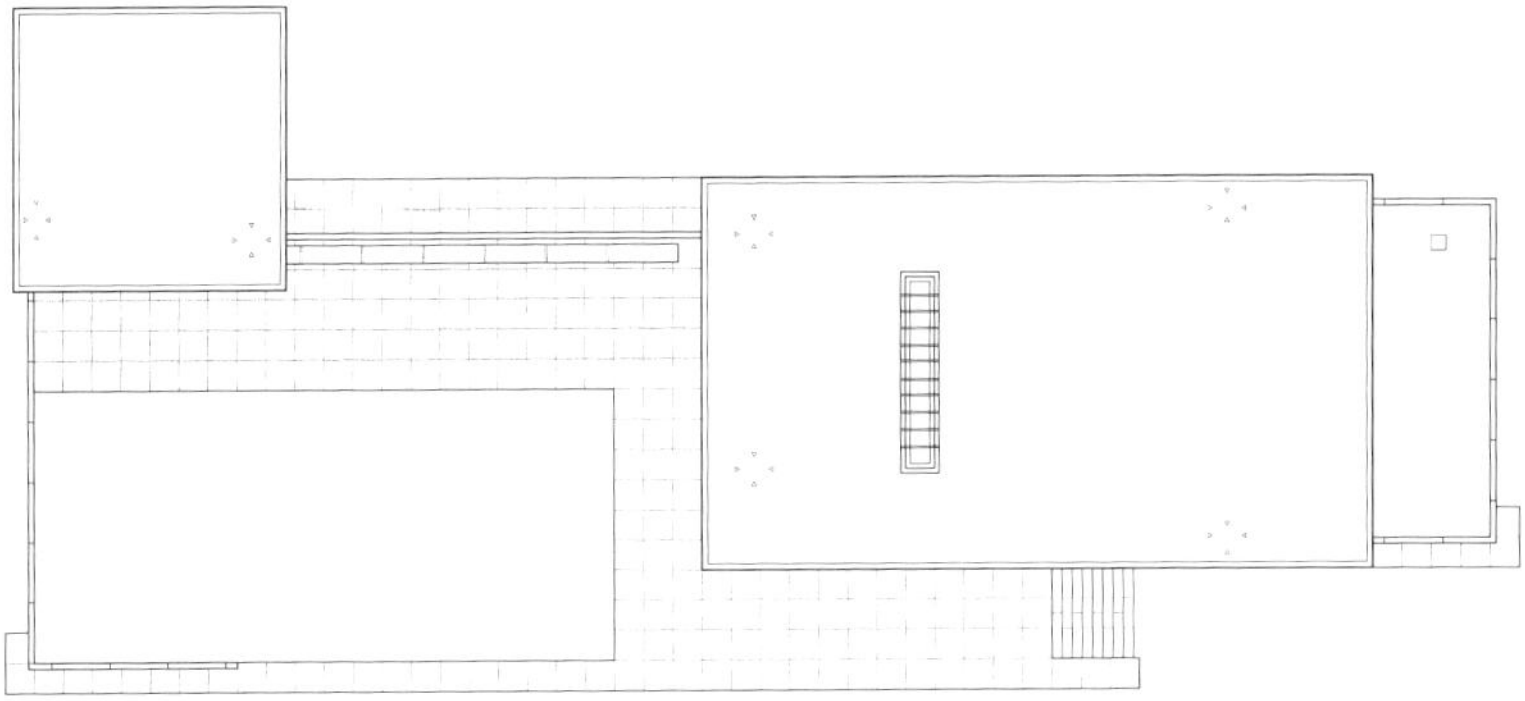

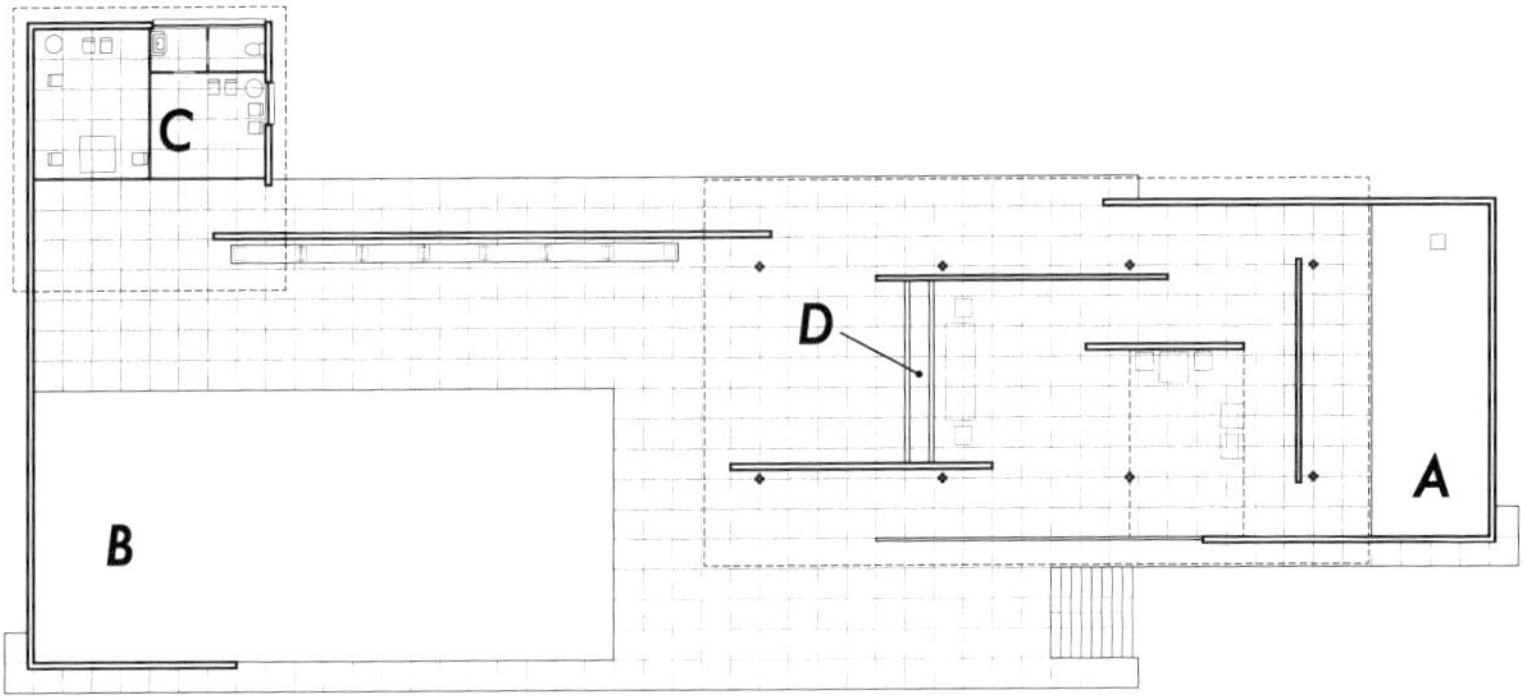

A 垂直性の水

B 水平性の水

C 管理人室

D 光のマッス

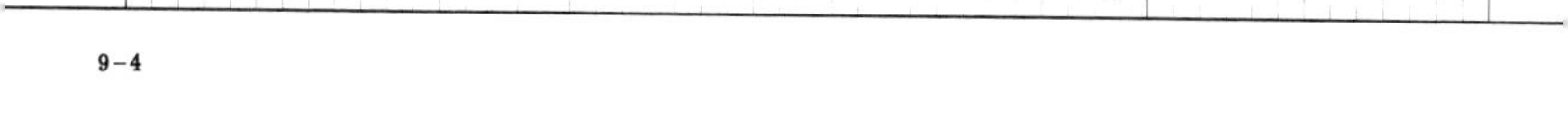

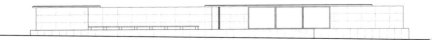

9-4

うな、あるいは、異次元に滑り落ちる開口があちこちに顔をのぞかせているような奇妙な感じ。そこからいつ亡霊が浮上してきても不思議じゃない。だからといって、以前にやったカルロ・スカルパの墓地の水のところで感じられた愛嬌のある妖精のようなものではなく、なんだか不気味なの。そのせいなのか、ぼくはどこかデヴィッド・リンチの初期の映画を連想しちゃうんだよね。建築の徹底的な抽象化と記号化の行きついたところに開かれていたのは、新興ドイツのテクノクラートたちが追い求めた機能性や合理性とはおよそかけ離れた、不吉な得体の知れないものの気配であったという逆説。

4

4

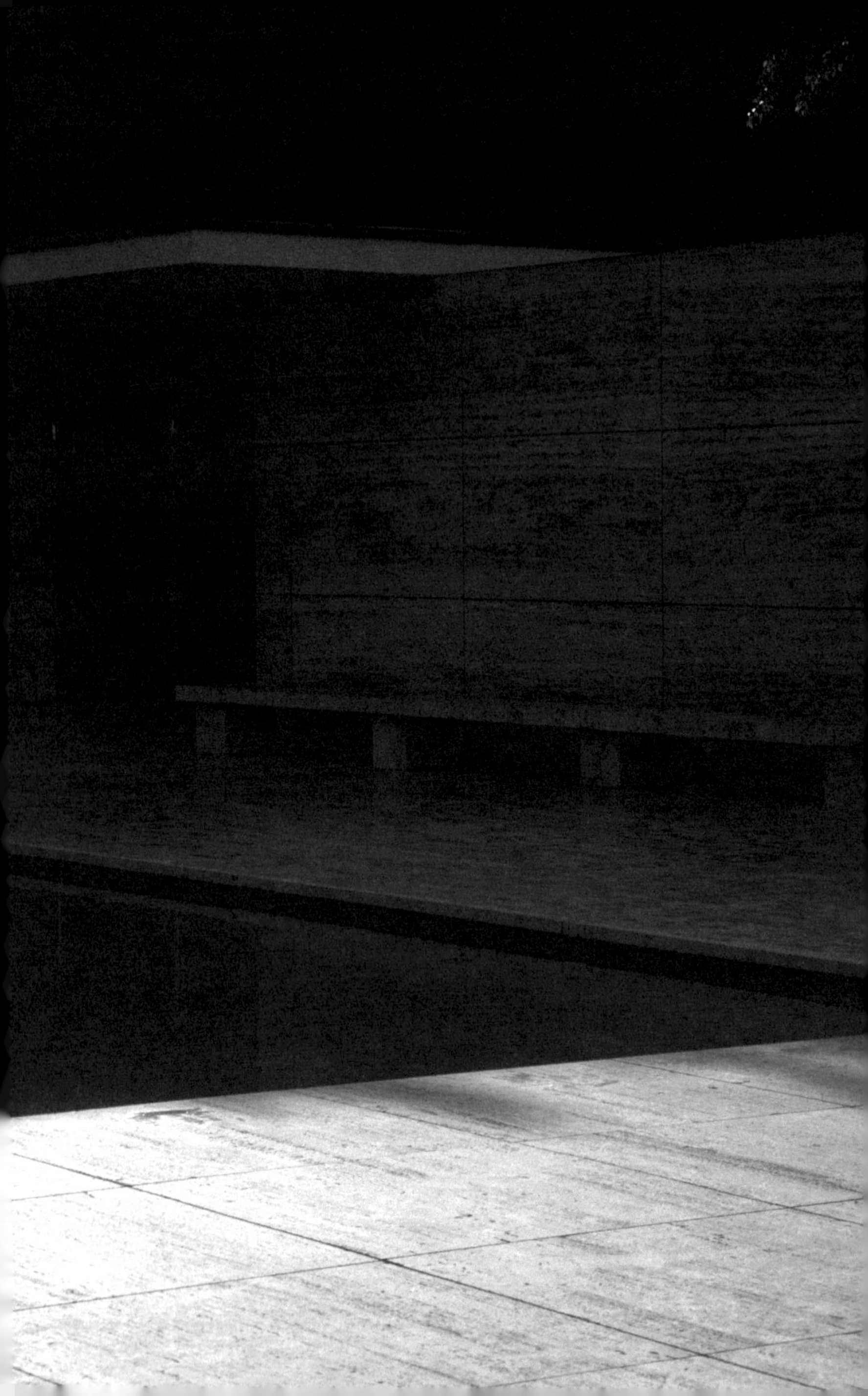

10

ベルリン・フィルハーモニー・コンサートホール

ハンス・シャロウン

10

Berliner

Philharmonie

1 9 6 3

ユートピアへのシークエンス

今回は、前回の初めに話したように、ミース・ファン・デル・ローエと同じドイツ生まれで、同時代を生きたハンス・シャロウンです。前回で、第二次世界大戦前後のドイツの歴史と、それが世界に与えたことの大きさがある程度分かったんじゃないかと思うんですが、やっぱりミースだけだとあの時代の半分くらいしか分かったことにならない。ミースが巨匠になりすぎてしまったものだから、その周辺でいい仕事をしていた建築家たちはほとんど霞んじゃった。アメリカに渡ったミースとヴァルター・グロピウスばかりにスポットライトが当たったのはアメリカのほとんど国策に近い文化戦略のためですね。グロピウスなんていまじゃ面白くもなんともないでしょ。ドイツの近代建築はミースとグロピウスだけじゃなかった。かれらにまったく引けを取らない、あるいはそれ以上のすごい建築家がいた。今回は、そういうドイツのもう半分を話したいと思います。ミースだけで近代建築を語ろうとすると、歴史がきれいごとで終わっちゃうんだよね。

ミースは大学こそ出ていないんですが、驚くべき速さで出世していった。その理由は前回話したように、ミースの才能のためだけではなくて、ドイツの経済成長、技術革新の波にうまく乗ったからなんです。歴史には予期せぬタイミングがあるんだね。その波がミースにはメリットとして働いた。だからこそ、早くから国家的プロジェクトに起用され、名声を獲得し、ほとんどドイツの建築界の代表のようにふるまえるようになる。で、その技術革新と高度成長が、結果としてナチスを生み出したわけですが、かれはその責任を取らされるようなことはなかった。なぜならナチス登場後、ミースはドイツの敵対国であったアメリカに活動の場を移しちゃっていたから。

ナチスの政権奪取が一九三三年なのに、亡命するのは一九三八年。その間、五年もあったのは、前回も話したように、かれが迷いに迷ったからだと思う。キャリアはどちらでもありえた。しかし、ぎりぎりのタイミングで、結果としてはうまい具合にアメリカのほうを選んで、戦後は戦勝国側でキャリアをスタートさせている。そして「近代建築史」それ自体が、当然ながら戦勝国側であるアメリカ目線で書かれてきたから、ミースにはぜんぜん傷がつかない。言わば、ヨーロッパからアメリカへと繋がる建築史を、ミースは当たり障りなく、うまい具合に体現してしまった。要領もなかなかよかったんじゃないかな。ミースの場合は亡命といってもとても恵まれたものだった。アメリカはかれのためにシカゴに大学の職まで用意して待ち構えていてくれたんだからね。

　では、ナチスの登場を許してしまった当時のドイツですが、そんな時代の波を不愉快に思っていたひとたちがいなかったかといえば、決してそうじゃないですね。ナチスの登場にみんなが手をこまねいていたわけじゃない。それを熱狂的に期待したひとたちがいた一方で、不愉快に思い続けている、もう胸がムカムカしているような批判的なひとたちも、当然ながらごっそりいた。その部分を忘れてしまってはバランスのとれたドイツ史にならない。しかも才能のある建築家にそういう批判的な考えをもった連中が確かにいた。

　建築家は仕事の動かす金が大きいから、営業的になって、どうしても権力者に迎合する傾向がある。残念ながらどの時代でもね。まあ批判した相手からは仕事は来ないよ。国家的プロジェクトはなおさら。だからたいした葛藤もなく迎合しちゃうというのもみっともないことに変わりはないですが。そんなわけで当時の時代を引っ張っていくように見えるトレンドだったナチスに、批判的であり続けた建築家はじつに貴重です。しかもユダヤ人ではなかった場合にはもっと貴重。ユダヤ人ならばヒトラー政権下では現実に命の危険があったから、当然批判的になるのも分かるけれどね。人種とも関係なくナチスを徹底批判する、そんな気骨のあるドイツ人の建築家が、今回取り上げるハンス・シャロウンです。

世界大戦の体験がもたらしたもの

シャロウンの作品は一見地味に思えるかもしれないけれど、しかし、ミースと比較するとその違いとすごさがより鮮明に分かるような気がする。シャロウンはミースより七歳若いだけだから世代はそんなに違わない。二人とも第一次世界大戦も第二次世界大戦も知っているんですよ。でもミースは戦争に行っていないんですね。ところがシャロウンは志願して従軍している。真面目っていうか率直、実直なんでしょう。ですから第一次世界大戦を体で知っている。

この第一次世界大戦という戦争は、人類史上初めての国家総力戦ってやつで、もうムチャクチャな破壊が行なわれたわけです。それ以前の戦争は職業軍人だけが戦うものだった。ところが総力戦は、見境なく破壊し民間人も殺戮する。こういうタイプの戦争は人類史上、第一次世界大戦で初めて出現した。軍隊と民間の区別がなくなるばかりか、飛行機や潜水艦の登場によって空や海を簡単に越えることができるようになり、戦場が全体化する。しかも通信や放送が発達してマスメディアが重要なキーを握った。戦争の広報化、広告化だね。まさに総力戦という所以です。

戦場が悲惨であるということは従軍した連中ならみんな分かっているけれど、まだ戦場になっていない国内ではマスメディアが好戦的にあおり立てる。だから戦場では一目瞭然負けているのに軍隊は引くに引けなくなる。全員が死ぬまで、すべてが瓦礫と化すまで、戦争は止まらない。それが総力戦というものだった。これは第二次世界大戦下で日本も経験したことです。満州で戦っている連中はボロボロなのに、東京の参謀本部はいつまでもイケイケなわけ。南方で全員玉砕していても、「これはまずい」とは言わず相変わらずイケイケ。それに迎合して新聞や放送はますますあおり続ける。戦場を体で知らないからですね、机上でやっている連中はだからいちばん残酷なんだよ。

ヴァルター・ベンヤミンが「経験と貧困」というエッセーでその悲惨さについて書いている。戦場から帰ってきたものは全員が押し黙っていたというんだね。経験というものの価値が徹底的に暴落してしまった。技術の巨大な発展と引き替えにまったく新しい貧困＝悲惨が人類に襲いかかったのだと。その点からすると、ミースはあんまり戦争の悲惨さを知らないが、シャロウンはもう耐えきれない感じで、ウンザリしきって帰ってきた可能性がある。従軍しているか、していないかっていうのはそういうことです。帰ってきてかれはまだ若いですから、復興にかなりのエネルギーをかけているんですよ。ブレスラウやインステルブルクの復興計画とか。

第一次世界大戦という総力戦を経たあとのヨーロッパの世界観は激変していた。世界が瓦礫と化した戦争というものが心底いやになっていたわけ。だから、そういう戦争をあのようなかたちで起こしてしまった体制に対して猛烈に批判的になっていた。軍隊の名誉も誇りも地に落ちていた。つまりそれが「帝国」の中心だったわけですが。ですからそういう帝国を倒して、いままでとはまったく違った新しい世界に変えたいっていう気持ちが強くあったのは、当然だね。革命が、いまなんか及びもつかないくらい切実なものと考えられていたことは、想像できるでしょ。その一つが一九一七年のロシア革命として実現しますが、その衝動は決してロシアに限ったものじゃなかった。いまでいう「左翼」とはだいぶ違って、第一次世界大戦で痛い目に遭ったことに端を発している。総力戦の経験が根拠にあったわけです。

ドイツでは、第一次世界大戦後はしょっちゅう革命と反革命が交差していた。ナチスの台頭したミュンヘンなんか、極左と極右の内戦状態だったみたいで、極右のナチスが台頭する前の一時期は極左で、「レーテ（赤）共和国」と名乗ったこともある。ヨーロッパじゅうが大なり小なり、そういう状態だったと言ってもいい。アルヴァ・アールトのときに話したフィンランドもそう。自分の国が戦場にならなかったアメリカですら、フランクリン・ルーズベルトが大統領だった時代は、かなり社会主義的だった。だいたいあの強権的な帝国であったナチスも「国家社会主義」と言っていたんですからね。とにかくなにか新しい社会をつくりたいっていう気分は、どこでも共通していた。そして、当たり前ですが、建築もそれと無関係じゃなかった。確かに近代建築は、それまでの伝統的な様式建築に対する根本的な批判として現れてきたわけだけれど、それを「合理主義」とか「機能主義」だけで分かったつもりになっていたら、大間違い。それは戦後のアメリカ主導型の歴史観にすぎないね。当たり障りのないそのキーワードが、アメリカ型資本主義の大量生産、大量消費型の産業形態にフィットしていただけです。

表現主義という潮流

じつは、そんな合理性や効率性や生産性を真っ向から批判する、まったくアンチな動きがあったんですよ。その一つが「表現主義」と呼ばれた大きな潮流です。それは建築だけではなくて、美術や映画や文学をも網羅した全カルチャー的な運動だった。そしてシャロウンは、明らかにその流れに親近感をもっていた建築家なんです。しかし一般の建築史では「表現主義」は相変わらず低く見られているので、そのためにシャロウンはいまでもマイナー扱い。でも歴史がミースではなくて、シャロウンのほうに振れた可能性だってなかったわけじゃないのにね。シャロウンを知っているひと、ちょっと手を挙げてくれる。ほら、やっぱりほとんど誰も知らない。

そもそも「エクスプレッショニスト」という呼び方そのものに、悪意ある偏見が感じられないか。現代でもそうじゃない。建築はひとのために役立つべきで「合理的」じゃないといけないという気分がどこかにあるものだから、「お前は表現主義者だ」と言われると作家の自己満足のように思われちゃうでしょ。まあそれは置いておいて、建築にも表現主義という流れが、第一次世界大戦へのアンチとしてあったことは知っておいてください。ですから表現主義には比較的、社会主義者や共産主義者が多かった。かれらにとっては革命が即、自分の芸術の問題でもあったわけ。ですからシャロウンも当然アンチ・ファシスト。対してミースは、ダダや表現主義の芸術家とも交流はあったみたいですけれど、でも全体としてはどう見ても体制派。「バルセロナ・パヴィリオン」は国家的なプロジェクトだったしね。もっとも、シャロウンは第一次世界大戦以後のワイマール共和国ではマイナーというわけではまったくなく、才能は早くも認められていた。その証拠に、ドイツ工作連盟が主催したシュトゥットガルトの郊外で開催されたヴァイセンホフのジードルングには招待され、作品を残している。ドイツ工作連盟自体を仕切っていたミースが全体計画をやり、ル・コルビュジエ、グロピウスやブルーノ・タウトも参加していたんだね。

アンチ・ファシストにしてアンチ・ナチス。にもかかわらず、ナチスが政権を取ってもシャロウンは国外への亡命はまったく考えなかった。これはヒトラー強権下ではそうとう勇気がいることだよ。かれの同志や友人はどんどん亡命していったのにね。それには先ほども言ったように、かれが幸運にもユダヤ系ではなかったということもあるね。表現主義者の多くが亡命したのには、ユダヤ系が多かったからという理由もあった。革命家にもユダヤ系が多いんですが、これは十九世紀以降の反ユダヤ主義的な旧体制を根本的に変えたかったからだね。たとえばシャロウンと「ガラスの鎖」という名の往復書簡を交わすほど親交のあったブルーノ・タウトは、ユダヤ人で左翼。革命に憧れてソビエトにも行ったけれど、思っていたのとまるで違っていたので幻滅して帰ってきたらしい。それでも、ナチスが政権を取るとすぐヤバくなり、早々にドイツを脱出して日本にやってきた。タウトの名前はだからなんとなく知っているよね。そんな社会主義者タウトが日本でいきなり桂離宮を絶賛して、当時の天皇制軍国主義者を喜ばせてしまったという捩れた経緯もあったりして歴史は面白いんですが、さすがにそれはシャロウンから話が逸れるので、やめておきます。ただ、タウトは最後にはトルコまで行っている。世界を転々とせざるを得なかったこの二十世紀的建築家の、ミースの別ヴァージョンがここにもあるんです。

まあ、それはともかくとして、シャロウンは必ずナチス政権が崩壊することを信じて、ドイツ国内でひたすら耐えていた。もちろん実作の仕事なんかにありつけるはずもないから、水彩画や鉛筆で自分のイメージをたくさん描いて、戦時中を過ごしている。ナチスが続かないことを確信していたんですね、周りは興奮していたのに。よく食えたものです。同じ時期に、ナチスにまだ脈があるかもしれないとしばらく粘っていたさすがのミースも、フィリップ・ジョンソンの誘いを受けてシカゴへ行ってしまい、新しいキャリアを別天地で華々しくスタートさせていたし、また一方では、ヒトラーに気に入られたファシスト体制の建築家アルベルト・シュペーアが、「ベルリン大改造計画」や「国民会議場」などの巨大プロジェクトを、これまた華々しく次々と打ち出している。このときのシャロウンの孤独を想像してよ。いつまで耐えたらいいのか、その果てがなかなか見えない不安のなかで自分を貫く。こういう意志の強いストイックさは建築家ではかなり珍しいんです。

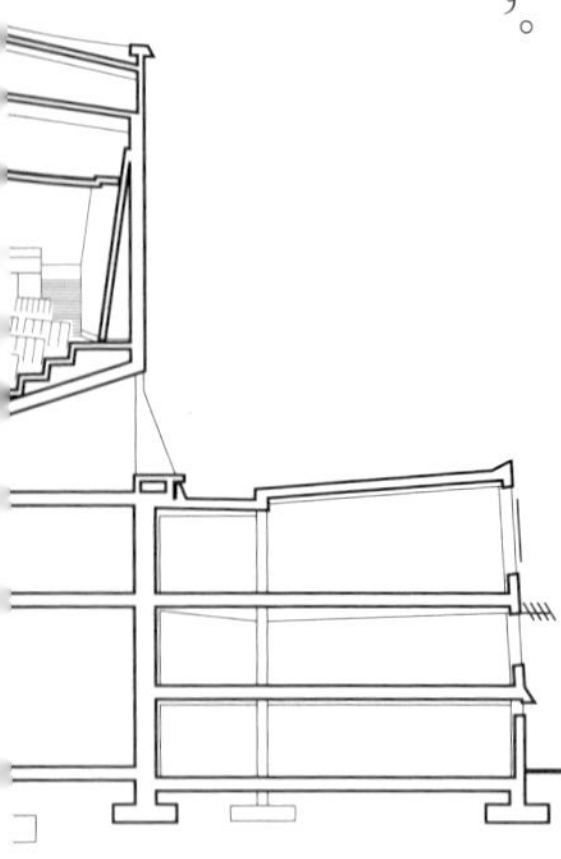

二つの異質な世界

建築を見てもシャロウンとミースは極めて対照的です。ミースの建築で印象的なのは前回話したように「壁／柱」なんですが、シャロウンの建築はそれとまったく異なっている。端的に言うと、それは「ヴォイド／マッス」。ミースのところで「壁／柱」は建築そのものの言語だと言いましたが、「ヴォイド／マッス」ももう一つの建築的言語だと言っていいでしょう。ル・コルビュジエの回で話した「ラ・トゥーレット修道院」はやはりその言語に属する建築でしたが、今回の「ベルリン・フィルハーモニー・コンサートホール」はその特徴を最も端的に、分かりやすく

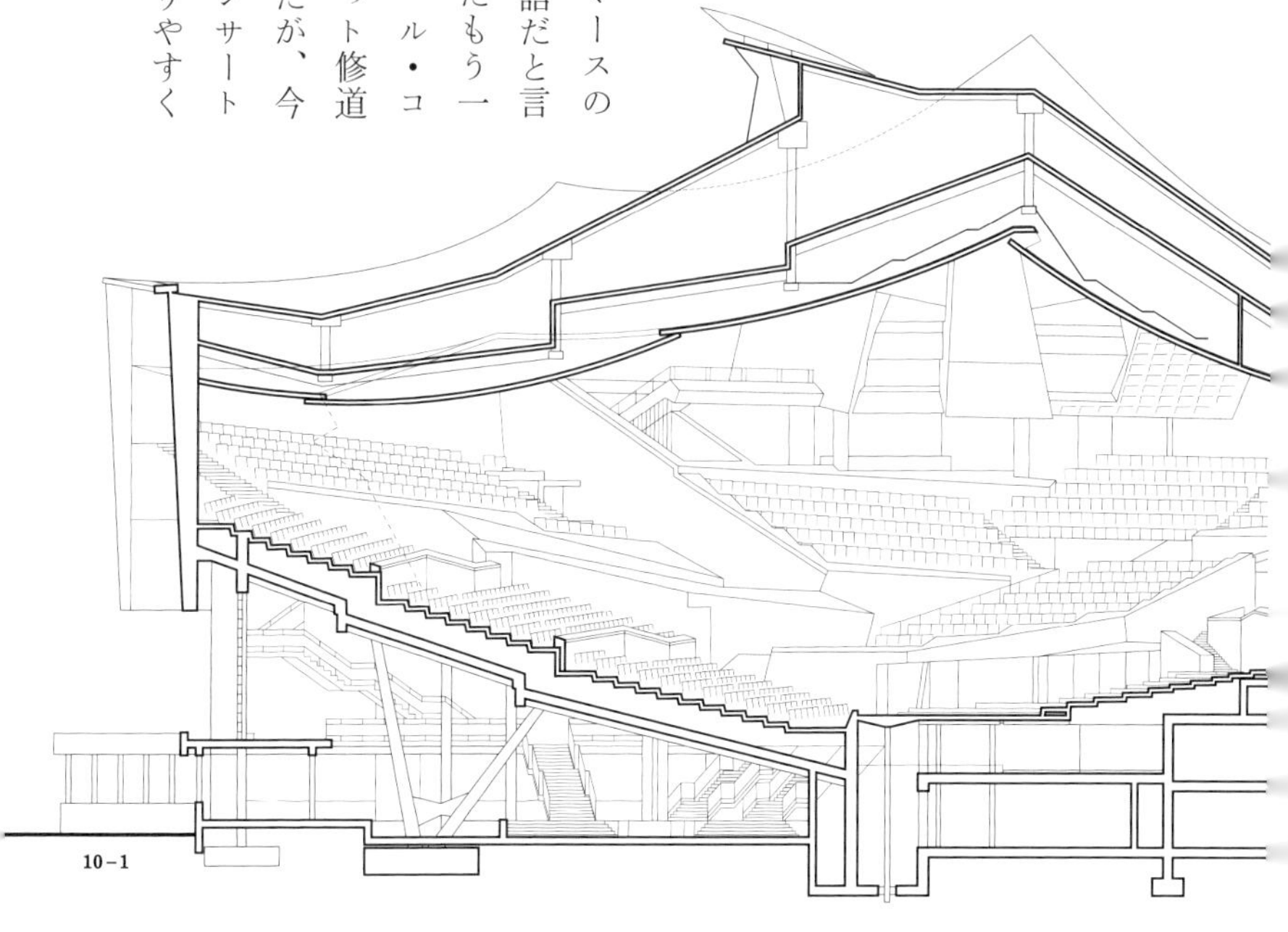

10-1

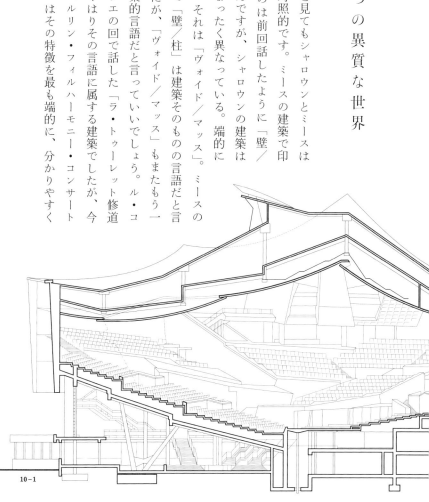

表していると思う。それを一目で分からせてくれるのは、なによりも断面図です。「ヴォイド／マッス」の関係をこれほど明快に見せる断面図はほかに見たことがない［図10－1］。ヴォイド部分であるコンサートホールが、空中にブワーンと浮いている。ヴォイドだけだったら空洞の感じはそれほどよく分からないんですが、ホール＝ヴォイドが大地と繋がっている基壇の上に置かれているので、基壇と空洞との強烈なコントラストによってヴォイド性が際立っている。「ラ・トゥーレット修道院」のところでコーリン・ロウの「フィギュア／グラウンド（図／地）」について話したけれど、これこそ、その最も適切なモデルと言ってもいいね。ホール部分のヴォイドが「図」とすれば、基壇部分は「地」。反対に、基壇部分が「図」とすれば、ホール部分は「地」となります。しかも、これほどコントラストの強いそれぞれを、一方は音楽に集中するホール、一方はエントランスやロビーやホワイエといった集中から解放されたスペースとして、明快に分節している。言い換えると「ヴォイド／マッス」とは、まったく異質な二つの世界が、それぞれの固有性を失わずに同時に共存しているということです。でもちょっと考えてみれば気がつくように、どこのホールでもまあ、同じような機能をもっているわけです。でもこの「ベルリン・フィルハーモニー・コンサートホール」ほど、音楽ホールというビルディング・タイプを、言わば建築の世界観にまで高めてくれた建築はほかにない。

このホールのヴォイド性がはっきり感じられるのは、この空洞には水平が、指揮者の立つ中央のわずかな部分を除けば、ほとんどないからです。そして垂直もない。変形した卵みたいな塊の内部を削り出したようにも見えるし、あるいは、左と右の手のひらを重ね合わせてその隙間を柔らかく膨らませた形のようにも見える。客席はレベルが微妙に違う複数の斜面で構成され、また天井は波の重なりのように、これも複数の曲面によって構成されている［図10-2］。音響的にも素晴らしく、東京のサントリーホールは明らかにこのホールを参照していることは知っているよね。もちろん世界観になるまで徹底化してはいないけれど。

ユートピアの実現

このシャロウンのエスキースを見てください［図10-3］。垂直、水平はまったくないでしょ。かといって曲線でもない。たくさんの線が振動しているようなタッチ。毛羽立っているみたいだね。舞台を中央に取り囲むようなこの線の集まりが座席部分なんですが、少しもスクエアじゃない。なにか鳥の巣のような柔らかい感じ。それに、舞台をほぼ中央にもってきていることも新しかった。このアイデアにはヘルベルト・フォン・カラヤンという、当時は全盛期のマイケル・ジャクソン並みに超有名だったベルリン・フィルの指揮者の意向もあったらしいけれど、それはともかくとして、そのあとにもこれほど徹底したホールは結局できていないね。客席が舞台を取り巻いているので指揮者の向こう側にも観客がいる。普通だとちょっと落ち着かないんじゃないかと思うでしょ。それがまったくそうじゃないんだよ。

座席に座ると、もう、すぐ目の前が舞台って感じなの。周りの客席はほとんど目に入らないんですよ。舞台がものすごく近い。この大ホールの規模はけっこう大きくて、二千四百人くらいは入る。それなのに座った途端、いきなり舞台と直結したって感じがする。レベルが少しずつ異なるブロックに客席を分けた配置がそうさせるんだろうね。どの座席に座ってもそう。そこがすごい。舞台を真ん中にしてそれを客席が取り囲んでいるのはまさに円形劇場と同じなんですが、円形劇場みたいに周辺の観客を強く感じさせることはないんです。大きいんだけれど、舞台と自分だけの極めてパーソナルな空間なんですよ。大地の上にパッと浮いて、自分と音楽だけがある感じ。そして天井はそこに架かった軽いテントのように感じられる。

とくにその感じを強めているのは、客席の後方に見える楔のように尖った特徴的な三角形状の壁ですね。これだけの壁がホールの観客席の内部に入り込んでいるケースはほかに例がないんじゃないかな。図面を見て常識的に考えると、この壁が観客の視線にとって邪魔にな

10–2

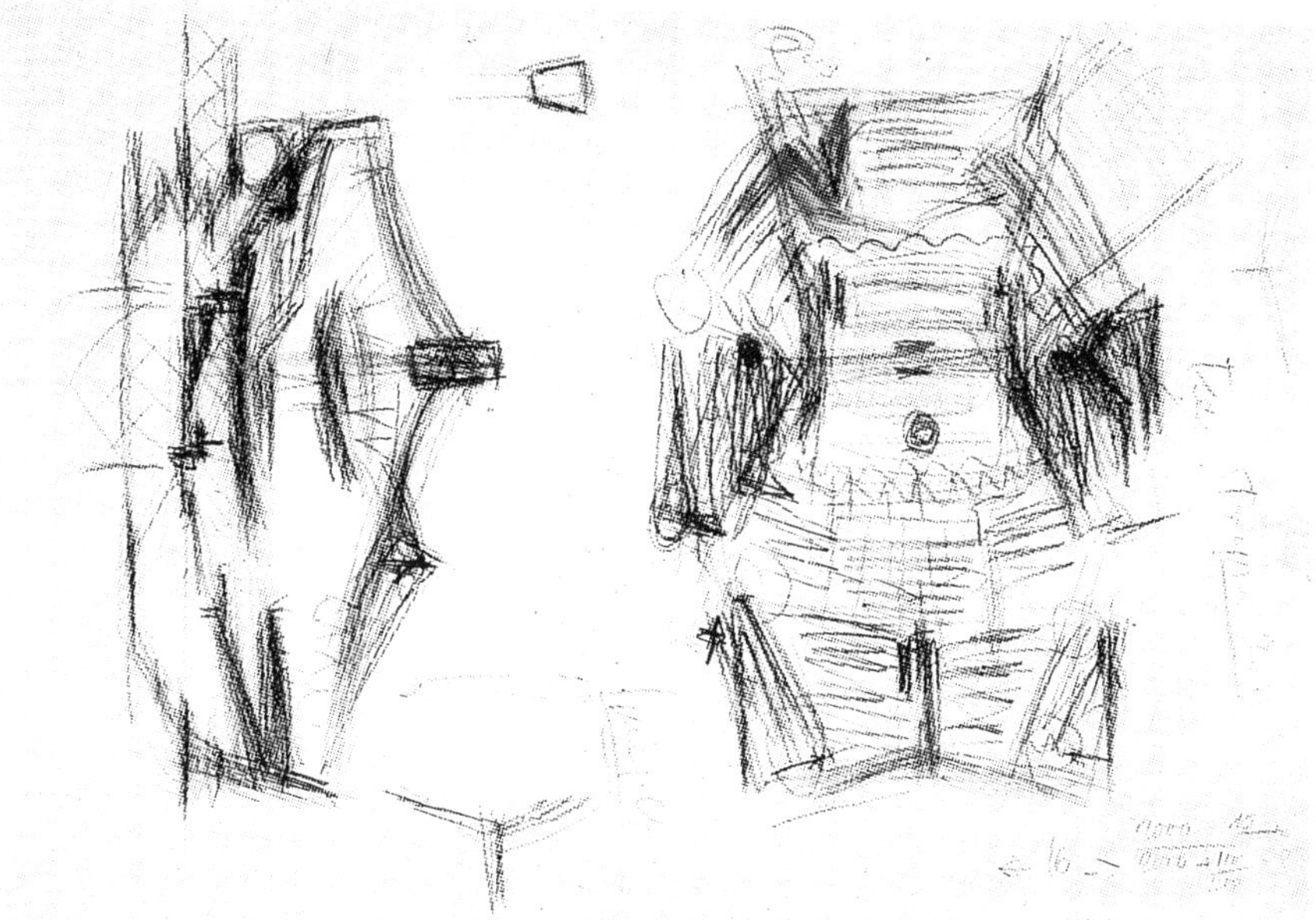

10–3

るんじゃないかと思いそうです。ところが、実際に行ってみたらそんなことはなくて、この楔状の壁が、後部座席を左方向と右方向とに分けているので、まるごと見せれば大きなはずのホールを、この壁が奥行きを遮って小さく見せているんですね。

シャロウンにとってこのヴォイド部分のホールは、「この世」から切り離された世界、つまり「ユートピア」だったのじゃないか。その点でもミースとは対照的です。ミースの「バルセロナ・パヴィリオン」を思い出してください。あれは内と外が曖昧でその区切りがつかないことが特徴だったよね。ところが「ベルリン・フィルハーモニー・コンサートホール」ではホールの内と外はまったくの別世界ってわけ。そこは「ユートピア」だと。

このユートピアに建築家が惹きつけられ、具体的にイメージしようとしたのも二十世紀の大きな特徴で、それを自らの主題にしていたのが表現主義者たちだった。表現主義の連中はみんな反体制派でユートピアに対する意識も高い。革命の目的はユートピアをつくることって感じですね。それがどれほど酷い結果をもたらすかっていうこともスターリンのソビエト体制なんかが証明しちゃったんですが、それはいまでこそ言えること。当時、真っ当な人間に合った世界が欲しいと切実に思ったのは分かるんだよね。いまでは「ユートピア」などと言うと建築家の勝手なお遊びのように思われちゃいそうですが、先ほども触れたように十九世紀までのレジームを根底から壊したいという衝動がユートピアに向かおうとしたのは、当時はごく自然なことだったんじゃないか。表現主義だけでなく、ロシア構成主義も政治の革命と芸術の革命はパラレルだと考えていて、どちらもいままでに存在したことのなかった世界、すなわちユートピアを構想しようとした。建築史として、このあたりはもういちど見直されてもいいいんじゃないかと思う。もっとも、ユートピア信仰の結果が、あの恐ろしい怪物のような全体主義を生み出したことも徹底的に反省しないとね。

シャロウンは多くの水彩画を残しているんですが、それはほとんど「ユートピア」の幻想的なイメージをリアライズしようとしたものばかり。そんなドローイングを描いたのはかれだけじゃなくて、ほかにもエーリヒ・メンデルゾーン、ハンス・ペルツィッヒ、ヘルマン・オブリスト、ヘルマン・フィンステルリン、ブルーノ・タウトなどがおのおの独自に描いていた。当時のシャロウンのドローイングにしても、いま見ると幻想的で、まるでとんでもない建築に見えるけれど、ユートピアのための習作だと思えば面白いし、納得できる。そんな空想的なドローイングを描きながら、シャロウンはドイツ語で「オルガン」、日本語では「器官」というアイデアをフーゴー・ヘーリングと一緒に深めていったらしい。身体の「器官」としての建築というのかな。

そのほんとうの意味はいまになるとよく分からないけれど、「器官」という殻のなかに「ユートピア」を構想したんじゃないか。それを「この世」からズバッと切り離し、もう一つの世界として目の前に出現させたという点では「ベルリン・フィルハーモニー・コンサートホール」はまさに「ユートピア」の実現だった。ほとんどの表現主義者がドローイングだけで終わってしまったんですが、戦後まで生き延びたシャロウンが唯一、素晴らしい建築として表現主義の精神をここに結実させたと言えるんじゃないか。そこにベートーヴェンが、シューマンが、ブラームスが、そしてリヒャルト・シュトラウスの音が鳴るんです。先ほども言ったように表現主義は、建築だけではなくて美術全般に多くの才能がいたんですが、ほとんど全部がナチスによって徹底的に弾圧された。作品を発表できないだけじゃなく「退廃芸術」と言われて焼かれたりしたんですよ。酷い話だよな。シャロウンがここでリベンジを果たしたのかもしれないね。

トンネルと橋が繋ぐ異世界

ここまで、ヴォイドにあたるホール部分を「図」として見てきましたが、今度は「地」としての基壇部分＝ロビー部分に目を移してください。断面図で分かるように、ホールの下部に広がる空間には、斜めになった柱を含む多様な太さの柱や、二階部分のオープンなデッキや、ホールのいろいろな部分に突っ込んでいる何本もの階段が見える［464-465頁］。断面図を見ただけでも、ホールの内部とはまったく違う雰囲気が感じられるよね。「ヴォイド／マッス」のコントラストが歴然としている。

平面図を見るとその特徴がより分かる［図10-4］。平面図もミースとは大違い。ここにもほとんど直角がないでしょ。ホール自体はいちおうは左右対称ですが、複雑な多角形なので、シンメトリー性はそれほど強くは感じられない。むしろ垂直と水平をなくしてしまい、床面も分散することで、シンメトリー特有の堅苦しさはどこにもないんです。そして全体のプランが分かるはずの一階の平面はまったくの非対称で、しかもとらえどころがない。そもそも一階の平面図を見ただけでは、ホールだとはまず分からない。この建築を記述するには、普通のビルみたいな一階、二階、三階というような平面図じゃダメですね。レベルが少しずつ変わるたびに、プランは刻々と変わっていく。ちょうど頭蓋骨をスキャンするみたいに。その意味では3DのCTスキャンの画像をイメージしてもいいね。普通の建築ならば、理解するのに平面図が三枚程度ですみそうなところを、この建築には八、九枚が必要です。レベルが上昇するに従ってプランが次々と形を変え、いろいろな角度の階段やデッキや柱が現れ、またホールの座席も徐々に増えてくる。ただしこの複層した感じが、最近のCADによる3Dと根本的に異なるのは、それぞれのパーツが成り行きでそうなったかのようなグニャグ

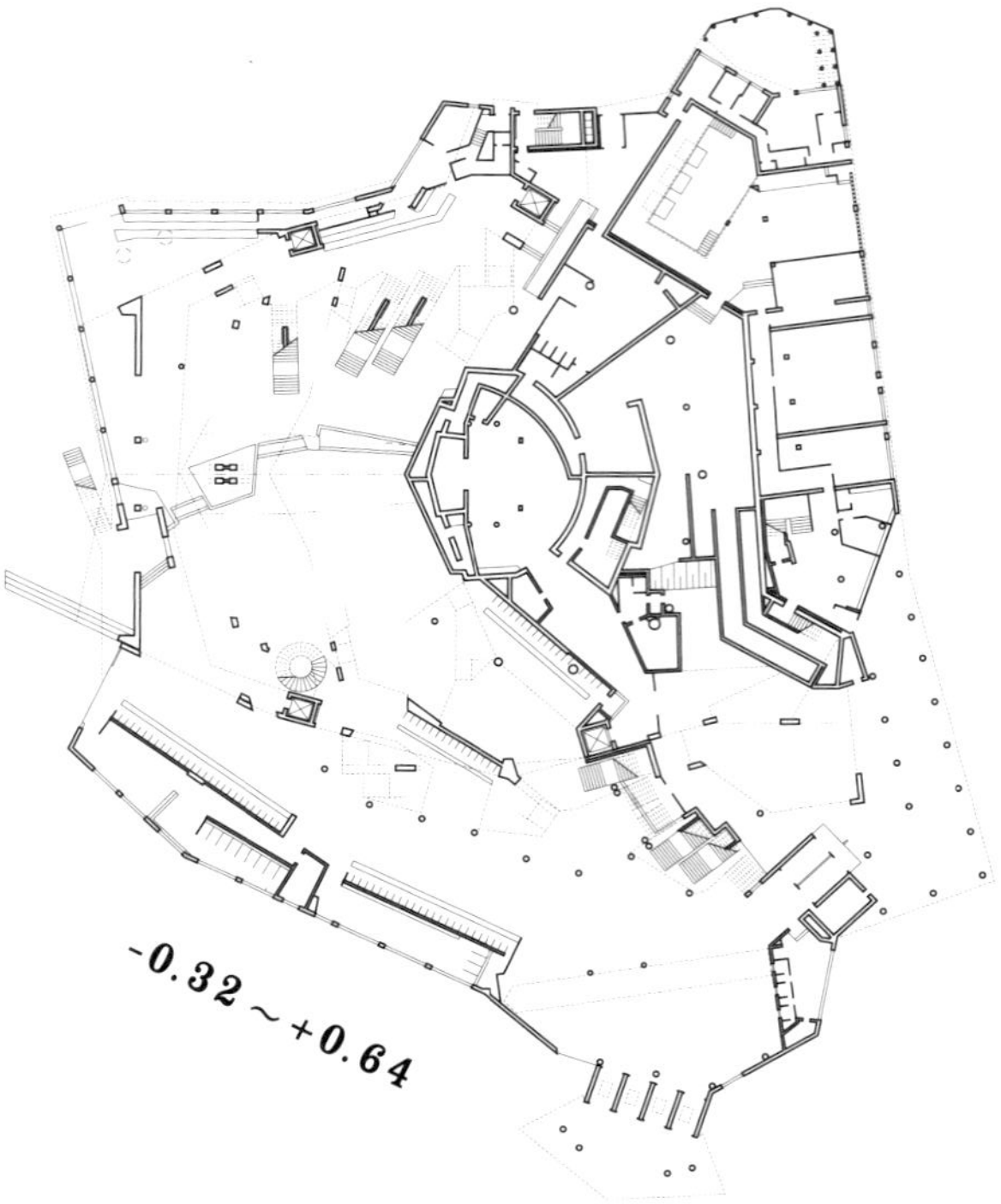

-0.32～+0.64

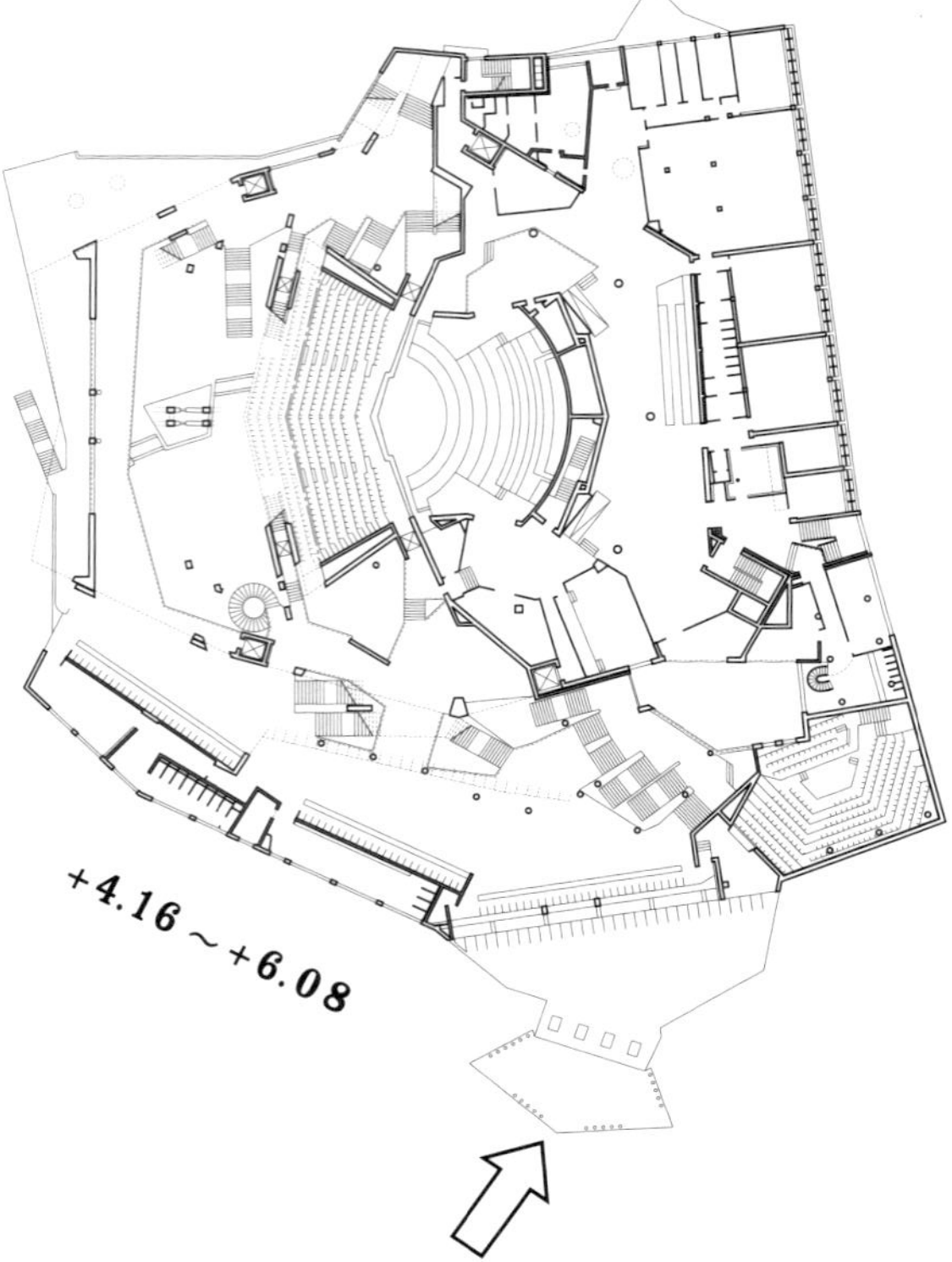

+4.16～+6.08

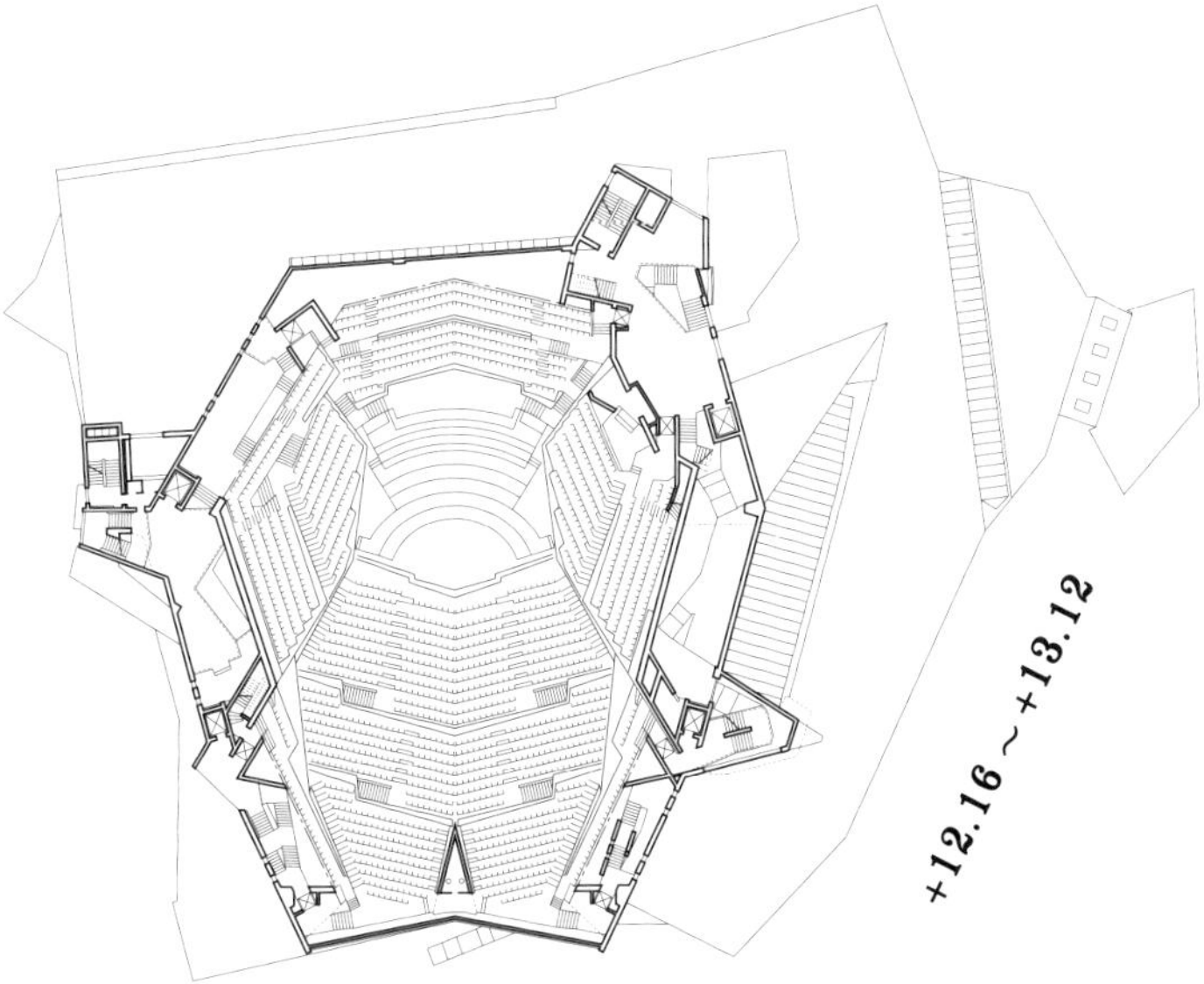

+12.16～+13.12

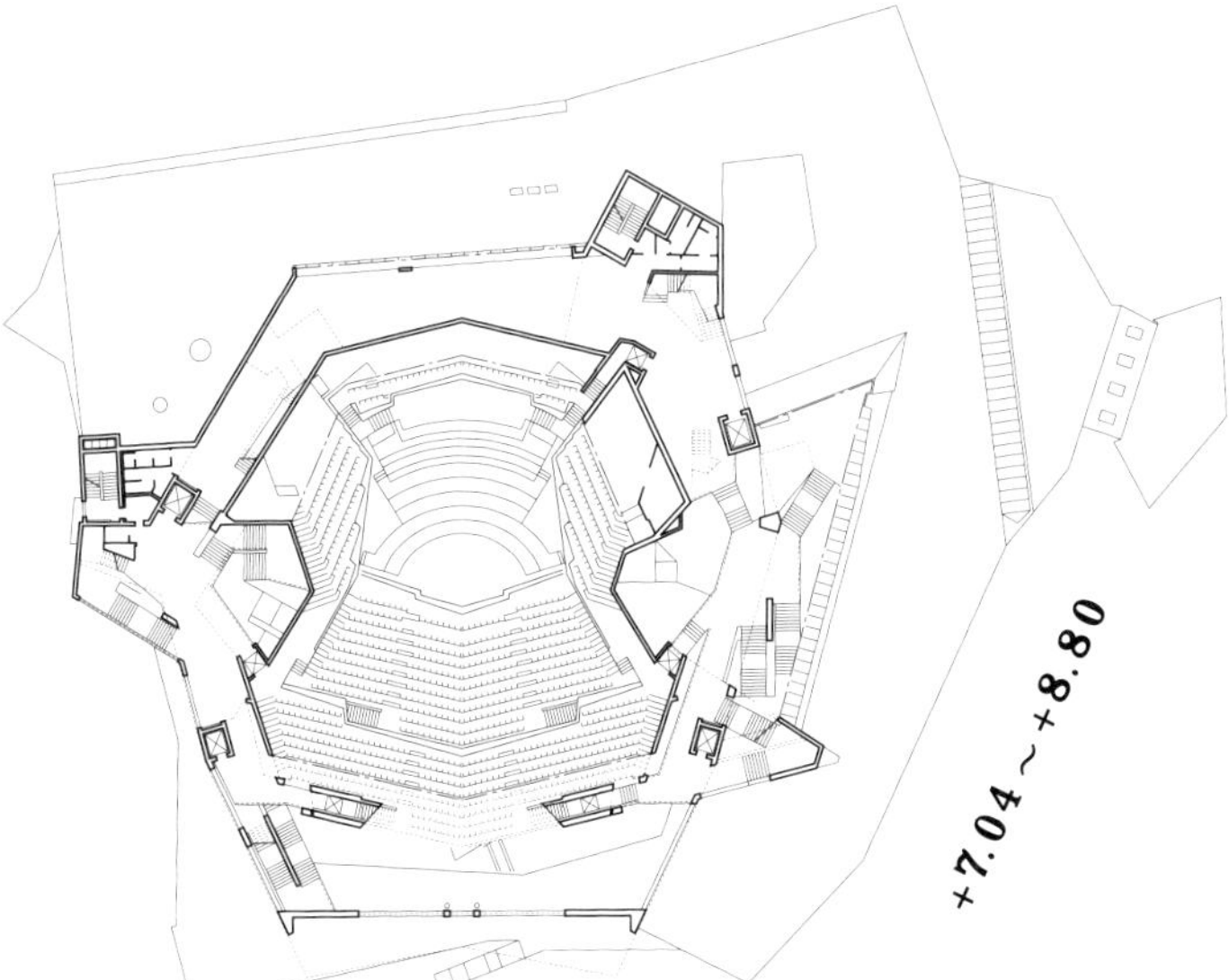

+7.04～+8.80

ニャした曲面ではなくて、それぞれが、構造的にも造形的にも明快な意志をもった壁であり、そして、柱であることです。

この現場はメチャクチャたいへんだったと思いますよ。図面だけじゃ分かりようがない。ぼくの研究室でも模型をつくりましたが、それに取り組んだ学生はものすごくたいへんだった。だいたい模型に取りかかった段階で、日本で手に入る図面だけではまるっきり不足していることに気がついた。そういえば、いままでつくられた模型は全部が全部、ホールの下のほうの部分までしかつくられていないんですよ。それは図面が数枚しかなかったからだと思う。そこでその学生はドイツまで出掛けていって、手に入れられるシャロウンの図面は全部持って帰ってきた。それでやっと全体の模型ができたんだけれど、それでも信じられないほど苦労していましたよ。模型でもそうなんだから現場は恐ろしいことになっていたと思う。現場でも、巨大な模型をつくりながらコンクリートの型枠を一つひとつ決めていったに違いない。型枠のパーツは全部違うんでしょうからね。この苦労は、当時もしもCADがあったとしてもやっぱり同じだったと思う。現場でのその異様なエネルギーが、この建築にほかではなかなか感じられないインパクトを与えているんだと思う。

一階平面図。この図面の階が基壇にあたる［図10－4、右下］。この「基壇」もミースの「バルセロナ・パヴィリオン」の「基壇」とはまったく違うね。ミースの場合には古典主義的な意味での、建物の台座としての基壇なんだけれど、シャロウンの場合には大地に根ざした、いわばランドスケープという意味合いがある。シャロウンに限らず表現主義者たちには、多かれ少なかれ大地を取り戻そうとする強い衝動があったんですよ。それは総力戦によってすべてが瓦礫と化してしまい、本来の大地が失われたことへの強いリアクションではないか。存在論としての大地というか。いわばハイデッガー的な。大地との関係においてもミースやル・コルビュジエとは違うんだね。ミースやル・コルビュジエには、むしろ大地から離脱しようとする衝動が感じられる。当時のドイツの哲学者エルンスト・ブロッホが「最近の新しい建築はどこかに出航しようとしている船のように見える」と書いていた。これぼくの好きな言葉なんだよ、前にも言ったかな。

「ベルリン・フィルハーモニー・コンサートホール」のロビーは明らかにそれとは対照的です。この基壇の内部が、さほど人工的な感じがせず、どこか自然の森のような空気が感じられるのはきっとそのためですね。シャロウンはそれを意識していた。エントランスはホールの正面から入るのではない。一階平面図の右側に少しせり出している部分がエントランスです。ここは天井が思い切り低い。エントランスはなんとなく大きな空間にしてしまいそうなところだけれどね。しかも、低いままでかなり長く歩かせる。この低い天井が抑圧的に感じられないのは、歩いていく方向に、はっきりとは分からないけれど、大きな空間の広がりと明るい光が垣間見えるからです。ホールに近づくと天井が急に高くなるんだけれど［461頁］、そこに大きなハイサイド・ライトが仕掛けてある。でもアクセス方向からはそれ自体は見えない。ロビーに降り注ぐ光だけが感じられるんだ。クライマックスを前にした静かな序章といった感じだね。その途中にはかなり長いクロークのカウンターが、これも緩やかに、ばらけるように角度を変えて置かれている。

そして、ここを抜けるとついに、ホールの下に展開する大きなロビーに出るわけですが、そこには垂直な壁や水平な天井はほとんどなく、直角のコーナーはどこにも見えず、すべての壁は傾斜し、折れ曲がり、柱は斜めに倒れかかり、何本もの階段はいろいろな方向へと触手を伸ばすように運動し、すべての要素がダイナミックに渦巻いているんです。祝祭的というのか、とにかく心底からわくわくさせる。これから素晴らしい音楽が聞けるんだという気持ちを建築ががっちりと支えてくれている。

平面図には階段や柱や壁の断片が、森の樹木みたいにバラバラに散らばっているでしょ。だから無秩序な混沌かというとそうじゃない。ここを歩くひとはいろいろなアクセスの仕方ができる。ロビーの上部に載っているホールに入るためには、入り口がいっぱいあるんですよ。客席がブロックに分けられてそれぞれレベルも違うので、おのおのの入り口が違う。自分のチケットのナンバーを見て、その入り口を選んで、そこに繋がっている階段を上っていかなければ客席に行きつけない［472頁］。そのプロセスが非常に大事なのね。自分が選んだ切符で、どのゲートをくぐってどうやって歩いていくか、その歩いているあいだに、まさに別世界に入る準備ができるんだよ。ということは、どの席に行くかでシークエンスがそれぞれ異なるわけだね。しかも階段がホールに向かって飛び出すように空中に、まるで橋のように架かっており、そのためにますます別世界に向かう集中力が増していく。だから、あとはホールの入り口のドアを開けるだけ。そのプロセスで気持ちの準備ができているから、ドアをくぐった瞬間にはすぐにもう違う世界に入っちゃう。注意すべきは、その入り口も奥行きのあるトンネルなので、そこをくぐってホールのなかに出たときに、目の前に並んだ赤い座席がぱあっと見えてくると、ああ違う世界に入ったなと思える。あの開放された感じが素晴らしいんだよ。シャロウンは、ヴォイドとマッスという異質な世界を、「橋」や「トンネル」のような異次元を結びつける建築のエレメントを総動員して結びつけようとする。そのプロセスで生まれるいろいろなシークエンスによって、劇的に世界が変わっていく。そこは、じつに映画的な建築だとも言えますね。フィルムに似てシークエンスが重要な建築体験です。

「ベルリン・フィルハーモニー・コンサートホール」は、一九五六年に着工して、竣工したのは一九六三年なんです。七年間だから、けっこう時間がかかった仕事じゃないでしょうか。当時は敗戦からまだ日が浅く、予算があまりないので苦労したみたいです。外装はシャロウンの死後、一九八〇年代にやっと現在のような金属にしたらしい。金色メッキの表面に凹凸のあるちょっと不思議な外装ですが。

ところで、この地区にはシャロウンの作品である「国立図書館」も建っていて、この一角ではシャロウンの建築を通した世界観を感じることができるんですが、感慨深いのは、そのちょうど向かい側に、ミースの遺作である「新ナショナル・ギャラリー」が建っていることです。最後の最後、一九六八年になってやっと亡命者ミースは念願のベルリンで仕事ができたわけですが、自分の現場の真向かいに対峙している、ドイツを批判しながらびくとも動かなかったシャロウンの傑作を、いったいどういう気持ちで見たんでしょうね。

4

LINKS

Champagner Bar

4

4

LINKS

サンテリア幼稚園

11

ジュゼッペ・テラーニ

11

Asilo
d'infanzia
Sant'Elia
1937

優雅で透明な世界モデル

建築を「世界モデル」として見るというアイデアがぼくの頭に浮かんだのは、ジュゼッペ・テラーニの建築が最初だったんじゃないかな。それをきっかけに、テラーニ以外の建築家たちの作品のなかにもそれぞれ固有の「世界モデル」を見出そうとするくせがついたような気がします。しかし建築が世界モデルであると言っても、それはべつに世界モデルの意味が最初からすべて分かったということではぜんぜんないんですよ。それどころか、その意味はいまでもよく分からないところが多い。ということは、意味が分かる以前に、これは世界に関するなにかのモデルに違いないと思わせるところがきっとあるんだね、直感的に。世界モデルであるための必要条件があって、テラーニの作品はそれをよく満たしている場合が多いんじゃないのかな。モデルの意味はよく分からなくてもモデルであるための必要条件を満たしているってことだけはすぐ分かる。その世界モデルがなにを示しているのかについては各人めいめいの独自な見方で自由に考えればいいんですよ。世界モデルは答えではなくて問い。

世界モデルの条件はいくつかあって、その第一は、「世界」が思い切り単純化されていて、しかも、モデルのなかで完結している状態がそこに感じられなくっちゃいけない。現実の世界はとりとめがなく、どこまでも無限に広がっているものだからそのままではどうにも捉えようのないものなんですが、ある部分を大胆に省略したり、抽象化したり、変数のある部分を定数に置き換えたりして、一挙に縮小化して単純化すると急に風通しがよくなる。その縮小され、単純化された世界のなかであるからこそ、普段では気がつかないような出来事を、まさに目の前に見ることができる。

モデルというとぼくがすぐ思い出すのは、数学者ニコライ・ロバチェフスキーの提起です。ユークリッド幾何学にある「平行線は交わらない」という有名な公理が成り立たない場合のあることを証明するために、アンリ・ポアンカレの考えた無限の世界を一つの閉じた円にしたモデルですね。そのモデルのなかでは、無限の直線は一定の曲率をもつ円弧に置き換えられ、外周の世界の果てである円周に直角にぶつかる場合にそれを無限と見なすことにしており、このルールさえ導入すれば、世界は完結した一つの円というモデルに変換できるというわけ。詳しいことは分からないけれど、円が一つだけという明快なモデルがすごいでしょ。

建築で一例を挙げるなら、ローマのパンテオンが分かりやすいんじゃないかな。パンテオンはじつにシンプルに、直径五二メートルの球が建築のなかにぴったりと内包されている。厳密にはドームの半球なんだけれど、これを、完結した一個の球として世界を見なした世界モデルと言ってもいいでしょ。ロバチェフスキーの円のようにね。そしてこの天球の頂点に唯一開けられた円形の小さな開口部から、光の束が真っ直ぐに注ぎ込み、それが時間とともに球面のなかを刻々と移動していくんだよね。球とそこに差し込む太陽の光の軸。なにが起きるかはモデルのなかで検証できる。その意味はまだ分からなくても、パンテオンが世界モデルであることは共有できるんです。

不思議な透明さ

世界モデルに関するなら、テラーニの作品のなかでもとくに「カサ・デル・ファッショ」が分かりやすい。平面はきっちりと正方形で、しかも高さにその一辺の半分が与えられている。建物のボリュームの形態を、立方体の厳密な半分としているところがいかにも「モデル」でしょ。キューブの二分の一。この限定された枠組みの内部で、世界で起こりうる重大な可能性が試されていると思わせるし、実際、そうなんじゃないかというのがぼくの予感です。実施されずにアンビルトで終わった晩年の「ダンテウム計画案」や「E42の会議場計画案」も「リットリオ宮計画案」も世界モデルとしての条件は十分に備わっているんじゃないかな。

今日、これから話そうと思っている「サンテリア幼稚園」は、それらの作品に較べると、それほど世界モデルっぽくはないかもしれない。でも、突き詰めて見ると、ここにもテラーニ特有の世界モデルの気配が色濃く感じられます。世界モデルであることの条件には重要なことがもう一つある。作品をつくった作家の自意識は、作品のなかで限りなく希薄になっていなくてはいけないということです。ある種の透明さが必要なのではないでしょうか。建築家が自分の世俗的な利益を最優先して考えたような作品は、世界モデルにはなりようがないでしょ。作家の手つきばかりが目についちゃって。

別の意味でも、テラーニは「透明性」にはとてもこだわっていた。「カサ・デル・ファッショ」にしても、民衆が建物の隅々まで見通すことができるというのがコンセプトだった。政治的にも視覚的にも完全にオープン化された秩序のイメージ。だからガラスにも特別の思い入れがある。テラーニは柱をガラスで考えた計画案さえ残している。そしてテラーニのファシズムのイメージはどこまでも透明なシステムでできた国家像だった。あまりにナイーヴすぎる子どもっぽいイメージだけれどね。テラーニの作品の特徴はなによりこの自意識の希薄さ、不思議な透明性にあるんじゃないかとぼくは思います。テラーニはオトナになるチャンスをパスしちゃって少年のまま逝ってしまったという感じなんです。しかもおっとり育ったんじゃないのかな。そしてこんな建築家が一時期であれ活動できたのも、逆説的ですが、テラーニの生きた時代がファシズムであったからかもしれない。

早熟で天才的だったから、テラーニはがつがつと自分を売り込まなくても自然に自分の力を発揮できたような気がしますね。自分がやりたいことと、国家が向かおうとしていたこととのあいだにある大きな矛盾とギャップに気がついたのは、かれが戦争に駆り出されることになる晩年近くになってからで、それまではファシズム体制という枠組みによってむしろ護られていたようなところがあった。初めからファシズムが耐えがたいと思っていた連中からすればまったく頭にくる話なんだけれどね。テラーニのように、ファシスト党員の建築家は発注の段階で明らかに優先されていた。ではその代わり、設計を進めるうえで国家的なデザイン上の要請があったのか。それが意外にも少なかったみたいです。少なくとも建築に関するかぎりイタリアはドイツとは違ってそうとうの自由が許されていた。ドイツではアルベルト・シュペーアのようなネオクラシシズム（新古典主義）が前提になってしまいモダニズムは後退したけれど、イタリアではモダニズムがむしろ主流で根本的に否定されたことはなかったからね。

ファシズムの時代のなかで

第二次世界大戦時のイタリア、ドイツ、日本の三国は、全部が独裁体制であったという点でよく似てはいるけれど、しかし、それぞれの支配のニュアンスはかなり違うんです。この三国のなかでは、全体主義的抑圧ということではナチス・ドイツが圧倒的で、似ているというなら、むしろ敵国だったソビエト・ロシアのほうで、日本やイタリアでは、ナチス・ドイツに較べれば抑圧がはるかにルーズだった。それは反体制派に対する虐殺数の違いにも端的に現れている。そんなわけで、イタリアはムッソリーニ独裁になったのちも、反ファッショ的な考え方の持ち主が、まだ仕事をしたり、発言したりできた。

ムッソリーニが政権を取ったイタリアがファッショ化しながらも、文化運動がかなり自由で、しかも一定の成果があったのは、当時の文化政策を推し進めたマルゲリータ・サルファッティという女性の才覚によるところが大きかったようです。サルファッティはムッソリーニと親しかった、というか愛人で、ユダヤ系だったらしい。インテリジェンスがあったんだね。彼女は政治的な手腕を発揮して、いろいろなアーティストの自由な活動を手助けしたり、出資の世話をしたようです。テラーニがある程度の期間にわたって自由に設計ができたのも、サルファッティの力が働いていたからなんじゃないかな。サルファッティは自分の息子が戦死したとき、その墓のデザインをテラーニに頼んでいるくらい、かれの才能に惚れ込んでいたんだね。

とはいえ、イタリアのファシズム政権に対するヒトラーの影響力は急速に強まり、ムッソリーニは背伸びをして、ナチスに合わせざるを得なくなる。最初は反ユダヤ主義ではなかったムッソリーニですが、一九三〇年代の後半あたりからはナチスの反ユダヤ主義を受け入れざるを得なくなります。ナチスになめられたというか、足もとを見られたんだね。その時点でとうとうサルファッティも失脚し、表舞台から消されてしまった。同時に自由な文化活動の余地も、もはや残っていなかったんです。そしてこのころからテラーニの人生は悲惨な方向に折れ曲がって、期待していたファシズムが、自分の考えていたものとまったく違うことに気づかされることになります。

テラーニの出身地はコモという小さな町です。ミラノから自動車で一時間ぐらいのところにある、ちょっと箱根みたいな感じの静かな町。芦ノ湖によく似たコモ湖という湖があって、金持ちが余生を過ごす高級リゾートみたいなところです。十八、十九世紀のブルジョワの別荘やホテルがあって、いまでもそういう雰囲気が残っている。で、テラーニの家は土建屋、つまり地方のゼネコンです。ローマやミラノの大金持ちほどではないけれど、地方の実業家といったところで、子どものころからお金に不自由する感じじゃなかった。素直にすくすくと成長して名門ミラノ工科大学で勉強し、早くも頭角を現す。まるで絵に描いたみたいな恵まれた少年といったところだね。父親がゼネコンの社長で、しかも兄はコモのファシスト党のボス的な存在で、ついにはコモの市長にまでなっているくらいだから、仕事を取るのにもさして苦労はしなかったんじゃないか。そして事務所をコモで順調にスタートさせ、そのあとミラノに進出します。コモという地盤はローマやミラノほど大きくはなかったけれど、テラーニは若手の建築家として早くから注目されていて、「グルッポ7（セッテ）」というグループで活動もしていた。

従軍と死

ところが、なんの苦労もないように見えたテラーニは早死にしてしまった。一九〇四年に生まれて一九四三年にはもう死んでいる。どうして若くして死んじゃったのかというと、従軍したわけです。正確には戦死じゃないんだけれどね。先ほども言いましたがイタリアはナチスに引っ張りまわされてドイツの対ソ連戦にまで付き合わされる。そしてテラーニも、軍人に志願したわけでもないのに、情報収集という名目で駆り出されるんだけれど、行ってみたらそれがじつに悲惨な戦争だった。これは他人事じゃないんだよ。日本でも天才的映画監督、山中貞雄を二十八歳で戦争に駆り出して殺しているからね。

ナチス・ドイツは当時のスターリングラードを攻めた。ドイツは絶対に勝つつもりだったし、世界のおおかたもそう予想していたようです。ところがソ連は予想外に抵抗し続けた。ナチス・ドイツはスターリングラードをなかなか落とせない。時間を食っているうちに極寒の冬になってしまい、ドイツ軍は惨憺たる状態でとうとう退却する羽目になる。「バルバロッサ作戦」といって、この戦闘の行方がそののちのナチス滅亡に繋がったという決定的な作戦だった。余談だけれども、ナチスがユダヤ人大量虐殺などという、ロシアとの戦争にとってはメリットのない余計なことに貴重な時間とエネルギーを無駄に消費せず、さっさと攻めていれば間違いなく落ちていただろうという話を聞いたことがあるけれど。戦争の合理から考えてもユダヤ人差別は謎だってことだね。まあそれはそれとして、その戦闘の後方で貧相な武装しかしていないイタリア軍が援護していたんですよ。イタリア軍にとってもじつに情けない戦いだったわけ。財政も疲弊していて装備も貧弱。しかしナチスは援助を強要していた。そこにテラーニがいたわけです。ほんとうに酷い惨めな役回りだったのね。

戦場でどんな経験をしてなにを見たのか。それについてはなにも語っていないので分からないんだけれど、もうボロボロで帰ってきたことは間違いがない。見ちゃいけないものを見たという感じで、ちょっと頭もおかしくなっていた。帰ってはきたものの、とても仕事どころじゃなく、日常生活にもうまく適応できなかったらしい。そして、それから間をおかずにふいと死んでしまった。死に方も変な感じがする。一時は自殺と言われていたんですが、最近は脳出血じゃないかとも、テラーニの面倒を見てくれていた女性のところで倒れたとも言われているんだけれど、結局死因はよく分からない。確かなことは、かれにとって戦後はなかったということです。似たような世代の建築家なら、「マラパルテ邸」のところで出てきたアダルベルト・リベラがいましたが、こちらはローマに君臨した正真正銘のファシスト建築家の大物でありながらしっかり生き延びて、戦後十年近くたってから、再び仕事を始めている。テラーニはほんとうについていない。だって、かれの死からほんの数カ月後には、ファシスト政権は倒れているんだよ。もう少し我慢していたら、パルチザンも連合軍も入ってきて戦争は終わったのにね。だからほんとうに損なクジ引いているって感じがあるんですよ、テラーニって。

ドイツではナチスが台頭すると、知識人や文化人がどんどん亡命した。ところがイタリアでは、さっきも言ったように抑圧にちょっとルーズなところがあったから、知識人はほとんど亡命していない。そのために敗戦の間際に強制収容所で虐殺されたり、あるいはパルチザンの抵抗運動で死んだケースが予想以上に多いんです。イタリアは日本と違って、連合軍が侵攻するちょっと前に、とにかく自分たちの手でファシスト政権を倒したと言える抵抗運動があったことも、その理由の一つでしょうね。前にも話したけれど、建築家ではジュゼッペ・パガーノが四五年に五十歳で収容所で死んでいる。また批評家のエドアルド・ペルシコは拘束され、解放されたものの翌年三十五歳で変死している。イタリアという国はちょっと楽天的でどこか陽気な感じがするかもしれないけれど、第二次世界大戦の終わり方はけっこう悲惨できついところがありましたね。

これは余談だけれど、建築家に関するかぎり、イタリアほど若死にするひとが多い国はほかにあまりないような気がするな。建築家とオーケストラの指揮者は長生きする職業と言われているのにね。

ポリリズム的建築

テラーニの作品というと、コモの「カサ・デル・ファッショ」が有名ですが、ほとんど同時並行で設計していた「サンテリア幼稚園」をここでは取り上げます。というのも、突っ張りまくっている「カサ・デル・ファッショ」と違って、「サンテリア幼稚園」のほうがテラーニの特徴が素直に分かりやすいんです。またこの「サンテリア幼稚園」にはテラーニの優しさ、優雅さがよく反映されていてぼくは大好きなので。

でもこの幼稚園の計画案は、初めのアイデアの段階から素晴らしいと言えるものではなかったんです。これが最初のエスキース［図11-1］ですが、どこがうまいのかぜんぜん分からないでしょ。ミース・ファン・デル・ローエの才気走ったスケッチと比較すると、なにかコツコツと素朴、まあ、これだけ見たらはっきりいって凡庸。片廊下のブロックを組み合わせ

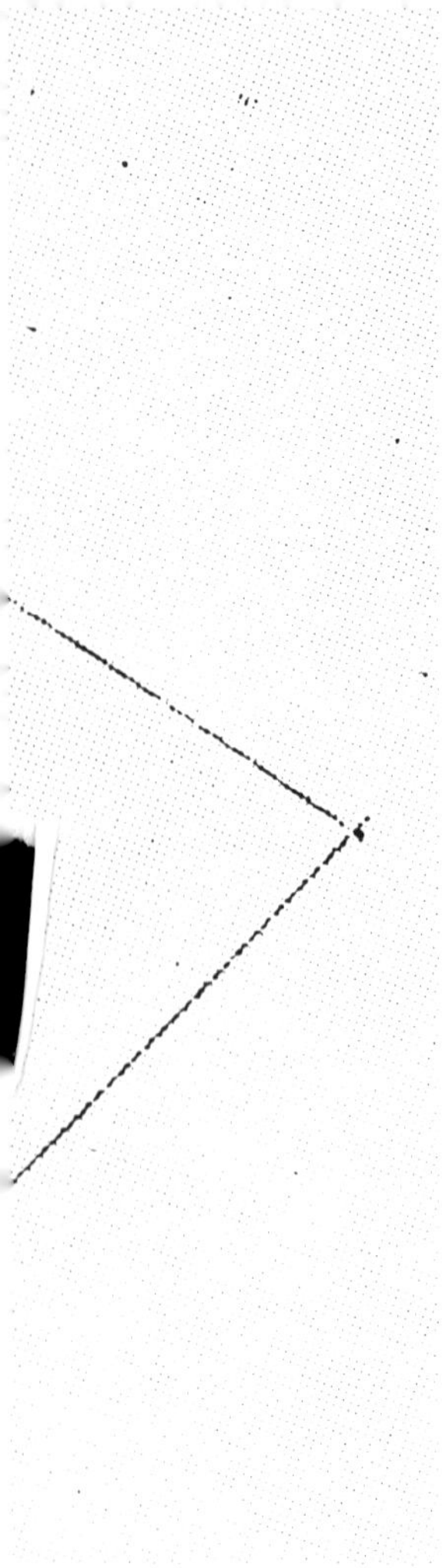

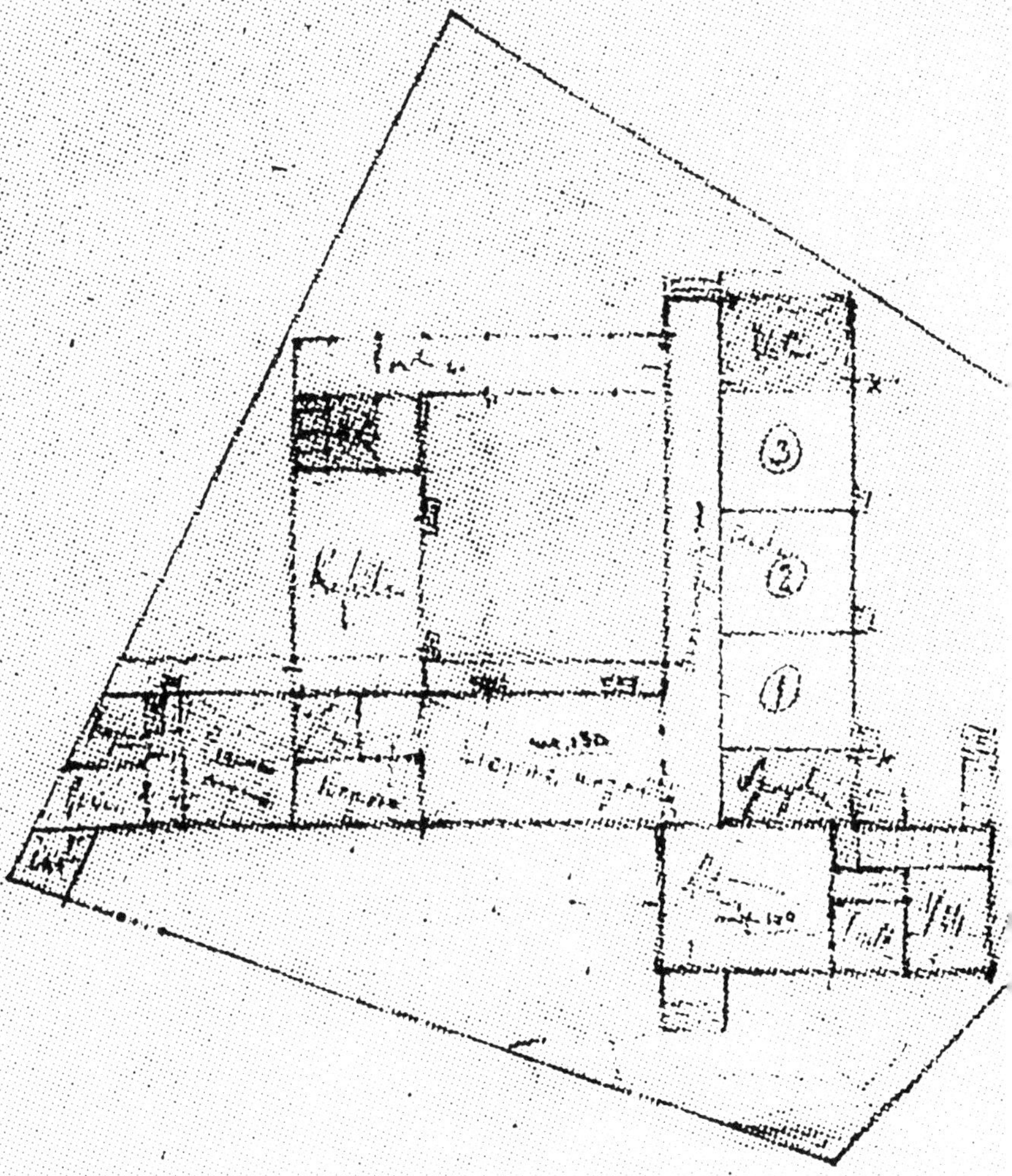

11–1

ただけのように見えるからね。少し才能を感じさせるのは、真ん中に中庭を配したことと、その周りに風車状にブロックを組み合わせたことぐらいかな。あと、もう一つ好意的なことを言うと、建物を敷地境界線に平行に合わせないで、回転させていることだね。そのため建物の周りには、それぞれ特徴の違う外部が四つ生まれることになった。でも敷地の形状がもともと不整形だからこれもとりたてて言うほどのことではないよね。だから、「サンテリア幼稚園」の設計のプロセスの最も面白いところは、この凡庸な計画案がどの段階で、どのようにしてあの素晴らしい最終案に変貌したのかということなんですよ。ある日突然変わるんだよ、ガガッと。

　これがそのときのエスキース［図11-2］です。この激変がもう強烈なんですよ。注意深く見ればよく分かるよね。先ほどのエスキースでは、普通の間仕切り壁だった右側の教室のブロックや、下側のエントランスや、中庭あたりの壁や柱が、それまで全部くっついて一つになっていたものが全部外れて、弾けてズレるようにバババババッて見えているでしょ。壁の

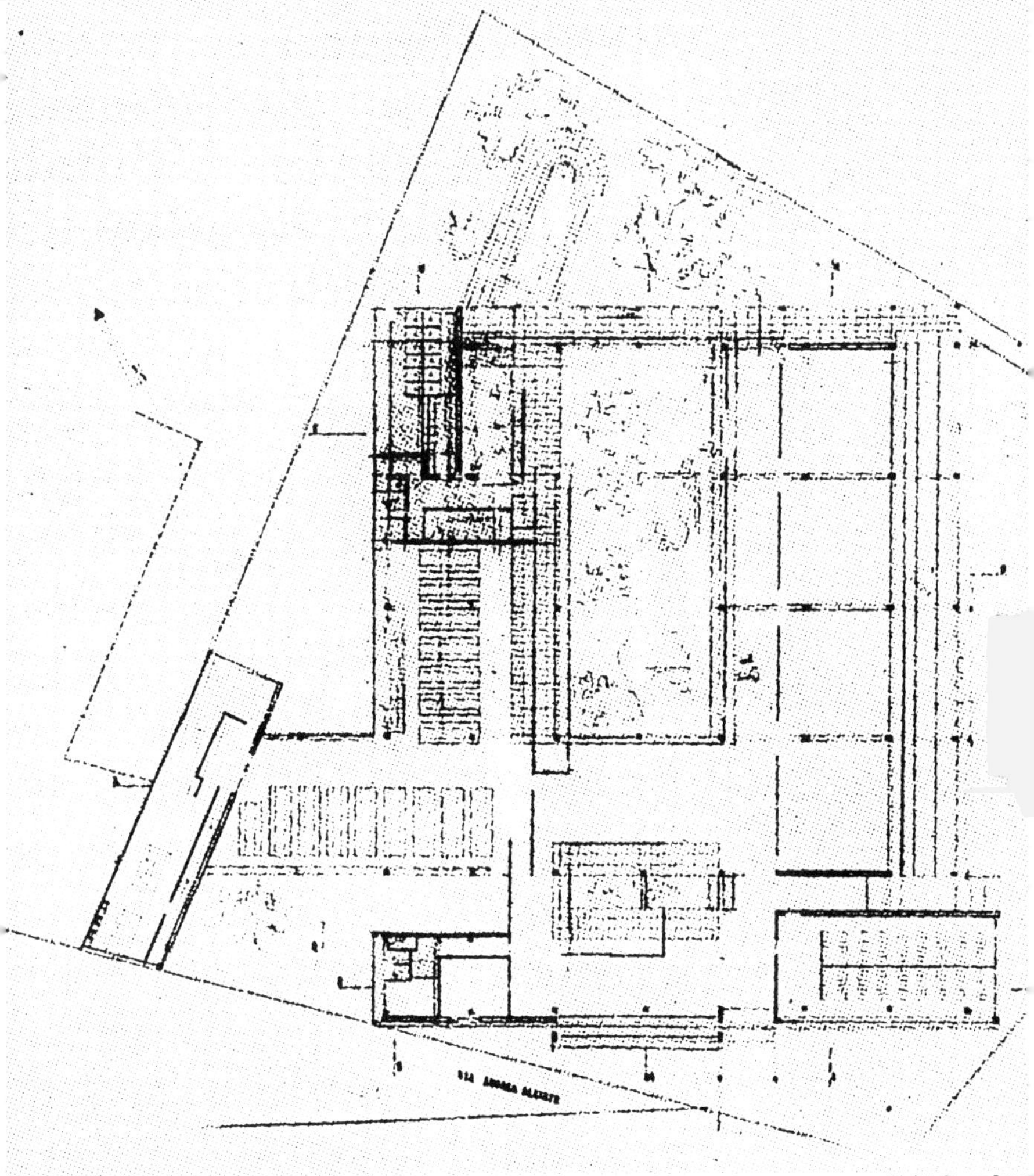

11–2

束が急に解けてバラバラに分かれつつあるみたいだね。柱の点も増えている。しかも柱を示す点は、じつは壁に属しているようにも見える。壁や柱が急に激しく振動し共鳴しているようにも思えるし、そこから新しい壁や柱が分裂しながら生成しているようにも見える。でもなにかね、はっきりとは分からないんですよ、一所懸命に眼を凝らしていま見ても。迷いながら描いた線を消したりせずに、全部残しているように見えるかな。でも、ぼくはそうではないと思うんだ。どうしてかっていうと、重なり合うように出現した壁や柱は、ほとんど取捨選択されずに、最後「図11-3」まで残り続けるんだからね。テラーニはいちど発生したものは、ほとんど整理しないね。発生当初のままをキープしながら、それをひたすらリファインしていく。テラーニの壁と柱の同時共存とは、未分化でありながら、過剰でもあるような状態なんですよ。よく見ると、柱も正方形断面ではなくて、微妙だが、長方形に変形されることによってそれぞれ方向性を示している。

ミースの回でも言ったけれど、方向性は壁特有の性質で、だからその方向性をもつ柱は、

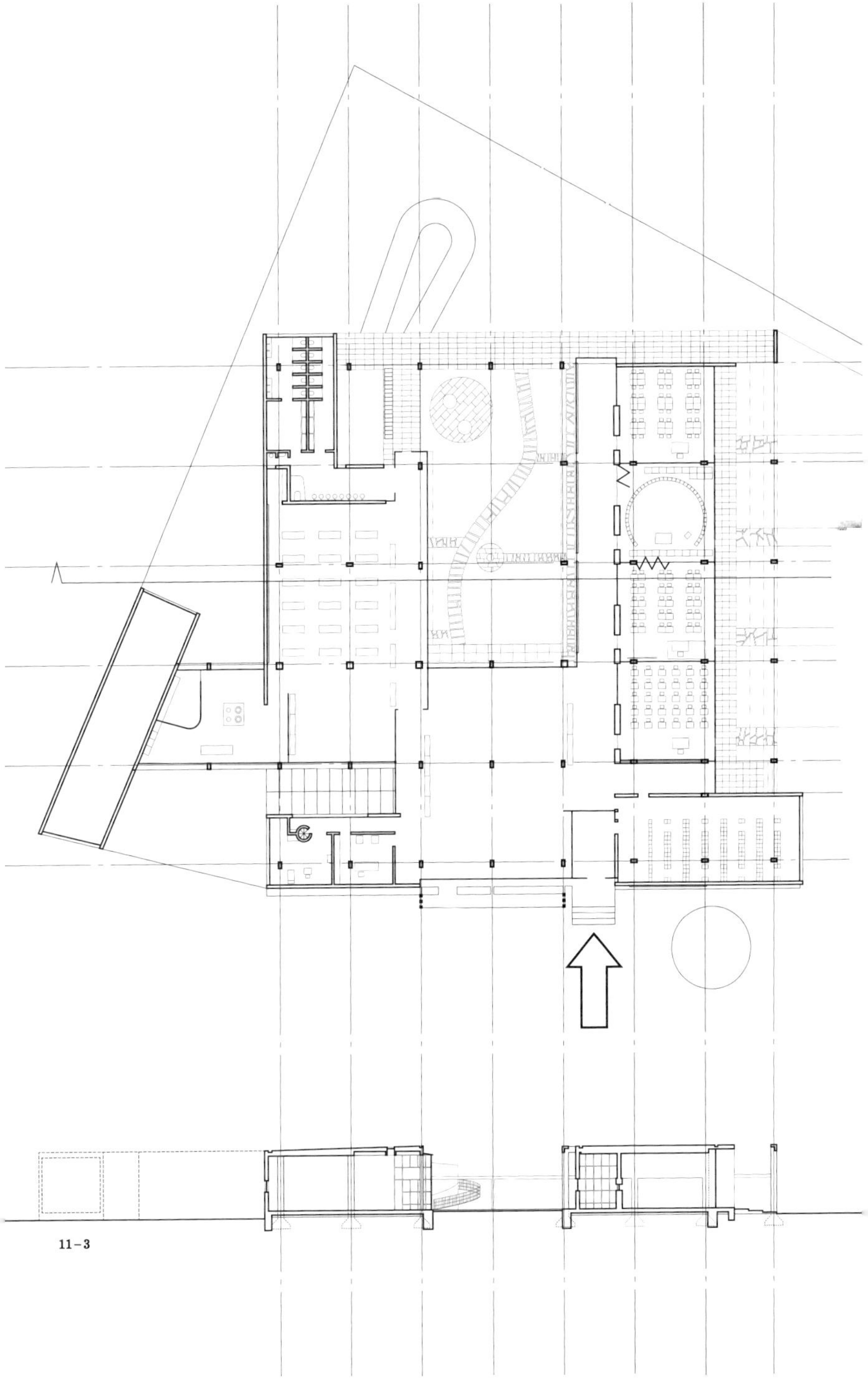

11−3

同じ方向性をもつ壁に溶け込んでいける。違う楽器が同じコードで鳴るようなものかな。柱でありながら壁でもある。どちらの状態にも現象できるように常にスタンバイしているんです。そこは両性具有的かもしれないね。どこまでが柱でどこまでが壁なのか分からない。しかもそれがアナーキーな無秩序ではなくて、精密な秩序が感じられるポリリズムなんです。以前に書いたテラーニ論（「ファシズムと建築」、『建築零年』筑摩書房、二〇〇一）のなかで、これを「テラーニ二重共鳴」と名づけてみたんですが、それは壁や柱が共鳴し合って振動する現象のことだった。『壁』と『柱』との癒着化、溶解化、フリーク化」とも書いていたね。しかも今回あらためて気づいたことですが、それは設計のプロセスに従って少しずつそうなるのではなくて、ある日いきなり全面展開するってことだね。まるで宇宙の始まりのビッグバン説のように。このエスキースはその振動の軌跡を記したデータみたいでしょ。このすごさを分かってほしいです。

それと同時に、いい設計をするのに最初から才気走っている必要はないということも知っておいてくださいね。きみたちも始まりは凡庸なBの評価くらいのスケッチでけっこう。ぜんぜん悲観する必要はない。どこかでいきなり最高のAプラスのレベルになれるんです。ごく普通の、事物を構成している粒子が、ある段階で核反応を起こして、いきなりとんでもないエネルギーを放出するのと同じなんじゃないか。エネルギーは、どこかほかのところからやって来るのではなくて、目の前のごく平凡なもののなかに隠れているんだよ。それをほんの少し揺さぶってやればいいんだ。どう、元気が出てくるでしょ。

別世界への入り口

この幼稚園を訪問したときに最初に見えてきたエントランスが、図面からイメージしていた空間と較べ、スケール感がずいぶんデッカイなとびっくりしたのをよく憶えている。幼稚園なのに天井もいやに高くて、幼稚園離れしたこの空間の大きさとガッシリとした佇まいが羨ましい気がした。そして、子どもたちの頭の上に広々した空間が広がっていることも、ものすごく豊かで贅沢な感じがする。休憩時間にワイワイ集まった小さな幼稚園児たちの頭の上の大きな空間を想像してみてくれよ。小さいものには小さいスケールを、みたいな近代的基準とは違いますね。この壮大なスケールのなかで子どもが育ったら、やっぱりいいんじゃないかな。

玄関の周辺にしても、最初のエスキースでは階段のある単なるエントランスにすぎなかったのが、二案目あたりからトップライトを考えているし、このエスキース［図11-2］に至ると周辺に膨らみが出てきていますよね。できあがった空間は、最初のエスキースより俄然大きくなったことが分かりますが、そのうえに、正面の大きなガラスのスクリーンを貫いてバルコニーが飛び出し、さらには植栽のある前庭まで加わってきた「図11-4」。玄関の前にはヴォイドが一つあって、柱の列が、ほら、壁と離れて現れているでしょ。最初のエスキースにはなかった新しい柱列の登場ですね。でもこの三本の列柱は、一枚の壁が柱に移行する流れのなかで生まれた列柱だよね。それに、この部分は町と中庭とを呼応させるフレームの役割もあると思う、ちょっと映画のスクリーンみたいな。エントランスの緩いこのステップを上ると、世界がちょっと浮いて、この町とは別の世界に入る感じがする。その浮力感を、前庭をもち出しているキャンティレバーが効果的に見せているでしょ。当時のイタリアでは既製のサッシュなんかないですからどれもスチール製のTバーやアングルの組み合わせで、ものすごく細い。太さ三〇ミリ、見込一〇ミリくらいにしか見えないキレイなサッシュ断面です。

11-4

「サンテリア幼稚園」をなにより特徴づけているのは中心部分の大きな中庭です。これは最初のスケッチからあったね。建物の中央部分に、外部としてのヴォイドを最初に設定して、中庭のヴォイドと建物の外との関係のなかで考えていったのは、同じ時期に設計していた「カサ・デル・ファッショ」も同じです。「カサ・デル・ファッショ」の中央にあたる集会用の広間も、初めは外部だった。現在見ることのできる最終案ではガラス・ブロックの天井で覆われていますが。この断面図［図11-5］を見ると、一階の広間のヴォイドと、建物の外部である天空のヴォイドとが、互いに呼応しているように見えませんか。上層階の大きなバルコニーやブリッジに注目してくれないか。

ところで、幼稚園は中庭のヴォイドを囲むように各ブロックが構成されているんだけれど、中庭を挟んで立っている両側の壁が呼応するかのように、それぞれ一メートル程度ズレている。一方が前に出ていて、もう一方が後ろに下がっているんです［図11-3］。この図面の左側の壁は、外壁の通り芯からガラス・スクリーンが一歩前に出ている。ところが柱のほうは室内に置き去りにされている。飛び出した約一メートルの部分は、天井もガラスになっており、ガラス面の壁全体が、建物のブロックから飛び出したことが分かる［512頁］。一方、向かい側の、図面では中庭の右側に立つ壁はコンクリートなんですが、その壁は柱梁のフレームから外れて内側方向にズレ込んでいるんだね。柱と梁は、つまり中庭側に取り残されているというわけ［514頁］。水平の横連窓が外壁にはついているんですが、まるで外壁から柱が抜け出したように、ちょうど柱のあった部分の壁に垂直のスリットが開いている。だからそこでは水平の横連窓と垂直のサッシュが交差している。まるで中庭のヴォイドが建物を揺さぶって、壁や柱を二重化させ振動しているようではないでしょうか。ちょっと壁が動いたり、あるいはちょっと柱が動くだけで、空気に加速度を与えゆらぎをつくり出すような、そういう力が生まれているんじゃないか。

教室のあるブロックでは、外壁から二メートルくらい離れて、列柱が一列に独立して立っているでしょ。ここも印象的なところ［513頁］。建物と平行し

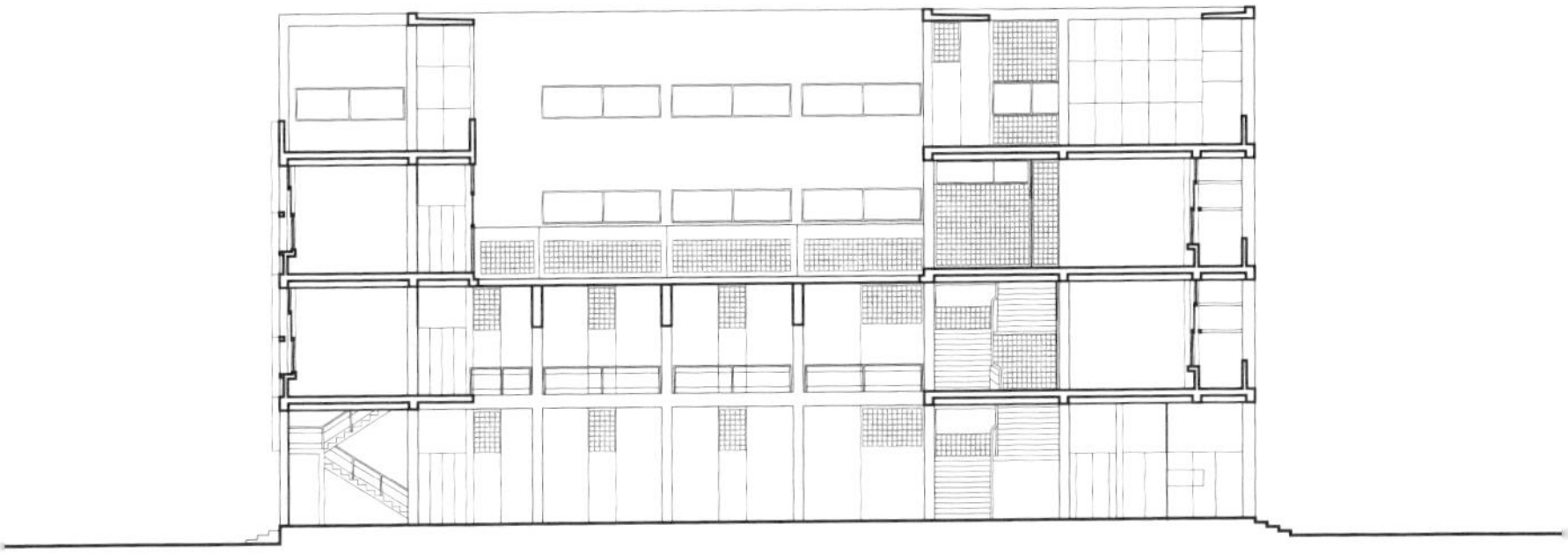

11-5

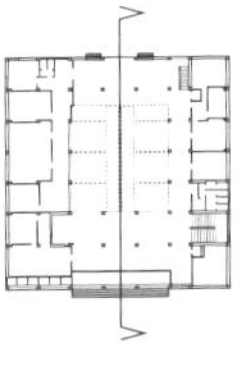

て自立している列柱はもちろん柱でもあるけれど、見方を変えれば、一枚の壁にも見えるよね。この部分はフィーレンデールの構造で、梁は建物とは繋がらず自立しているから、より建物からダイレクトに飛び出した感じでしょ。列柱を繋ぐ梁にはブラインドが格納されていて、クランクを回すと腕が教室のほうにせり出して太陽光を受け止めるらしい。普通ならブラインドはサッシュの上部に取りつけて、外に向かって伸ばすように開くけれども、これはその逆の取りつけ方。

椅子もかわいらしい［図11-6］。一筆書きのようにパイプを曲げてつくられている椅子なら、マルセル・ブロイヤーがよく知られているよね、あの座背が籐編みのやつ。それに較べて、テラーニのこの椅子はあまり知られていないけれど、それと同じくらい素晴らしいと思います。ここでも、テラーニは曲げる方向がブロイヤーと真逆なんだね。だから座と背とがくっつかずに離れている。そのために背にもたれて座ると浮遊感があって、不思議に気持ちがいいんだ。パイプの曲がり方もかわいいでしょ。大人用と子ども用とがあるんですが、ぼくは子ども用のほうがより好きだな。一つ欲しいね。

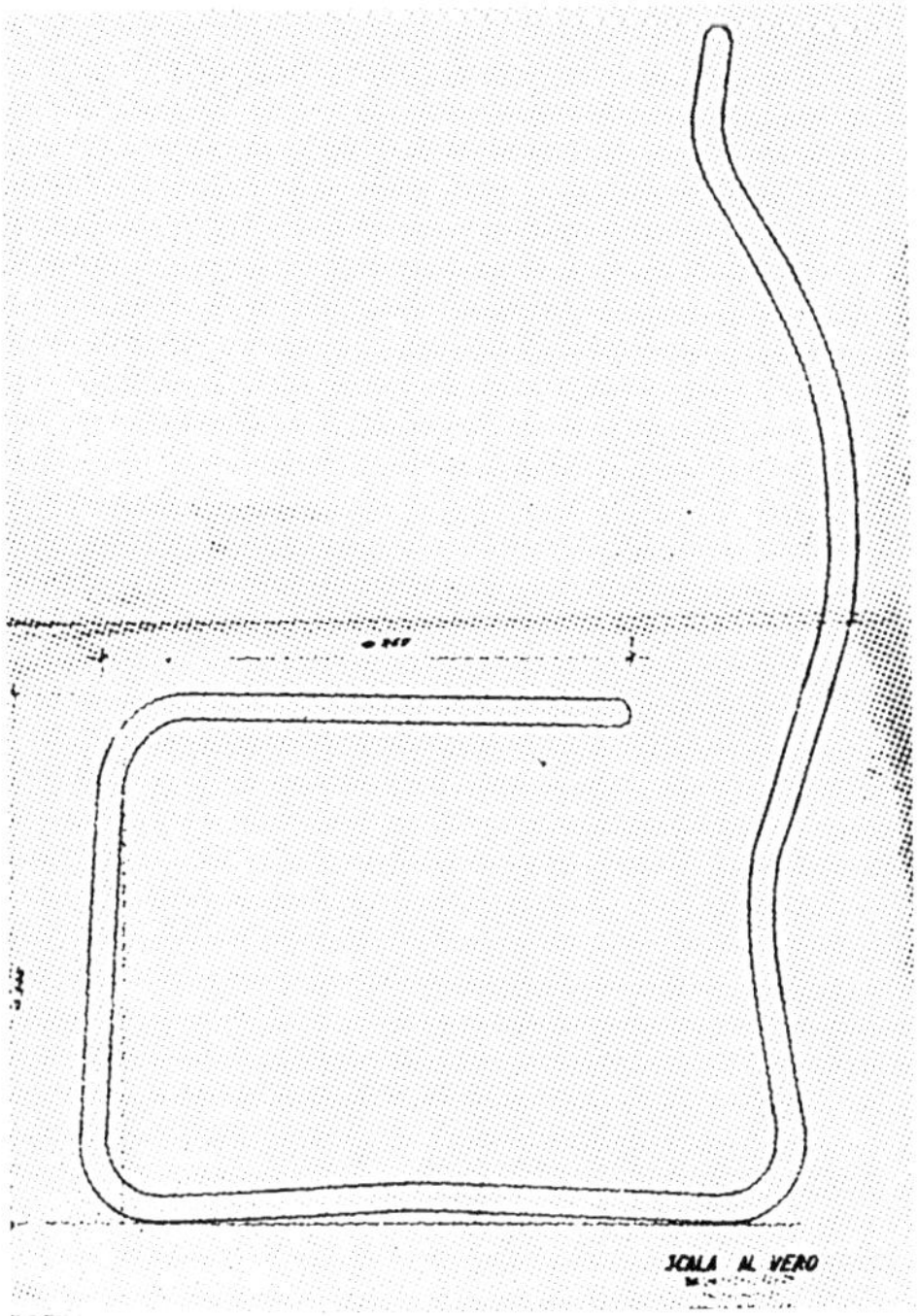

11−6

バイリンガルでバイセクシュアルな共存関係

テラーニの建築はリジッドで硬質ですが、でもマッチョなテイストはほとんど感じられないんじゃないか。もしそうだとすると、これは不思議なことだと思います。テラーニは正真正銘のファシストの建築家だったからね。一般的には建築とマッチョは相性がいいみたいなんですよ。独裁者は建築に憧れる、というか建築は権力の象徴として使いやすいわけ。ムッソリーニは建築をファシズムのプロパガンダとして使っていた。「マラパルテ邸」のところで少し詳しく話したけれど、まさに「カサ・デル・ファッショ」はその戦略の目玉で、ムッソリーニはファシズムを建築を核にした啓蒙活動を通して定着させようと、全国の隅々にまで「カサ・デル・ファッショ」をつくろうとしていた。また一方のヒトラーはシュペーアを使って、世界でも飛び抜けて巨大な議事堂をベルリンに構想していた。「厳然と建つ」とか、「そそり立つ」とか、「屹立する」とか、これらの語はそのままマッチョなテイストを感じさせるでしょ。それなのに、なぜかテラーニにはこのテイストが希薄なんです、自意識過剰のマッチョな時代に出てきたのにもかかわらず、透明性を律儀にキープし続けようとした結果、はからずも近代建築でもまれなアンチ・マッチョな建築家が誕生したのではないだろうか。

このギャップがすごくないですか。透明性は、テラーニにとっては単なる比喩に終わらずに、全人類にとっての来たるべきユートピアだったからね。透明なシステム。透明な国家。透明な建築。しかし、一九三七年ごろになるとさすがのテラーニも、「透明性」をスローガンにしていたはずのファシズムのなかに、スローガンを裏切る「不透明性」が組み込まれていることに気づいたようだね。「E42」や「ダンテウム」のコンペをめぐる審査員サイドとの攻防、抗議、幻滅。テラーニの失望と落胆の深さには、いまここでいくら想像しても届かないだろうね。

以前、ミースの「バルセロナ・パヴィリオン」のところでミースが「壁の思考」と「柱の思考」の二つの思考を一つの建築のなかで同時に作動させたことを話したよね。本来なら相容れないはずの二つのシステムを、それぞれ独立させて共存させたその結果、「バルセロナ・パヴィリオン」という建築には、異次元が裏表に張りついているような、亡霊的なホラーな空気が濃密に生まれていたわけです。テラーニの場合にも、「壁の思考」と「柱の思考」は同時に作動しているんだけれども、しかしそれぞれが、ミースのようにバラバラに存在するというのではなくて、両方がどこかで溶け合っているような気がするんですよ。壁と柱が同化してしまい、どの部分も壁でありながら柱であるというような、そういう共存の仕方なのね。「サンテリア幼稚園」のエスキースで、その発生する瞬間を見たでしょ。異質なものが、ただゴチャゴチャにぶつかり合っているのでもないし、絵の具のように混ざり合って混濁しているのでもない。「壁の思考」と「柱の思考」がいかに違うかということを十分に分かったうえで、途方もない隔たりを飛び越えて異質な思考がそれぞれの思考のなかに変換され同化されている。柱が方向性をもって列柱になれば、それは同時に一枚の壁となり、その壁が細かく裁断されたかと思うと、そこから次々と新たな柱が生成し、それがまた次のステージの方向性を窺うというように。このような、バイリンガルでバイセクシュアルな共存状態を示唆してくれる世界モデルはいまのところテラーニだけではないかな。

二次元と三次元の境目

テラーニは近代建築家ということになっていますが、要素を単純化し、分節化し、組み合わせる近代的分析手法は通用しない。「カサ・デル・ファッショ」も「サンテリア幼稚園」も、ル・コルビュジエのように白いけれどでも、しかしタイルでもペンキでもない。大理石ですね。しかも目地を消すようにギッチリ貼っている。ほとんど古典主義そのもの。しかも、石を貼るには細すぎる窓まわりのフレームのような部分でさえ、そこが壁でもあると決めた

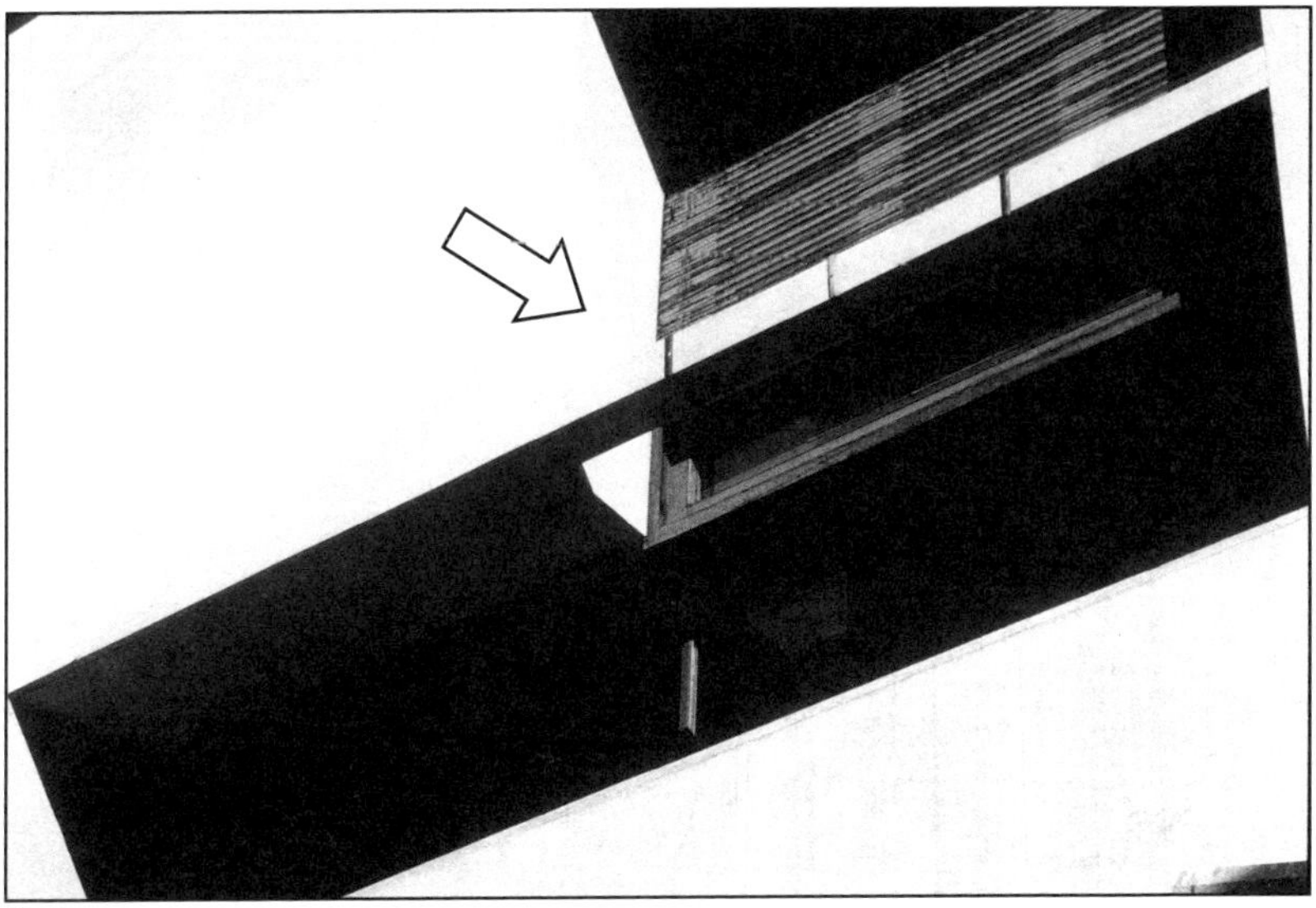
11-7

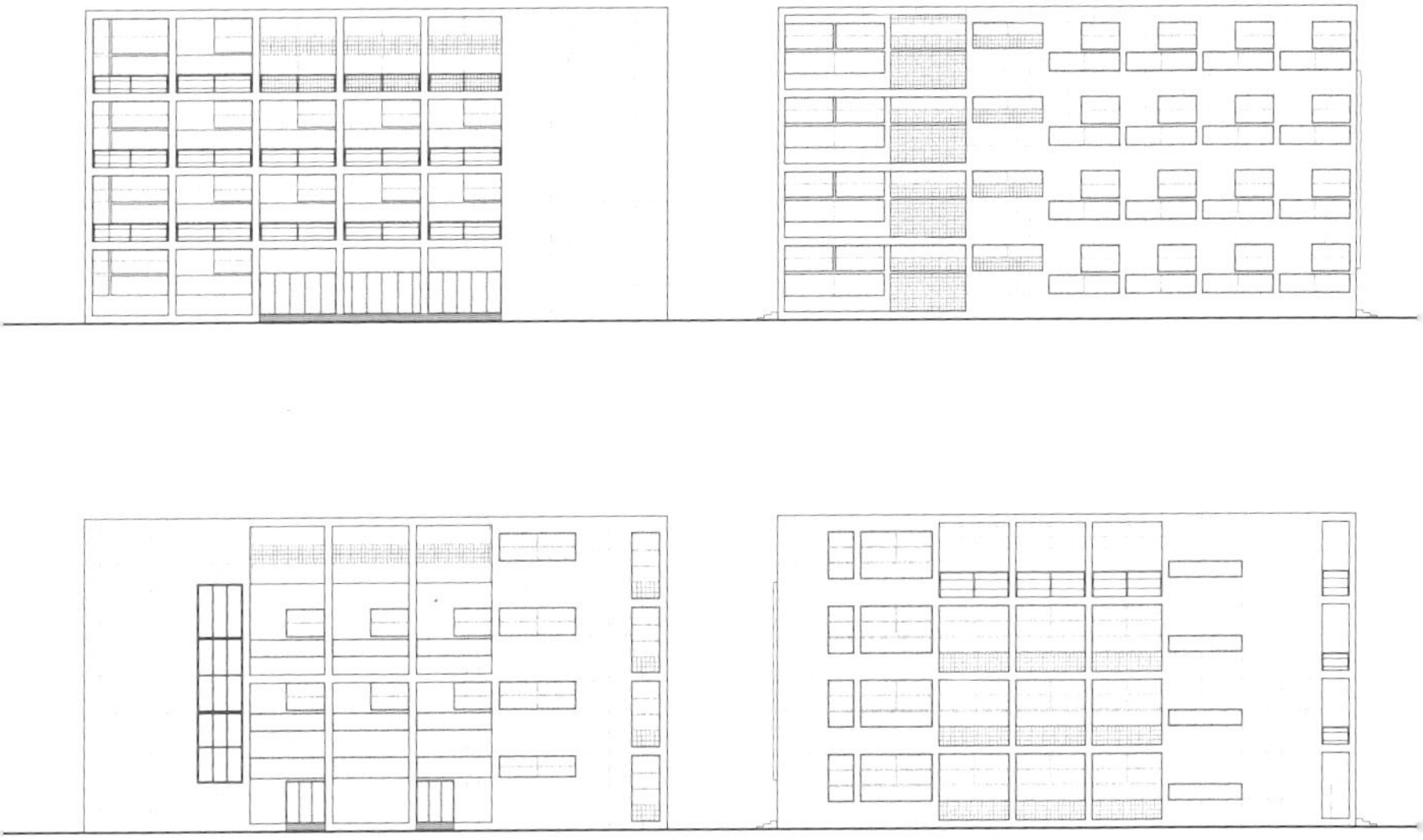
11-8

ところなら、金属のベルトで無理矢理縛ってでも固定して貼ってしまう［図11‐7］。ミケランジェロが彫刻を削り出したように、巨大なひと塊の大理石から一つの建築をつくりたかったのではないでしょうか。そのように、テラーニの建築の射程は近代建築よりはるかに長く、ルネサンスから古代まで遡れるような気がする。それを近代の文脈だけで分析しようとしても無理。言葉がテラーニに、いまだに追いつかない。だから、いつまで経ってもル・コルビュジエやミースのようなメジャーにならないんだと思います。

「カサ・デル・ファッショ」にしても、平面がほとんど正方形で各立面が四面ともよく似ているけれど、しかしどの立面もみんな違うことをやっている。複雑なルールをもった難しいゲームの解答を、それぞれのファサードのなかで全部見せてくれている、そんな感じの立面ですね［図11‐8］。柱が壁になり、壁が柱になるという現象がいたるところで起きていることが分かる。ここにも壁と柱の振動が、つまり「テラーニ二重共鳴」が感じられるよね。そしてこれこそが、近代建築の失ってしまった効果なんだと思う。だからテラーニの建築は、古典的、ローマ的、ルネサンス的性質を併せもっているんですよ。

建築家で自分の顔をばっちり描ける人はそういないんです。デッサンがちゃんとできないと自画像は描けないから。まあ建築に絵画的な才能はとくに必要とされていないと言えばそうなんですが、しかしテラーニはうまいね［図11‐9］。どのくらいうまいかというと、アメデ

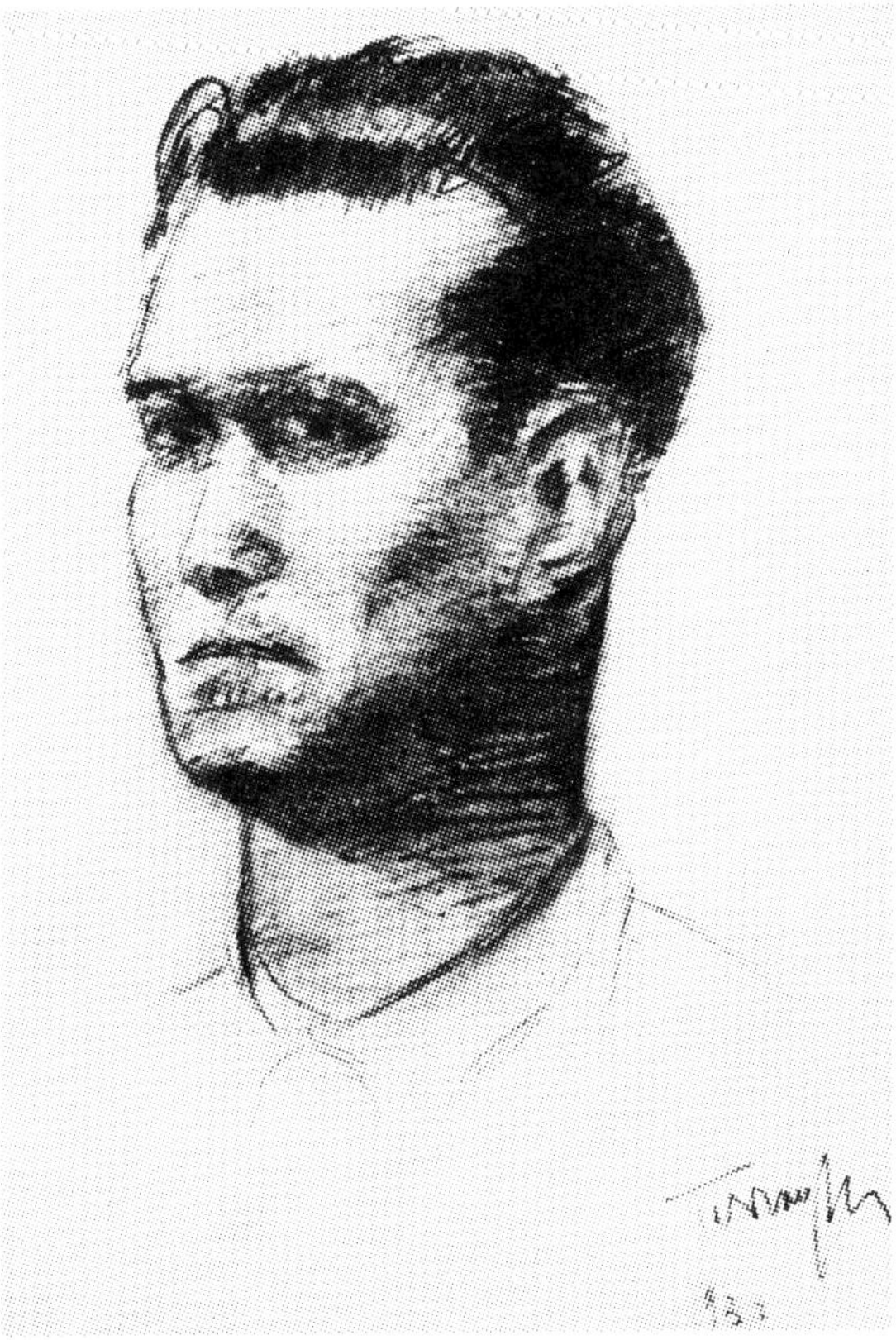

11−9 出典＝Bruno Zevi "*GIUSEPPE TERRAGNI*", GUSTAVO GILI, 1989

オ・モディリアーニの水準かもしれなかった。タッチもよく似ている。若いころには本気で画家になることも考えた。大学に進学するときに、絵画と建築のどちらを専攻するか迷ったみたい。ぼくがテラーニのデッサン力に注目するのは、ドローイングと建築が、テラーニの手の運動を介してダイレクトに反応し合っているように思えるからです。

ドローイングは二次元、つまり平面だよね。建築を考える場合、われわれは二次元上で考えることが多い。それは人間の記憶の能力に限界があって、三次元の世界をそっくりそのまま正確に記憶することができないので、やむを得ず次元を一つ下げて、ドローイングや図面などの二次元の世界に変換しているわけです。図面は人間の能力不足から要請されたわけ。その図面をいくつか組み合わせて、やっと三次元が正確に把握できる。ですからこの二次元への変換のところで建築を考えることが、一瞬絵画を考えることと同じ手の運動のなかで起きることになるね。テラーニのドローイングにはいつも、図面の二次元と、建築の三次元の境目を、瞬時に行き来するような瞬発力が感じられるんですよ。コンテによるこの自画像にしても、陰影のタッチと顔の輪郭線との切り替わりが素早くて、どこまでが輪郭線で、どこまでが陰影なのか分からない。形の輪郭線と、ボリュームの陰影という、異質な二つの絵画的要素である線とタッチとが、グラデーションを嫌って、裸のまま共存しているでしょ。

ASILODINFANZI

LANCIA

あとがき

この本がまとまるまでにはいろいろな紆余曲折があったが、それを書き始めると長くなるのでここではやめておく。雑誌の連載で一部分は活字にしたこともあったが、今回このような本の構成を取ることに決まってから構成を変え、ほとんど最初から書き直し、さらには大幅に書き加える結果になった。その意図は読んでいただければすぐ分かってもらえるだろう。

そのプロセスで多くの方々にお世話になったが、一人ずつ名前を挙げて感謝の気持ちを述べるのは煩雑となるので、お礼はいずれそれぞれ個人的に伝えることにしていまはやらない。ただ、ここでは、この本をつくる作業に直接携わった方々にお礼を述べたい。

ぼくの授業を学生のころから聞いて、この本をつくるきっかけを与えてくださった倉又茂さん、一部分を雑誌に七回ほど連載をしてくださった彰国社の山根一彦さん、この本に載せている建築の図面をリライトしてくださった塩谷嘉章さんに感謝を申し上げる。それぞれ長い付き合いで、貴重なぼくの友人たちでもある。

また、二〇一三年に出版した『建築映画 マテリアル・サスペンス』に続いて、再び本のデザインをしてくださった吉岡秀典さんに感謝を申し上げる。デザインのプロセスが、建築を伝えるための新しいあり方を決める手がかりにもなった。そして、編集を手がけてくださった高田知永さんに深く感謝を申し上げる。高田さんとは二〇〇七年に出していただいた

『物質試行49 鈴木了二作品集 1973−2007』から始まって『建築映画 マテリアル・サスペンス』、そしてこの本で、じつに三冊目である。そのどの本でも果敢なアイデアを試み、それを繊細で、辛抱強い作業をもって実現してくださった。ほんとうにありがとうございました。

さて、ところで、この本で取り上げた作品の建築家たちに日本人が含まれていないことに違和感をもたれた方も、あるいはいるかもしれない。なぜ日本人が入っていないのか。それは読んでもらえば察知していただけると思う。が、しかしそれでも、もし入れるとなればもうちゃんと決まっていて、それは立原道造ということになるだろう。

しかし、その立原道造については『寝そべる建築』（みすず書房、二〇一四）に長めの論考を書いているし、また話し言葉でなら、最近出たばかりの雑誌「ART TRACE PRESS 04」に、林道郎さん、松浦寿夫さんとの鼎談が載っている。気になった方はそちらをぜひ読んでいただききたい。

ただし「近代建築・イレブン」に立原道造の建築を加えるとなると、十一は十二ということになり、ルイス・マイルストン監督の映画「Ocean's Eleven」は、ついにロバート・アルドリッチ監督の「The Dirty Dozen」になるわけであるが。

二〇一六年十二月　　鈴木了二

本書は、早稲田大学芸術学校での鈴木了二氏による「近代建築デザイン講義」をもとに構成された。

文字起こし：倉又茂

初出

アルヴァ・アールト「セイナッツァロのタウンホール」／「ディテール」二〇一二年四月号、彰国社
カルロ・スカルパ「ブリオン・ヴェガ墓地」／「ディテール」二〇一三年一月号、彰国社
ルイス・カーン「ソーク生物学研究所」／「ディテール」二〇一二年十月号、彰国社
チャールズ・レニー・マッキントッシュ「グラスゴー美術学校」／「ディテール」二〇一三年四月号、彰国社
ル・コルビュジエ「ラ・トゥーレット修道院」／「ディテール」二〇一二年七月号、彰国社
ミース・ファン・デル・ローエ「バルセロナ・パヴィリオン」／「ディテール」二〇一一年十月号、彰国社
ジュゼッペ・テラーニ「サンテリア幼稚園」／「ディテール」二〇一二年一月号、彰国社

いずれの論考にも大幅な加筆・訂正が施されている。

鈴木了二：建築家。1944年生まれ。早稲田大学栄誉フェロー。早稲田大学大学院修了後、77年にfromnow建築計画事務所を設立。82年鈴木了二建築計画事務所に改称。73年より自身の作品を「物質試行」としてナンバリングし、建築はもとより、絵画、彫刻、インスタレーション、書籍、映像などの多領域にわたる「物質試行」は現在57を数える。「物質試行37　佐木島プロジェクト」で日本建築学会作品賞を受賞。また2005年には「物質試行47　金刀比羅宮プロジェクト」で村野藤吾賞、日本藝術院賞を受賞。主な著書に『寝そべる建築』（みすず書房、2014）、『建築零年』（筑摩書房、2001）など。

ユートピアへのシークエンス

発行日：2017年2月20日　初版第1刷

著　者：鈴木了二
発行者：佐竹葉子
発行所：LIXIL出版
〒104-0031　東京都中央区京橋3-6-18
TEL.03-5250-6571
FAX.03-5250-6549
http://www1.lixil.co.jp/publish/

建築写真はすべて 撮　影：鈴木了二
図版作成：塩谷嘉章
校　閲：阿部謙一
ブックデザイン：吉岡秀典（セプテンバーカウボーイ）
プリンティング・ディレクター：鈴木利行／藤原印刷株式会社
印刷・製本：藤原印刷株式会社

ISBN978-4-86480-026-6 C0052